»Plötzlich waren sie weg die täglichen Geräusche vom Grundstück der Familie. Mit ihnen fehlte auch das Ehepaar selbst. Nicht, dass man die beiden besonders gemocht hatte. Fast alle Nachbarn hatten den Kontakt zu dem Ehepaar, das gern mal die Polizei holte, auf ein Minimum beschränkt. Aber diese wochenlange Abwesenheit – da konnte etwas nicht stimmen. Die Nachbarn behielten recht: Als sie die Polizei alarmierten, waren die Frau und ihr Mann bereits seit fünf Wochen tot – erstochen und erschlagen vom eigenen Sohn.«

Gerichtsreporterin Uta Eisenhardt berichtet von Mord aus Eifersucht, sexuellem Missbrauch und bestialischem Blutrausch – Nervenkitzel pur!

Uta Eisenhardt ist studierte Soziologin und seit Jahren als Journalistin tätig. Seit 2003 arbeitet sie als Gerichtsreporterin in Berlin. In der stern.de-Kolumne »Icke muss vor Jericht« berichtete sie jede Woche aus dem Berliner Amtsgericht, dem größten Deutschlands. Ihr erstes Buch »Es juckt so fürchterlich, Herr Richter!« erschien im September 2011 im Fischer Taschenbuch Verlag.

Weitere Informationen, auch zu E-Book-Ausgaben, finden Sie bei
www.fischerverlage.de

Uta Eisenhardt

Am Dienstag habe ich meinen Vater zersägt

Die härtesten Fälle einer Gerichtsreporterin

Fischer Taschenbuch Verlag

Originalausgabe

Veröffentlicht im Fischer Taschenbuch Verlag,
einem Unternehmen der S. Fischer Verlag GmbH,
Frankfurt am Main, September 2012

© S. Fischer Verlag GmbH, Frankfurt am Main 2012
Satz: Dörlemann Satz, Lemförde
Druck und Bindung: CPI – Clausen & Bosse, Leck
Printed in Germany

ISBN 978-3-596-19450-6

Inhalt

Vorwort **7**

Am Dienstag habe ich meinen Vater zersägt **13**

Die Entmannung von Opa A. **25**

Der große Knall **37**

Mein Sohn, mein Sexobjekt **47**

Therapie mit Todesfolge **57**

Wer hat Angst vor Wilma W.? **71**

In Großvaters Hobbykeller **85**

Bekenntnisse des Kunstdiebes Markus M. **97**

Todeswünsche per SMS **103**

Eine stumme Bitte **111**

Der Würger von Beelitz **117**

Kindesschmerz für Mutters Wohl **135**

Der Junior-Terrorist **145**

Horst H., seit 50 Jahren Exhibitionist **153**

Abgründe einer Liebe **161**

Liebe in Zeiten der Demenz **171**

Die Rache des Voyeurs **175**

Ein Baby muss her **183**

Ein fast perfekter Mord **195**

Das Geld der anderen **205**

Liebestransfer per Kuscheltier **219**

Die Schläge der Väter **223**

Tödliches Stelldichein **235**

Schlagende Pädagogik **245**

Der Schierlingsbecher **255**

Vorwort

»Warum?« Wo immer in Deutschland ein Verbrechen geschieht, liest man diese fünf Buchstaben und ein Fragezeichen. Man sieht sie auf Titelseiten und auf Zetteln, die an Tatorten abgelegt sowie vor Gerichtsgebäuden in die Kameras gehalten werden. Es ist eine sehr wichtige Frage.

In Strafprozessen nimmt man sich für deren Beantwortung Zeit. Bevor nämlich das Gericht einen Täter verurteilen kann, muss es dessen individuelle Schuld bestimmen. Darum befragen Richter, Schöffen, Staatsanwälte, Nebenkläger und Verteidiger meist viele, viele Zeugen – stundenlang, tagelang – manche Prozesse dauern sogar Jahre. Anschließend lässt sich fast immer das »Warum« beantworten. Außenstehende können sich mit Hilfe der Gerichtsreportage informieren, doch was man dort liest, ist oft sehr unbefriedigend: Denn obwohl viele Menschen gern etwas über Strafprozesse wissen wollen, wird dieses Genre in vielen Medien stiefmütterlich behandelt. Kein Platz, kein Geld, zu viel Aufwand oder noch besser: »An diesem Tag haben wir schon einen anderen Fall, das reicht.« Das sind alles Gründe, um über Prozesse nicht zu berichten.

Wenn doch darüber geschrieben wird, dann oft über den ersten und den letzten Verhandlungstag, also über die Anklage, bestenfalls noch über die Erklärung des Angeklagten, und über das Urteil. Was dazwischen passiert, findet entweder gar keine Erwähnung oder wird in wenigen Zeilen abgehandelt, wobei die Hälfte dieses Textes dann aus einer grundsätzlichen Beschreibung des Falles besteht, damit der bislang nicht informierte Leser die andere Hälfte auch einordnen kann.

Dabei beschäftigt sich das Gericht in diesem Zwischenstadium mit dem, was zwischen Schwarz und Weiß, also zwischen Tatvorwurf und Urteil steht. Geduldig erkundet es die Lebensumstände von Tätern und Opfern, all das, was zu der Tragödie geführt hat. Am Ende des Prozesses wird dann eine Zahl verkündet, welche die Höhe der verhängten Geldstrafe oder die der Jahre und Monate des Freiheitsentzuges bezeichnet.

Diese Zahl steht nun wiederum im Zentrum der Berichterstattung. Aber was sagt sie dem Außenstehenden über die Tat, die möglicherweise hätte verhindert werden können? Gerade Strafprozesse bieten eine Chance, sich tiefgründig mit Konflikten zu beschäftigen, über Grundsätzliches nachzudenken. Und weil das Geschehene in der Vergangenheit liegt und sich die Beteiligten vom ersten Schock erholt haben, könnte man das sogar in Ruhe und ohne Aktionismus tun. Viele Medien bieten dafür zu wenig Raum.

Dieses Buch berichtet von Strafprozessen, die mich besonders berührt haben. Hier schreibe ich ausführlich über das, was ich im Gericht erlebt und erfahren habe; dadurch wird deutlicher, was den Opfern widerfuhr, aber auch das, was den Täter zu seinem Handeln trieb. Diese Ausführlichkeit ist in der Tagespresse nicht unproblematisch. So habe ich mir etwa bei dem Fall, der in diesem Buch unter der Überschrift »Mein Sohn, mein Sexobjekt« zu lesen ist, das Argument anhören müssen, dass der Leser mit so etwas Unappetitlichem beim Frühstück nicht konfrontiert werden möchte. – Dabei ist gerade der Straftatbestand des sexuellen Missbrauchs von Kindern ein so erschreckend häufiger, dass ich es geradezu grotesk finde, davor die Augen zu verschließen: Die Öffentlichkeit wird geschont, die Kinder wurden es nicht.

Aus kurzen Zeitungsmeldungen erfährt man auch nicht, was beispielsweise passiert, wenn eine Lehrerin Erstklässler schlägt. So konnten viele Leser nicht die gravierenden Folgen für die Betroffenen verstehen und äußerten in ihren Zuschriften, man solle der Lehrerin doch »noch die paar Jahre bis zur Rente lassen«.

Manchmal werde ich gefragt, wie ich es verkrafte, jede Woche so detailliert von Tragödien zu erfahren, von Mord und Totschlag, von Körperverletzung und Brandstiftung, von Entführung und Freiheitsberaubung, von Vergewaltigung und sexuellem Missbrauch. Darauf gibt es nicht nur eine Antwort.

Grundsätzlich darf man als Gerichtsreporterin nicht zart besaitet sein. Blutige und intime Details gehören zu meinem Berufsalltag. Ich muss sie zur Kenntnis nehmen – sie sind für mich der Anlass, mich mit einem Menschen zu beschäftigen, sein Handeln verstehen zu wollen. Gelingt es mir, mich in einen Täter hineinzuversetzen, kann es geschehen, dass seine Tat für mich etwas von ihrem Schrecken verliert.

Schreiben ist Sich-Mitteilen, und natürlich teile ich durch das gedachte Zwiegespräch die Last meines schrecklichen Wissens mit meinen Lesern. Auch ein gewisser Galgenhumor gehört zur Verarbeitung – so dringt nicht alles ins Innerste meiner Seele.

Es gibt aber auch Fälle, bei denen einem jegliches Lachen vergeht, bei denen man seine Grenzen spürt. Das wohl Unerträglichste, was ich in den vergangenen neun Jahren in deutschen Gerichtssälen gehört habe, war das Geständnis eines psychisch kranken Doppelmörders, der eine Vierzehnjährige tötete und sich anschließend an deren Blut und Fleisch ergötzte. Fünf Tage später fiel ihm ein zierlicher Dreizehnjähriger in die Hände, den er irrtümlich für ein Mädchen gehalten hatte. Sein Geständnis war als Brief an das Landgericht verfasst, ein neunzehnseitiges, vor Abscheulichkeiten strotzendes Dokument, das am ersten Prozesstag verlesen wurde. Am Ende dieser Lesung verließ ich kreidebleich den Sitzungssaal, froh, dass ich mich während der Verhandlung nicht vor Ekel und Entsetzen habe übergeben müssen, und mit der Frage im Hinterkopf, wie ich dies dem Leser bloß schildern soll.

So gibt es etliche Tragödien, die man nie vergessen wird. Immer wieder denkt man an deren Protagonisten, etwa an die ermordeten Kinder und deren Eltern. Auch die sympathische junge Frau geht mir nicht aus dem Kopf, die scheinbar grundlos ihr Gehör verlor, weil sie aufgrund ihrer Schönheit und Natürlichkeit das Opfer eines Verbrechens wurde. Ich erinnere mich an einen hochintelligenten Wissenschaftler, der – weil es ihn erregte – seine Sexpartnerin erwürgte. Ohne nennenswerte Aussicht auf Entlassung sitzt dieser krankhafte Sadist in der geschlossenen Psychiatrie. Und bei Nachrichten über »Die Zeugen Jehovas« grüble ich über den jungen Studenten, der auf der Suche nach sich selbst einen beinahe perfekten Mord begangen hatte. Ich rechne, wie lange er oder andere Verurteilte noch in Haft sitzen und wann sie entlassen werden. Und ich frage mich, was sie danach tun werden.

Die Gedanken an all die Tragödien, von denen ich in diesem Buch berichte, bieten aber auch etwas Tröstliches: Im Vergleich zu ihnen erscheinen die eigenen Probleme klein und lächerlich.

Vielleicht geht es Ihnen ähnlich, wenn Sie dieses Buch lesen.

Uta Eisenhardt

P.S.: Ich habe zwar keine der Geschichten erfunden, aber mir viel Mühe gegeben, die Menschen, deren Schicksal ich schildere, zu anonymisieren. Ich gab ihnen andere Namen und Spitznamen, verzichtete weitgehend auf Orts- und Zeitungsangaben sowie Berufsbezeichnungen. Sollten sich dennoch Parallelen zu lebenden Personen ergeben, sind diese selbstverständlich nicht beabsichtigt.

Am Dienstag habe ich meinen Vater zersägt

Plötzlich waren sie weg – die täglichen Geräusche vom Grundstück der Familie M. Die Schuppentür klapperte nicht mehr, die Straße wurde nicht gefegt, das Auto nicht bewegt. Mit den Geräuschen fehlte auch das Ehepaar selbst. Nicht, dass man Manuela und Manfred M. besonders gemocht hätte. Fast alle Nachbarn hatten den Kontakt zu dem Paar, das gern mal die Polizei holte, auf ein Minimum beschränkt. Aber diese wochenlange Abwesenheit von zwei Menschen, die nie verreisten – da konnte etwas nicht stimmen.

Die Nachbarn behielten recht: Als sie die Polizei alarmierten, waren die sechzigjährige Frau und der siebenundsechzigjährige Mann bereits seit fünf Wochen tot; erstochen und erschlagen vom eigenen Sohn. Als der blasse, hochaufgeschossene Mann vor seine Richter tritt, sind seine Hosen zu kurz, sein beigefarbenes T-Shirt zu weit.

Im Gefängnis hat Marco M. sich die einst welligen und brav gescheitelten Haare abschneiden lassen. Eine lange Nase und ein breiter Mund dominieren sein Gesicht. Trotz der militärischen Frisur wirkt es weich und unsicher.

»Meine Familie gestaltet sich jetzt übersichtlich«, sagt der Achtundzwanzigjährige. Das klingt zynisch, doch es ist ein typischer Marco-Satz: emotionslos und sachlich, ausschließlich an den Fakten orientiert. Sich selbst beschreibt er als verschlossen, ohne besten Freund, ohne Freundin. »Ich bin nicht der übliche Partygänger«, ergänzt er mit leiser Stimme und ernster Miene. Dann schaut er schweigend zum Vorsitzenden Richter, bis der ihm wieder eine Frage stellt.

So arbeiten sich Gericht und Angeklagter durch eine Familiengeschichte, die in den achtziger Jahren in einer ostdeutschen Kleinstadt begann. Mutter Manuela hatte an einer Fachschule studiert und arbeitete in einem nahe gelegenen Werk, genau wie sein Vater, der dort die Anlagen wartete. Dort hätten sich die Eltern kennengelernt, erzählt der Sohn dem Gericht. Die Nachbarn dagegen berichten, schon der Vater sei ein Einzelgänger gewesen, den Mutter und Oma vom Leben fernhielten. Die Mütter der dominanten Manuela und des introvertierten Manfred waren Kolleginnen und hätten die Beziehung arrangiert.

Marco M. wurde am neununddreißigsten Geburtstag seines Vaters geboren. Seine Mutter war damals »zweiunddreißigeinhalb«, so der Angeklagte. Das Baby hatte missgebildete Füße und wurde in den folgenden Jahren oft operiert – mit mäßigem Erfolg.

Seine ehrgeizige Mutter muss sich an diesem Manko schuldig gefühlt haben, vermutet der psychiatrische Gutachter, den das Gericht bestellt hatte, um die Schuldfähigkeit des Angeklagten zu beurteilen. Manuela M. wollte damals alles tun, um die Ungerechtigkeit der Natur auszugleichen, und nahm die Kindererziehung selbst in die Hand. Von einer Freundin besorgte sie sich ein Fachbuch und blieb mit ihrem Sohn bis zu dessen Einschulung zu Hause. Später dann, als Marco die fünfte Klasse besuchte und sein Notendurchschnitt von 1,2 auf 1,5 abrutschte, gab es zu Hause »Schule nach der Schule«. Intensiv habe seine Mutter alle Arbeiten kontrolliert, bis die »Schwächephase« überwunden war, so der Angeklagte.

Er und seine Eltern blieben meist unter sich. Mit den Nachbarn hatte man sich weitgehend zerstritten, genauso mit den wenigen Verwandten. Das Familienleben spielte sich in einer verschlossenen Doppelhaushälfte ab, die auf einem von Pflanzen überwucherten Grundstück stand. Mit Gleichaltrigen kam der Junge kaum in Berührung, er besuchte keinen Kindergarten und später auch keinen Schulhort. Selbst die Unterrichtspausen verbrachte er allein. An Hänseleien kann er sich nicht erinnern. Möglicherweise war er für seine Mitschüler einfach nur Luft. Nach der Schule wurde er immer vom Fahrdienst abgeholt. Verspätete der sich mal um Minuten, hätten sich die besorgten Eltern bereits erkundigt, berichtet eine Zeugin.

Mit dem Untergang der DDR verloren Manuela und Manfred M. ihre Arbeit. Spartanisch lebten sie nun von staatlicher Unterstützung. »Die Eltern wirkten wie Senioren, die das Arbeitsleben hinter sich gelassen haben, wie die Großeltern ihres Sohnes, sehr gesetzt«, so empfand es ein Zeuge, der das Ehepaar zehn Jahre vor dessen Ermordung einmal gesehen hatte.

Die M.'s waren von der neuen Gesellschaftsordnung enttäuscht. Permanent schimpften sie darüber und schotteten sich noch mehr von der als bedrohlich empfundenen Außenwelt ab. Auch untereinander bestimmten Vorwürfe das Familienklima. Als seine Mutter an Brustkrebs erkrankte, machte sie ihren Mann dafür verantwortlich, erinnert sich der Sohn, der damals dreizehn Jahre alt war. »Danach hat sie sich immer mehr zurückgezogen.« Dennoch hatte sie das Sagen in der Familie. »Dann kam der Sohn, dann eine Weile nichts, dann erst kam der Manfred«, erinnert sich ein früherer Kamerad des Vaters. Streit habe man von den M.'s nicht mitbekommen. »Wie auch?«, meint der Angeklagte, »Streit heißt ja, wenn beide etwas sagen.« Man habe nur wenig miteinander gesprochen, eher als Wohngemeinschaft nebeneinanderher gelebt.

Bizarr wirken die Beobachtungen der wenigen Zeugen, welche die Familie etwas näher kannten. Für sich allein genommen sind sie wenig bedeutsam – erst in der Summe erschrecken sie. Da war der Kinderwagen, der unter einem Pflaumenbaum stand. »Die Mütter der Umgebung sind fast ausgerastet, als der Marco darin lag und stundenlang schrie«, sagt ein Nachbar aus. Da war das sommerliche Grillen, bei dem der Vater das Fleisch im Garten briet. War es fertig, verspeiste man es nicht etwa im Freien, sondern im Haus, in dem sich die Familie förmlich verschanzte. Da waren die irrsinnigen Vorräte, welche die Familie im Keller ihres Hauses hortete: »Man hätte jahrelang leben können, ohne zu verhungern«, meint ein Polizeibeamter. Da war das tägliche Ritual an der Gartenpforte, die der Vater morgens und abends für seinen Sohn aufsperrte und hinter ihm wieder verschloss. Minuten, bevor der Junior von der Uni nach Hause kommen musste, hielt der Senior am Gartenzaun nach ihm Ausschau, beschreibt ein Nachbar die Szene. »Der Vater schloss das Tor auf. Der Sohn schaute ihn beim Hereinlassen gar nicht an. Wortlos ging er an ihm vorbei.«

Der Hausarzt der Familie wunderte sich, wie selbstverständlich die Mutter den jährlichen Besuchen des mittlerweile erwachsenen Sohnes beiwohnte, ohne dass dieser protestierte. »Was hätten Sie erwartet, wenn Sie die Frau herausgeschickt hätten?«, erkundigt sich der psychiatrische Gutachter. Der Befragte glaubt: »Das wäre schwierig gewesen, das hätte sie nicht akzeptiert.« Isoliert, bevormundet und quasi eingesperrt lebte Marco M. zeit seines jungen Lebens, so empfanden es fast alle Zeugen.

Nach dem Abitur, das er nach eigener Aussage mit einem Durchschnitt »unter Zwei, mit Schwächen in Musik und Kunst« bestand, wollte er gern Chirurg werden: »Aber man war der Meinung, dass mich das Stehen körperlich überfordern würde«, erklärt der Angeklagte. »Man«, damit ist »Mutti« gemeint. Sie hätte dann Jura »als Ersatzkandidaten ins Spiel gebracht«. Die arbeitslose, als zänkisch verschriene Frau, die gerichtliche Auseinandersetzungen mit ihren Mitmenschen nicht scheute, wünschte sich für ihren Sohn eine Tätigkeit als Anwalt.

Schon bald aber zweifelte der Student an der Wahl seiner Fachrichtung. »Für mich ist ›eins und eins gleich zwei‹ und nicht ›vielleicht zwei‹ oder ›von bis zwei‹«, erklärt er dem Richter seine Probleme mit Fachgebieten, deren Ergebnisse diskutabel sind. »Das kriege ich einfach nicht zusammen.«

Beinahe scheiterte sein Studium an einer Zwischenprüfung, wäre bei der Nachprüfung nicht ausgerechnet das drangekommen, was er gelernt hatte. Sonst hätte sich das Problem von selbst erledigt und der Student nicht unter solchem Druck gestanden. Vielleicht würden seine Eltern dann noch leben.

So aber machte er tapfer weiter, getreu dem Familien-Motto: »Was man einmal begonnen hat, muss man auch beenden.« Einem Händler, der dem Hobbyinformatiker zehn Jahre lang Computerzubehör verkaufte, fiel auf, wie bedrückt Marco M. in dieser Zeit war. »Er kam immer mit einem schweren Rucksack zu mir. Wenn er den abnahm, hatte man das Gefühl, er hat den immer noch auf.« Nur als sein Kunde im siebten Semester einen LKW-Führerschein gemacht hatte und kurzzeitig für eine Spedition arbeitete, veränderte er sich: »Er wirkte offener, hatte strahlendere Augen, einen festen Händedruck, wuschelige Haare und war besser gekleidet. Bald aber wirkte er wieder so bedrückt wie vor dem Lastwagenfahren.« Da hatte Manuela M. ihrem Sohn geraten, sich wieder mehr auf seine universitäre Ausbildung zu konzentrieren.

Nach dreizehn Semestern wollte er das Studium endgültig abbrechen. Vorsichtig sagte er seiner Mutter, Jura spräche ihn nicht richtig an: »Daraufhin sagte Mutti, es gibt immer mal Phasen, da muss man durch.«

Im fünfzehnten Semester erfand der Sohn ein erstes Staatsexamen, das er mit »befriedigend« bestanden hätte. Die Eltern freuten sich sehr. Er solle noch promovieren, schlug ihm seine Mutter vor. Er lehnte ab, das Studium habe doch schon so lange gedauert, außerdem, so log er, müsse er noch eine Forschungsarbeit beenden. Tage später sprach ihn die Mutter wieder auf die Promotion an. Seine erneute Ablehnung strafte sie mit Nichtbeachtung.

»Sie sprach mit mir nur das Allernötigste«, erinnert sich der Angeklagte. Kurz danach erlitt Manfred M. einen Schlaganfall. Dieser Umstand verpasste den Lügen etwas längere Beine – für eine Weile stand Vaters Gesundheit im Zentrum der Aufmerksamkeit.

Das änderte sich, als die Mutter ein knappes Jahr nach dem angeblichen Jura-Abschluss ihren sechzigsten Geburtstag feierte und Marco von den einzigen Freunden der Eltern nach seiner Abschluss-Urkunde gefragt wurde. Er log: »Das dauert an der Uni etwas länger.« Dann wusste er keinen anderen Ausweg, als sich in einen stillen Winkel der Juristischen Fakultät zurückzuziehen und sich die Pulsadern aufzuschneiden.

»Werte Eltern«, schrieb er in seinem Abschiedsbrief. »Ihr habt nichts falsch gemacht.« Aber wenn man ihn gefragt hätte, ob er geboren werden wollte, hätte er dankend abgelehnt. Stattdessen sei er zum Leben verurteilt worden. Ein Leben, das er als Endlosschleife aus Aufstehen, Essen und Schlafen empfand: »Deshalb drücke ich jetzt Stopp.«

Es klappte nicht. Dreimal hatte er sich ins linke Handgelenk geschnitten, plötzlich hörte die Blutung auf. Mit der verletzten Hand konnte er das Messer nicht mehr halten, um sich die Adern des rechten Handgelenks zu öffnen. Nach einer Viertelstunde rief er die Feuerwehr.

In der Psychiatrie sagte er seinen Eltern die Wahrheit: »Ich habe das erste Mal geweint.« Das Abschlussgespräch mit dem Arzt führte seine Mutter, eine anschließende Psychotherapie redete sie ihrem Sohn aus. Statt sich auszusprechen, verfiel die Familie in eine Art »Schockstarre«. »Ich war für sie der Versager vom Dienst«, so bezeichnet es der Angeklagte. Die Eltern überwachten ihn von nun an ständig. Ansonsten schwiegen sie.

»Mutti achtete darauf, dass es nicht Thema war«, so Marco M. Nach außen erklärte sie, der Sohn hätte einen Unfall in der Bahn gehabt. Nach innen verweigerte sie sich sämtlichen Festen: Weihnachten, Geburtstag, Ostern – »sie fanden nicht statt«, sagt der Angeklagte. Die Mutter hielt ihm vor, dass man so etwas nicht mache. Der Vater kommentierte: »Opa hat sich im Krieg wenigstens richtig erschossen! Bei dir hat ja noch nicht einmal das geklappt!« »So erfuhr ich vom Tod meines Großvaters«, sagt Marco M.

Er dachte über seine Zukunft nach. Ob er Lehrer werden sollte? Ein Universitäts-Psychologe riet ihm ab: Er werde mit den Schülern nicht klarkommen – im Vergleich zu ihm sei Valium ein Aufputschmittel. Nun erwog er eine Ausbildung zum Diplom-Verwaltungswirt. Zahlen, so stellte er sich vor, seien wenigstens konkret.

Die Eltern waren entsetzt: Ihr Sohn ein Beamter, Diener eines Staates, den sie ablehnten! Sie wollten von seinem neuen Berufswunsch und dem als zweitklassig empfundenen Fachhochschulstudium nichts wissen. Dennoch bewarb sich der Studienabbrecher in mehreren Bundesländern. Er habe für seine Ausbildung sein Elternhaus verlassen wollen. »Wenn ein Neuanfang, dann richtig«, sagt er. Seine Bemühungen blieben erfolglos; in einer Steuerverwaltung lehnte man ihn gleich ab, in einer anderen erst nach den schriftlichen und mündlichen Tests.

Nur eine norddeutsche Steuerverwaltung war noch im Rennen, als der junge Mann an jenem Mittwoch um sieben Uhr aufstand. Auch diese Bewerbung sollte scheitern: Er habe in der Gruppendiskussion zu ruhig gewirkt und im Einzelgespräch nicht überzeugend darlegen können, warum er diesen Beruf ergreifen wolle, erklärte ihm später der Verantwortliche für das Bewerbungsverfahren. Bemerkenswert fand dieser Zeuge, dass »Herr M. keine Selbsteinschätzung abzugeben vermochte. Wir fragen unsere Bewerber dann: ›Was sagen Ihre Freunde über Sie?‹«

Am Morgen aber war der junge Mann noch voller Zuversicht. Sein Vater wollte ihn zum Bahnhof fahren. Als beide in den Keller gingen – der Ältere, um Kartoffeln, der Jüngere, um eine Kühltasche für seine umfangreiche Verpflegung zu holen – kam es zur

Auseinandersetzung. Es war das erste Mal, dass sich der introvertierte Senior gegenüber seinem Sohn aus der Deckung wagte. »Wenn Mutter dabei war, hat er sich nicht getraut«, sagt der Angeklagte. Der Vater beschwerte sich, nur wegen ihm so früh aufgestanden zu sein. Überhaupt sei die Fahrt doch sinnlos. »Da lief bei mir etwas über«, beschreibt Marco M. diesen Schicksalsmoment. »Es machte ›Klick‹: Irgendwie ist mir eine Sicherung durchgebrannt.«

Er nahm das Messer, das Manfred M. zum Zerschneiden des Kartoffelsacks mitgenommen hatte, und sagte: »Nun sei mal ruhig!« Vielleicht, überlegt er vor Gericht, habe er dies auch nur gedacht. Dann stach er zu – in die Seite und in den Rücken des Mannes, der sich gerade über die Kühltruhe gebeugt hatte, um seinem Sohn Kühlakkus herauszusuchen. Einmal, zweimal, vielleicht zehnmal. Er stach sogar zu, als der Alte bäuchlings zwischen Kästen und Regalen lag. Mit Schmutzwäsche bedeckte er das Gesicht des Toten. Verschwitzt begab er sich ins Bad, er habe sich innerlich leer gefühlt. Trotzdem wollte er immer noch zum Bewerbungsgespräch fahren: Seine Mutter würde den Vater zwar sicherlich vermissen, aber wegen ihrer Angst vor Mäusen niemals in den Keller gehen.

Er stieg ins Obergeschoss, um seine Sachen zu holen. Da erwachte Manuela M. Vom Bett aus erklärte sie ihrem Sohn, er könne sich die Reise sparen, das sei nur Geldverschwendung. Der Angesprochene wandte sich ab. Da rief sie, er könne nicht immer weglaufen. »Wieder machte es ›Klick‹«, sagt Marco M. »Ich wollte meine Ruhe haben.«

Sein Blick fiel auf einen Werkzeugkasten neben der Tür zum elterlichen Schlafzimmer. Er nahm einen Hammer und schlug der Mutter auf den Kopf. Einmal, zweimal, dreimal. Auf der Wäschetruhe lag ein Bademantel. Damit bedeckte er ihr Gesicht und schlug weiter zu.

»Warum?«, will der Richter wissen. Es sei derselbe Grund wie beim Vater gewesen, antwortet der Angeklagte. »Mein Versuch, aus meinem Abi und dem abgebrochenen Studium etwas zu machen, wurde madig gemacht.« Er habe die »Stopp-Taste« drücken wollen »wie bei einem Kassettenrekorder«. Auch seinen Selbstmordversuch beschrieb er einst als »Druck auf die Stopp-Taste«.

Die Toten wickelte er in Maler-Folien. Dann brachte er die Wohnung notdürftig in Ordnung und setzte sich in den nächsten Zug. Die euphorische Hoffnung auf einen Ausbildungsplatz verdrängte die Gedanken an seine Eltern. Die spätere Absage empfand er als »Schlag«.

Die nächsten Tage und Wochen verbrachte er mit der Beseitigung der Leichen. Er besorgte Schutzanzüge, Handschuhe, Masken, Planen, Eimer und Fässer. Auch Duftkerzen standen auf den Rechnungen, welche die Ermittler später auswerteten. Und ein neuer Flachbild-Fernseher – wegen der Fußball-Weltmeisterschaft. Am Donnerstag und Freitag reinigte der Mörder Keller und Schlafzimmer, Samstag und Sonntag pausierte er. Montag und Dienstag besorgte er Werkzeuge, unter anderem eine elektrische Kettensäge.

»Dienstagabend habe ich mir den Vati vorgenommen«, sagt der Angeklagte. Das ist wieder ein typischer Marco-Satz. Er habe den Keller abgeplant und den Toten mitsamt Hosenträgern und Armbanduhr in zwanzig Zentimeter lange Stücke gesägt: »Das war unangenehm, aber die Atemmaske hat geholfen.« Auch hier habe er an das Familien-Motto gedacht: »Was man anfängt, muss man zu Ende bringen.«

Die Innereien des Vaters schnitt er klein und spülte sie in der Toilette herunter. Die übrigen Leichenteile habe er in Kartons verpackt und in den Ofen gelegt, wo er sie nächtens verbrennen wollte. Auf einem Holzfeuer funktionierte das nicht. Im Internet informierte er sich über die Funktionsweise von Krematorien und verfiel darauf, es mit einer Lötlampe zu versuchen. Eine mühselige Prozedur, deren Ergebnis die rechtsmedizinische Gutachterin erstaunte: Bislang sei es noch keinem Täter gelungen, sein Opfer vollständig zu verbrennen. Tagelang habe er dann auch die Mutter zersägt – in insgesamt 22 Teile. Die Sachverständige kann sich ein Lachen nicht verkneifen: »Der Körper war leicht zu rekonstruieren. Er hat sehr systematisch gearbeitet, nicht wie andere Täter, die wild drauflosschneiden.«

Marco M. sagt, er habe die Mutter nicht verbrannt, weil er fürchtete, die Nachbarn könnten sich über den in der hochsommerlichen Hitze rauchenden Schornstein wundern oder den Leichengeruch bemerken. Darum versteckte er ihr Fleisch in zwei großen Fässern. Diese wuchtete er in den Schuppen.

Wochen habe diese Arbeit in Anspruch genommen. »Ich hatte kein Zeitgefühl, die Tage sind ineinandergeflossen.« An manchen konnte er vor lauter Ekel nicht länger als eine halbe Stunde arbeiten. »Mir ging es elend, aber irgendwie funktioniert man da«, sagt der Angeklagte. Besonders irritiert habe ihn die Ruhe: »Es war ungewohnt, dass nie jemand etwas sagte.« Und, dass man an der Toilette nicht mehr anstehen musste. Um sich abzulenken, schaute er Fußball.

Obwohl keiner der Nachbarn etwas gerochen hatte, wurden sie dennoch misstrauisch. Die M.'s waren noch nie verreist und schon gar nicht ohne ihren Jungen. »Vielleicht wollten sie, dass Marco selbstständig wird«, überlegten die Siedlungsbewohner zunächst. »Oder waren sie zur Kur gefahren?« Auf ihre Nachfrage log der Mörder, die Eltern würden eine Studienkollegin der Mutter besuchen. Sie hätten ihr Handy vergessen, darum könne er sie nicht erreichen. Wenn den Senioren nun etwas passiert sei, orakelte eine besorgte Nachbarin. Sie wollte eine Vermisstenanzeige aufgeben. Marco M. versprach, dies selbst zu übernehmen.

»Hatten Sie daran gedacht, sich zu stellen?«, will der Staatsanwalt vom Angeklagten wissen. »Ja«, bekommt er zur Antwort. »Aber ich habe das beiseitegeschoben. Wie soll man das erklären?«

Nach fünf Wochen rief ein Nachbar die Polizei. Die trafen auf Marco M., der einen völlig verwahrlosten Eindruck machte. »Er war in einem schlimmen Zustand«, sagt eine Beamtin. Im Haus sah es nicht besser aus. »Oben im Schlafzimmer ist mir Leichengeruch in die Nase gestiegen«, erinnert sich einer der Polizisten vor Gericht. Er begehrte damals auch den Schuppen zu sehen. Kienäpfel seien in den Fässern, erklärte der Hausherr. Der Beamte bezweifelte das: »Sie erschienen mir zu schwer.« Als er dann eines öffnete, habe der Mörder gesagt: »Sie brauchen nicht weiter zu suchen. Die sind tot.«

Bei der Polizei gab er zu Protokoll: »Ja, ich habe meinen Vater erstochen und meine Mutti erschlagen.« Auch vor Gericht wiederholt er sein Geständnis. Doch wie soll man einen bestrafen, der in einer Familie aufwachsen musste, deren Atmosphäre der Psychiater als »wirklich schlimm« und »eiskalt« beschreibt? Einen, der mit seiner Tat anscheinend der lebenslangen Gefangenschaft aus einer paranoid-schizoiden Familie vom »Typ Festung« entfliehen wollte? Einen, der selbst an einer schizoid-zwanghaften Persönlichkeitsstörung leidet? Einen, der laut Gutachter zumindest während der Tötung des Vaters in seiner Steuerungsfähigkeit beeinträchtigt war?

»Mit neun Jahren Haft«, schlägt sein Verteidiger vor. Er bewertet das Geschehen als zweifachen Totschlag im minderschweren Fall. Der Staatsanwalt dagegen plädiert auf Mord und lebenslange Freiheitsstrafe.

Stundenlang diskutiert die Kammer hinter verschlossenen Türen, bis der Vorsitzende mit ungewohnt matter Stimme den Schuldspruch über Marco M. verkündet. »Im Namen des Volkes«

wird er zu einer lebenslangen Freiheitsstrafe verurteilt. »Man muss das nicht als zufriedenstellend bezeichnen«, sagt der Vorsitzende. Schließlich sei es menschlich durchaus nachvollziehbar, »dass dem Angeklagten da die Hutschnur geplatzt ist«. Außerdem habe man die beiden Taten nur aufgrund des Geständnisses als heimtückisch bewerten können: »Wenn er nicht rückhaltlos alles gesagt hätte, wäre keine Verurteilung wegen Mordes in Betracht gekommen«, so der Richter.

Die Ermordung des Vaters, den Marco M. im Affekt tötete, zieht eine Freiheitsstrafe von zehn Jahren nach sich. Für die Ermordung der Mutter aber konnte der Psychiater keine verminderte Schuldfähigkeit erkennen: Im Badezimmer sei der Sohn wieder zu Sinnen gekommen. Außerdem rastete er nicht gleich bei ihren ersten Worten aus, hatte vor der Tat sogar noch das Schlafzimmer verlassen.

Abweichungen von diesem Schuldspruch gebe es im Strafrecht nur selten, erklärt der Vorsitzende. Der klassische Fall sei der heimtückische Mord am Haustyrannen, den die malträtierte Ehefrau im Schlaf töte. Doch war der junge Mann keinem Martyrium ausgesetzt. »Er hätte ausbrechen können. Er hat in einer anderen Stadt studiert, den LKW-Führerschein gemacht und sich mit Computern beschäftigt. Der war nicht lebensunfähig.« Allerdings empfiehlt das Gericht in seinem schriftlichen Urteil, den Gefangenen nach 15 Jahren Haft zu entlassen.

Der Verurteilte nimmt diese Worte mit der ihm eigenen Reglosigkeit auf. »Er will sich in der Haft um eine Therapie bemühen«, sagt sein Anwalt. Möglicherweise werde er sogar ein Studium absolvieren: Ganz sicher nicht Jura, auch nicht Medizin, denn Blut, so Marco M., könne er seitdem weder sehen noch riechen.

Die Entmannung von Opa A.

Jürgen J. ist ein Musterbeispiel geglückter Integration: Mit elf Jahren zog er von der ehemaligen Sowjetunion nach Westdeutschland. Er besuchte die Hauptschule, dann die Handelsschule. Später ergriff er einen handwerklichen Beruf, in dem er dreizehn Jahre arbeitete, bis er eine Firma übernahm. »Ich habe gutes Geld verdient«, sagt er dem Gericht. Er konnte seiner siebenköpfigen Familie ein Haus bauen, mit eigenen Händen hat er es errichtet. Als ihn die Wirtschaftskrise erwischte und sich die Auftragslage dramatisch verschlechterte, warf ihn das nicht aus der Bahn. Rechtzeitig wickelte der bis dato erfolgreiche Unternehmer seine Firma ab und überlegte, in die USA auszuwandern. »Ich wollte schauen, was der Markt hergibt, ob man dort Fuß fassen kann«, sagt Jürgen J. Sicher wäre dem Selfmademan auch das gelungen. Doch eines Abends erhielt er einen anonymen Anruf. Eine Frau berichtete ihm von einem Verhältnis seiner damals siebzehnjährigen Tochter Jacqueline zu dem achtundfünfzigjährigen Anton A., dem Großvater von Jacquelines Schulfreundin Anna. »Ich war sprachlos«, erklärt Jürgen J. Er habe die Minderjährige befragt. Die bestätigte den Sex mit dem einundvierzig Jahre Älteren, mehr wollte sie nicht sagen. »Ich bin in Tränen ausgebrochen, ich war verzweifelt. Ein fast sechzigjähriger Großvater hat Sex mit meiner Tochter?!«

Fünf Tage später erreichte ein Notruf die Polizeileitstelle. Der Beamte von der Spätschicht hatte gerade seinen Computer heruntergefahren. Es war der letzte Anruf, den er an diesem Abend entgegennahm.

»Guten Abend. Mein Name ist Jürgen J. Ich will mich selbst anzeigen. Ich habe jemanden kastriert.«

»Was haben Sie gemacht?«

»Sie haben richtig gehört. Ich habe ihm die Eier abgeschnitten.«

Fünf Monate Haft liegen hinter dem sportlichen Achtundvierzigjährigen, als ihm der Prozess gemacht wird. Er sieht jünger aus, lediglich sein altmodischer Ponyfransen-Kurzhaarschnitt verweist auf eine Jugend Ende der siebziger, Anfang der achtziger Jahre. Manchmal huscht ein Lächeln über sein jungenhaftes Gesicht. Die Augenringe aber, die von Sitzungstag zu Sitzungstag immer dunkler werden, zeugen von großer Anspannung.

Von seinem Verteidiger lässt er die dramatischen Tage und Stunden schildern, nachdem er vom Geschlechtsverkehr erfuhr, der zwischen seiner Tochter und dem Großvater ihrer Schulfreundin stattgefunden hatte. Gleich nach dem Anruf wandte er sich an das Jugendamt, die schickten ihn zur Polizei. Dort wollte er Anton A. anzeigen. Eine Beamtin habe ihm aber erklärt, solange kein Zwang angewendet und kein Geld gezahlt werde, dürfe ein Erwachsener Sex mit einer Jugendlichen ab 16 Jahren haben. Dennoch versprach sie, mit Jacqueline zu sprechen. Eine Woche später sollte das Mädchen zu ihr kommen, eine quälend lange Woche später. »Ich hatte das Gefühl, die Polizei betrachtet das als Lappalie«, meint der Angeklagte. »Meine Tochter wurde missbraucht, und ich bekomme nicht die erforderliche Hilfe, um das zu klären.«

Wieder hätten er und seine Frau versucht, das Mädchen auszufragen. Nun habe Jacqueline berichtet, sie sei zum Sex genötigt worden. So war sie einmal mit Annas Familie im Auto unterwegs. Nachdem ihre Schulfreundin und deren Mutter ausgestiegen waren, fuhr Anton A. mit ihr in den Baumarkt und später in einen Waldweg. Dort habe er die Türen von innen verriegelt und angefangen, sie zu befummeln. Sie sei überrumpelt gewesen. Erst als Spaziergänger vorbeikamen, habe er von ihr abgelassen. Auch den Geschlechtsverkehr habe sie nicht gewollt, sich aber nicht gewehrt. Anton A. habe Druck ausgeübt: Er werde ihren Eltern sonst alles erzählen.

Als der Vater das erfuhr, hätten er, seine Frau und seine Tochter »nur noch geweint«. Für ihn war klar: Der Ältere hatte seine unerfahrene Tochter zum Sex genötigt – seine Kleine, fast sechzehn Jahre lang das einzige Mädchen und Nesthäkchen der Familie, bis die J.'s noch eine Tochter bekamen. »Der Gedanke daran hat mich fast verrückt werden lassen. Ich konnte nicht essen, nicht schlafen, ich hatte das Gefühl, innerlich zu explodieren.«

Er wandte sich an Annas Eltern, von denen sei er sehr enttäuscht gewesen. »Ich habe meine Tochter vertrauensvoll in diese Familie gegeben und die haben nicht genug darauf geachtet, dass nichts passiert«, so der Angeklagte. Er sprach mit Annas sehr religiösem Vater und warf dabei mit biblischen Zitaten á la »Wie du mir, so ich dir« und »Auge um Auge, Zahn um Zahn« um sich. Sein Gegenüber erklärte ihm, er habe erst vor zwei Monaten von dem Verhältnis erfahren und den Alten bereits aus dem Haus geworfen. »Sie können mit meinem Schwiegervater machen, was Sie wollen!« – Mit diesen Worten habe das Gespräch der beiden Männer geendet.

»Dieser Satz ist mir nicht mehr aus dem Kopf gegangen. Ich konnte an nichts anderes mehr denken«, lässt Jürgen J. vortragen. Das Maß sei voll gewesen, als er Jacqueline von der Schule abholen musste, weil es ihr nicht gutging. Daran konnte nur Anton A. schuld sein! Er wusste nicht, dass seine Tochter Kummer hatte, weil sie vor wenigen Tagen die Beziehung zu ihrem Liebhaber beendet hatte, beenden musste.

»Es kam dann zur Tat.« Nur fünf Worte verwendet der Angeklagte für das dramatische Geschehen, welches sein Leben und das seines Opfers völlig veränderte. Es scheint ihm unangenehm zu sein, darüber zu sprechen. Das muss dann Anton A. im Zeugenstand übernehmen.

Kurz nach acht Uhr hätte es bei ihm geklingelt, sagt der kleine, runde Mann. Sein Haar scheint dunkel gefärbt, am Oberkopf hat es ihn bereits verlassen. Ein großer Kopf ruht auf einem kurzen Hals. Man meint, die Züge des ehemaligen sowjetischen Staatschefs Leonid Breschnew in seinem Gesicht zu erkennen. Auch Anton A. wurde in der ehemaligen Sowjetunion geboren. In seiner Heimat hatte er über dreißig Jahre lang als Handwerker gearbeitet, in Deutschland verdiente er sich als Hilfskraft etwas Geld.

»Ich hab gespürt, er kommt«, sagt der Nebenkläger mit starkem Akzent. Drei Männer hätten vor ihm gestanden. Allen voran Jürgen J., dahinter zwei Jüngere, deren Augen denen des Älteren glichen. »Bist du Anton A.?«, fragte der Anführer. »Ja«, sagte der Wohnungsinhaber. »Ich streckte die Hand aus, ich dachte, wir sprechen.« Stattdessen drehte ihm der Eindringling die Arme auf den Rücken und warf ihn zu Boden. Er wurde entkleidet, seine Beine gefesselt. Die Hände fixierte Jürgen J. mit Handschellen auf dem Rücken, den Mund verschloss er mit Klebeband. »Ich war total erschrocken«, erinnert sich Anton A. »Er sagte, jetzt mache ich mit dir das, was du mit meiner Tochter getan hast: Ich schneide dir die Eier ab!«

Der Täter setzte einen Schnitt und entfernt seinem Opfer die Hoden. Die verletzten Blutgefäße verschnürte er mit Nylonfäden. So mache man das auch bei Pferden, erklärte er später bei der Polizei. Auf dem Rücken liegend jammerte Anton A.: »Bitte befreie mich von den Handschellen!« Der Blutstau in den gefesselten Händen, auf denen sein massiger Körper ruhte, habe ihn mehr geschmerzt als die Amputation. Er hörte noch die Worte: »Gleich kommt ein Krankenwagen!« Dann verließ das Trio die Wohnung. Mit ihm verschwanden auch die Hoden.

Zehn Minuten später klingelte es tatsächlich bei dem Gefesselten – die Frau von Jürgen J. hatte die Rettung zu »einem Mann mit abgeschnittenen Genitalien« gerufen. Dem war es gelungen, das Klebeband zu lösen. Er schrie um Hilfe und dass er die Tür leider nicht selbst öffnen könne. Kurzerhand traten die Sanitäter die Tür ein. Zum Glück, denn die Nylonfäden hatten sich gelöst und das Blut des Verletzten floss, so erinnert er sich, »wie aus dem Schlauch«.

Er kam auf die Intensivstation und anschließend wegen seiner Ängste und Depressionen in eine psychiatrische Klinik. Aus Furcht vor seinem Peiniger und dessen Söhnen verließ er die Stadt. »Mein Leben ist vorbei«, klagt Anton A. »Ich lebe wie Zombie: kein Geld, keine Familie, keine Frau, nur Essen – wie Vieh, kann man sagen. So froh wie vorher kommt nie wieder. Welche Frau will schon Mann ohne Eier?«

Rückblickend schwärmt der Senior: »Zwischen Jacqueline und mir war die größte Liebe, die ich je gehabt. Nie etwas mit Gewalt.« Ein halbes Jahr dauerte sein Glück. Im Frühsommer kam er eines Tages von der Arbeit. Die junge Frau sei ihm entgegengelaufen und habe ihn umarmt. »Meine Knie waren so weich.« Sie seien beide erschrocken gewesen. »Der Teufel hat uns getroffen, uns beide, nicht mich allein«, erklärt Anton A.

Später habe er neben ihr gesessen. »Ich fragte: ›Darf ich dich küssen?‹ Da hat sie ›Ja‹ gesagt.«

Er kannte die Neuntklässlerin schon seit einigen Jahren, seitdem sich Jacqueline auf der Hauptschule mit seiner Enkelin angefreundet hatte und sie regelmäßig besuchte. Annas Familie mochte das zurückhaltende, hilfsbereite Mädchen. Und wie alle Familienmitglieder sagte sie »Opa A.« zu dem Mann, der mit seiner Frau in der Souterrain-Wohnung des Einfamilienhauses lebte.

»Ich habe nie gesehen, dass sie sich geküsst haben«, sagt Annas Mutter. »Aber ich habe gemerkt, dass etwas läuft. Vater sah so aufgefrischt aus, sogar jugendlicher. Ich habe gesehen, dass sie sich viel unterhielten.« Sie stellte Anton A. zur Rede. Er gab zu, dass es sich um eine sexuelle Beziehung handelt. »Er hatte sich total verliebt«, sagt die Zeugin.

Diese Liebe brachte die Familie A. in arge Bedrängnis: Annas Mutter war verzweifelt, sie sorgte sich wegen der Reaktionen ihrer Mitmenschen um ihre Tochter und ihre Mutter. Sie wollte, dass sich ihr Vater von der jungen Frau trennt. Nachdem der das abgelehnt hatte, meldete sie ihre Tochter an einer anderen Schule an und informierte ihren Mann. »Schwiegersohn liebt mich nicht«, meint Anton A. Widerstandslos ließ er sich damals aus dem gemeinsamen Haus werfen. So erfuhr auch seine Frau von dem Verhältnis. Ihre sechsunddreißig Jahre während Ehe endete mit einem Nervenzusammenbruch. Obendrein mischte sich die Glaubensgemeinschaft, der die A.'s angehören, in den Konflikt: »Mann und Frau gehören zusammen«, erklärte der Gemeindediakon dem Ehebrecher und setzte ihm eine Frist von einer Woche. Als er sich danach immer noch nicht von der jungen Frau trennen wollte, verbannte man ihn aus der Gemeinschaft. »Alle waren gegen mich«, erinnert er sich. »Aber die Liebe war stärker als alles andere.«

Er suchte sich eine Wohnung. Dort besuchte ihn seine Freundin immer nach Schulschluss, wie Anna ihrer Mutter berichtete. Die überlegte damals: »Das macht Jacqueline doch nicht mit Zwang!«

Der Vorsitzende Richter gibt sich skeptisch. »Sie und ich«, sagt er zu Anton A., »sind für siebzehnjährige Mädchen Opas!« »Ich konnte mir das vor einem Jahr auch nicht vorstellen«, gibt der Senior zu. Er habe der jungen Frau, die ihre ersten sexuellen Erfahrungen mit einem Gleichaltrigen gemacht hatte, ebenfalls diese Frage gestellt: »Wieso bist du verliebt in mich? Ich bin doch so alt!« »Das spielt keine Rolle«, habe sie geantwortet.

Ganz langsam sei das Paar aufeinander zugegangen, wechselte

die Anrede von »Opa A.« auf »Anton«. Schritt für Schritt tastete man sich zum ersten Kuss, zur ersten Umarmung, zum ersten Streicheln. »Jeden Abend hat sie mich angerufen, wollte meine Stimme hören«, sagt der Senior. Nach drei Monaten hätten sie das erste Mal miteinander schlafen wollen. Es klappte nicht. Unabhängig voneinander hätten er und die junge Frau Viagra besorgt. »Dann lief alles ganz normal.«

»Ich habe sie immer gefragt: ›Geht es dir gut?‹ Sie sagte: ›Komm, mach weiter!‹ Wir haben uns gefühlt wie Mann und Frau.« Jacqueline habe zu ihm ziehen wollen, sie hätten nach einem Brautkleid geschaut und sich Namen für ihre zukünftigen Kinder überlegt. »Ich habe gesagt, das geht doch nicht. Aber wenn es Vater erlaubt, dann natürlich«, sagt Anton A. Bald wäre seine Freundin achtzehn geworden, dann wollte er vor Jürgen J. auf die Knie fallen mit den Worten: »Ich will dein Sklave sein. Bitte, gib mir deine Tochter!«

Der Verteidiger will das nicht glauben: »Sind Sie mit Jacqueline ins Kino gegangen? Welche Fächer mochte sie? Welche Lehrer? Welche Musik?« »Sie hat gern gemalt«, kann sich Anton A. erinnern. Aber welche Musik? »Ich verstehe davon nichts, ich bin zu alt. Wir wollten keine Zeit verschwenden, wir wollten nur allein sein.«

»Was war zwischen Ihnen und Jacqueline?«, bohrt der Anwalt. »Große Liebe.«

»Wie haben Sie darüber gesprochen, dass Sie Sex haben wollen?«

»Das war wie ein Kinderspiel: ›Komm jetzt trinken wir Tee!‹ hieß: ›Lass uns küssen!‹ und ›Wollen wir Schokolade essen?‹ bedeutete: ›Lass uns miteinander schlafen!‹«

»Sie haben nicht direkt darüber gesprochen? Woher wusste Jacqueline, was Sie meinen?«, wundert sich der Verteidiger.

»Soll ich sagen: Komm, heute machen wir Sex? Sie ist doch

nicht zehnjähriges Kind! Sie wollen hören, dass ich sie gezwungen«, beschwert sich der Befragte.

Der Anwalt ereifert sich grundsätzlicher: »Wie kommen Sie auf die Idee, eine Beziehung mit einer Siebzehnjährigen zu führen?« Jetzt wird Anton A. sauer: »Sie sehen aus, als ob Sie noch nie geliebt hätten!«

Erfand die junge Frau den erzwungenen Sex, um vor der Familie nicht als »Schlampe« dazustehen? Jacqueline will diese Frage dem Gericht nicht persönlich beantworten. Als Tochter des Angeklagten beruft sie sich auf ihr Schweigerecht. Doch kurz vor dem Prozess informierte sie die Staatsanwaltschaft, Anton A. hätte sie zu sexuellen Handlungen genötigt. Sie habe in der Familie A. »erhebliche Brutalität« erlebt, schrieb Jacquelines Anwalt in ihrem Namen. Ihre Freundin Anna habe ihr von Landsleuten berichtet, die ihre Frauen töten, wenn sie nicht gehorchen. Ihr jedenfalls habe Anton A. ins Gesicht geschlagen, sie mit einem Damenstrumpf ans Bett gefesselt und vergewaltigt. Sie habe ihrer Familie nichts davon erzählt, aus Angst, verstoßen zu werden. Im Übrigen wolle sie mit diesem Brief nicht ihrem Vater helfen, versichert die mittlerweile Volljährige. Zwei Wochen später nimmt sie ihre Anschuldigungen komplett zurück. Der Vater hatte ihr aus der Haft geschrieben, »nichts Falsches über Herrn A. zu erzählen«.

Warum tat er das? Es muss an der Aussage der Schulsozialarbeiterin gelegen haben. Sie hatte die Schülerin eine Woche vor der Tat angesprochen, nachdem sie von dem Verhältnis zu Anton A. erfahren hatte – Annas Mutter hatte den für ihre Tochter gewünschten Schulwechsel damit begründet. »Jacqueline war bewusst, dass es komisch ist, eine Beziehung zu einem älteren Mann einzugehen«, so die Sozialarbeiterin. »Aber sie hätten sich sehr gut verstanden, sie habe Zuneigung empfunden, sich aufgehoben gefühlt und mit ihm leben wollen. Alles andere ist passiert. Sie hat sich geschämt, über Sex zu sprechen. Sie hat den nicht unbedingt gewollt, sich aber auch nicht gewehrt. Sie hat nie gesagt, dass sie zu etwas gezwungen wurde. Doch die häusliche Stimmung war damals schlecht. Jaqueline sagte: ›Ich hab die enttäuscht. Die sind jetzt alle am Heulen.‹ Sie war ziemlich deprimiert.«

Die Schülerin wusste um die Perspektivlosigkeit ihrer Verbindung. Sie ging zu ihrem Liebhaber und trennte sich von ihm mit der Begründung: »Papa weiß alles.« Für Anton A. brach eine Welt zusammen: »Ich habe alles verloren, meine Familie, mein Haus. Auch meine Frau will nichts mehr mit mir zu tun haben.« Er meinte, nun in den Tod springen zu müssen. »Dann stürz dich doch vom Balkon«, habe Jacqueline äußerlich ungerührt geantwortet, innerlich muss es anders ausgesehen haben. Ihrem Vater erzählte sie natürlich nichts von alledem. Der meint im Nachhinein: »Wenn ich angenommen hätte, es sei eine Liebesbeziehung, wäre ich alles andere als glücklich gewesen. Aber es wäre nicht zu der Tat gekommen.«

Es ist ein einmaliger Prozess. Die Richter sollen nicht nur über Schuld und eine bis zu fünfzehnjährige Haftstrafe für Jürgen J. entscheiden. Sie sollen auch eine Antwort auf die Frage nach dem Wert der Hoden des fünffachen Vaters und neunfachen Großvaters finden. Sein Anwalt verlangt 150 000 Euro. Zum einen wollte der Geschädigte ernsthaft mit der jungen Frau eine Familie gründen. »Viele bekommen heutzutage später ihre Kinder. Die verlorene Zeugungsfähigkeit beeinträchtigt Anton A. in seiner Lebensplanung.« Zum anderen seien da die gesundheitlichen Folgen: Sein Mandant müsse sich alle zwei Monate Testosteron spritzen lassen. Dies könne die Blut- und Knochenbildung beeinträchtigen, wie ein Urologe dem Gericht erläutert. Außerdem sei das Krebsrisiko gestiegen.

Jürgen J. will höchstens 40 000 Euro Schmerzensgeld zahlen. Es sei schließlich nicht bewiesen, dass der übergewichtige, zuckerkranke, an Bluthochdruck leidende, trockene Alkoholiker noch zeugungsfähig war, argumentiert der Verteidiger. Die Tochter seines Mandanten sei jedenfalls trotz ungeschützten Geschlechtsverkehrs nicht schwanger geworden.

Am Ende entscheidet das Gericht auf 80 000 Euro Schmerzensgeld und sechs Jahre Haft wegen schwerer und gefährlicher Körperverletzung – damit liegen die Richter sogar noch ein Jahr über der Forderung des Staatsanwaltes. Möglicherweise, so der Vorsitzende Richter, habe Anton A. das Vertrauensverhältnis als Mitglied der Familie von Jacquelines Schulfreundin ausgenutzt. Aber dieser Vorwurf bewege sich »unterhalb des Strafbaren«.

»Der Punkt ist nicht der Altersunterschied. Liebesverhältnisse werden nicht als anstößig betrachtet, wenn beide erwachsen sind. Aber die junge Frau war noch minderjährig. Die Vernunft hätte von Anton A. verlangt, sich nicht in ein solches Abenteuer zu stürzen. Er hat sich Luftschlösser gebaut und ist bitter dafür bestraft worden.«

Trotz Unbescholtenheit und Geständnis, trotz der verständlichen Erregung und der gefühlten Hilflosigkeit, die den Angeklagten leitete, trotz 15 000 Euro, die bereits als Schmerzensgeld gezahlt wurden, und der Anerkennung weiterer Zahlungen, trotz erfolgter Entschuldigung bei Anton A., die dieser sogar annahm, wollen die Richter keine milde Strafe verhängen. »Jürgen J. hat die Schuld nicht bei sich gesucht.« Noch kurz vor der Urteilsverkündung meinte er: »Mir ging es nur darum, mein Kind zu beschützen.«

»Damit gab er seinem Opfer eine Mitschuld«, meint der Vorsitzende. »Welches Gute hätte er seiner Tochter mit einer solchen Tat erwiesen? Er hat es nur für sich selbst getan. Wir sehen hier keinen minderschweren Fall – nicht bei einem Mann, der sich auf die Tat vorbereitete und seine Söhne mit hineinzog. Im Vordergrund stand die Rache«, so der Richter. Anton A. sollte erniedrigt und gedemütigt werden, einzig aus diesem Grund sei er splitternackt der Rettung übergeben worden. »Aus der Tat spricht Vernichtungswillen: Das Opfer sollte im zentralen Bereich seines Lebens, nämlich seiner Sexualität, getroffen werden. Das ist keine Selbstjustiz, das ist noch nicht einmal Justiz!«

Der Staatsanwalt wird nun auch eine Anklage gegen Jacquelines Brüder verfassen, die bei der Tat zugucken mussten. »Man stelle sich vor, wie es Ein- und Zweiundzwanzigjährigen geht, wenn sie sehen, wie ein Mann kastriert wird«, sagt der Ankläger. Ob Frau J. und ihre Kinder je die sozialen Probleme verarbeiten werden, die mit der Tat entstanden? Die Reaktionen von Nachbarn und Bekannten, die lange Haft des Vaters, den Verlust des Hauses, die finanziellen Belastungen? Es sei wahrscheinlich, so der Staatsanwalt, dass die Familie an dieser Tragödie zerbreche.

Der große Knall

In einer warmen Sommernacht sah Dr. med. dent. Peter P. im Rückspiegel das Blut, das an seinem Kopf herunterlief. Es interessierte ihn nicht. Lediglich die Schmerzen von den Brandverletzungen an seinen Händen drangen allmählich in sein Bewusstsein. Der Kieferchirurg fühlte sich ausgebrannt und leer – »wie im Vakuum«. Er hatte soeben seine Praxis in die Luft gesprengt.

Als der Sechzigjährige gemeinsam mit dem Gericht Fotos und Skizzen vom Tatort betrachtet, steht der sportliche Schnauzbartträger mit hängenden Armen vor dem Richtertisch – wie ein geprügeltes Kind. Es gibt aber auch den trotzigen, angriffslustigen Peter P., der mit emporgerecktem Kinn zwischen seinen beiden Verteidigern sitzt.

Das Drama begann mit einer Kündigung. Der Arzt schickte sie seinem Vermieter, »weil ich erreichen wollte, dass sich der nicht mehr angemessene Mietpreis für die Praxis ändert.« Der Schachzug wurde zum Schachmatt. Der Empfänger war froh, den unbequemen Mieter loszuwerden, der mit all seinen Nachbarn im Streit lag. So soll er beispielsweise eine Firmeninhaberin im gemeinsam genutzten Aufgang eingeschlossen haben. Und eine Videokamera filmte ihn, als er im Parkhaus das Auto eines Allgemeinmediziners zerkratzte. Auch die Mitarbeiter einer Kanzlei, die unter seiner Praxis arbeiteten, glaubten nicht mehr an Zufälle, wenn wieder einmal das Wasser von ihrer Decke tropfte. Peter P. verhandelte, er bettelte und drohte, der Vermieter würde »seine Lebensarbeitsleistung vernichten«. Nichts half. Ebenso erfolglos bemühte er sich um andere Räume. Schließlich bot er seine Praxis zum Verkauf an. Das schien kurz vor Ende seines Mietverhältnisses auch zu glücken. Ein Kollege aus der Schweiz wollte die Praxis für 250 000 Euro kaufen, 10 000 Franken zahlte er an.

Für die Übergabe erwirkte Peter P. eine halbjährliche Verlängerung des Mietverhältnisses. Doch zwei, drei Monate nach Abschluss des Vorvertrages sagte der Schweizer ab: Seine Bank hätte bei der Ärztekammer die Patientenzahlen geprüft und die Praxis für unrentabel gehalten. Der Kaufinteressent fühlte sich getäuscht und wollte darum vom Vertrag zurücktreten. Tatsächlich seien immer weniger Patienten gekommen, bestätigt die Arzthelferin von Peter P. Es könne daran gelegen haben, dass ihr Chef bei seinen Operationen »ruppig und grob« war.

Dennoch beharrte der Deutsche auf der Vereinbarung mit dem Schweizer. Anwälte versuchten, die Angelegenheit zu klären, dem Praxisverkäufer aber lief die Zeit davon.

Bis zuletzt hoffte er auf ein Einlenken des Vermieters. Er wollte das drohende Ende nicht wahrhaben und bestellte zur Verwunderung seiner Arzthelferin noch über den Auszugstermin hinaus Patienten in die Praxis.

Hoffnung keimte auf, als sich in der letzten Woche plötzlich ein weiterer Interessent, ein Zahnarzt, meldete. Doch der Kieferchirurg konnte sich mit diesem weder über den Preis einigen, noch ihm die Weiterführung des Mietvertrages garantieren. »Es müsste eigentlich gehen«, soll der Anwalt des Vermieters gesagt haben. »Das ist keine Grundlage, um eine Praxis zu eröffnen«, meint der als Zeuge geladene Zahnarzt. Am Donnerstag erklärte er die Verhandlungen für gescheitert. Am nächsten Tag, dem letzten als Mieter seiner Praxisräume, besprach Peter P. mit einer Firma die Modalitäten für die Einlagerung seines Mobiliars. Dann schrieb er seiner Arzthelferin und einzigen Angestellten die Kündigung und ein Arbeitszeugnis. Was er nun zu tun gedenke, fragte ihn die junge Frau. »Vielleicht fahre ich wieder Truck«, antwortete der Arzt. Das hatte er drei Jahre lang getan, bevor er Zahnmedizin studierte. Das unstete Leben hatte ihm gefallen. Doch eigentlich hatte er keinen Plan, wie es für ihn weitergehen sollte. Er hatte Angst.

Nachdem sich der Kieferchirurg von seiner Mitarbeiterin verabschiedet hatte, schaffte er noch einige persönliche Gegenstände aus der Praxis, die er laut Videoaufzeichnung um 16.27 Uhr verließ. Den Abend verbrachte der Single wie so oft vor dem Fernseher: Abendschau, Krimi, anschließend noch eine Talkshow. Ab 22.30 Uhr erfasste ihn eine zunehmende Unruhe. »Mir wurde klar, dass die Praxis, die ich jahrelang mit hohem Engagement aufgebaut hatte, in Containern verschwinden sollte.« Mit Beruhigungstabletten versuchte er, die bedrückende Situation zu bekämpfen. Jede halbe Stunde nahm er eine, sechs Stück insgesamt. Die erhoffte Wirkung blieb aus. Gegen ein Uhr nachts hielt er es nicht mehr aus. »Wenn das, was ich in einem Jahrzehnt geschaffen habe, verschwinden muss, kann ich mich auch selbst auslöschen«, habe er gedacht. Er ging in den Keller und holte drei Kanister mit Benzin: zwei große mit zwanzig Litern und einen mittleren mit zehn Litern. Die hätte er vorrätig gehabt, weil er in den nächsten Wochen zu einem chirurgischen Schnitttraining fahren wollte. Vom Schulungsort sei die nächste Tankstelle zehn Kilometer entfernt, erklärt er der Richterin.

Während er in jener Samstagnacht seine Vorbereitungen zur Brandstiftung traf, habe er minütlich, sekündlich zwischen »Das ist nicht das richtige Ende« und »Anders komme ich aus dieser Situation nicht heraus« geschwankt. Schließlich fuhr er doch zur Praxis, parkte sein Auto in einer Seitenstraße und schleppte die schweren Kanister über das Treppenhaus in den vierten Stock des modernen Geschäftshauses. Lange habe er vom geöffneten Fenster seiner Praxis auf die Gleise der S-Bahn geschaut. Vom Bahnhof hörte er die Stimmen junger Menschen. Dann entschied er, »das, was ich beschlossen habe, in die Tat umzusetzen«. Er kippte je zwanzig Liter Benzin an die Wände der beiden Behandlungsräume, er tränkte auch die Operationsstühle, »das Herzstück einer Arztpraxis«, wie es sein Verteidiger formuliert. Zehn Liter Benzin verteilte er auf Flur, Arbeitszimmer und Eingangsbereich. Anschließend erklomm er einen Stuhl mit Rädern – »eine wacklige Angelegenheit« – und klebte acht der fünfzehn Sprinklerauslässe mit Alufolie ab. Er habe den Austritt von Löschwasser und damit einen Wasserschaden für die unter seiner Praxis befindliche Kanzlei verhindern wollen – eine glücklicherweise unsinnige Maßnahme, wie ein Brandsachverständiger erklärt.

»Stehend in einer Pfütze von Benzin«, habe Peter P. eine Streichholzpackung aus der Tasche gezogen. Er habe im Feuer sterben, seine Probleme sofort erledigen wollen: »Ich fühlte mich in einen Trichter getrieben, aus dem ich nicht mehr herauskam.« Den Kernsatz seiner Erklärung beginnt der Angeklagte mit den Worten: »Das wird Ihnen bizarr vorkommen.« Aber er habe das Streichholz in letzter Sekunde wieder in die Packung legen wollen. Dabei muss es an die Reibefläche geraten und sich entzündet haben. Das leuchtet weder den Richtern noch der Staatsanwältin ein. »Meine Hände waren nicht mehr ruhig«, erklärt Peter P. Außerdem sei er als Nichtraucher im Umgang mit Streichhölzern nicht geübt. Mit den Daumenspitzen habe er die Flamme ausdrücken wollen. »Es hat in dieser Sekunde nicht mehr geklappt.« Er hatte die benzindampfgesättigte Luft entzündet, statt einem Feuer entwickelten sich heiße Brandgase. Peter P. habe einen Eimer zum Löschen holen wollen. An der Tür zum Bad sei er auf dem benzingetränkten Teppich ausgerutscht und auf den rechten Ellenbogen gefallen, den habe er sich dabei verbrannt. Kaum habe er sich hochgerappelt, sei ihm etwas an den Kopf geflogen. Trotzdem schaffte er es, die Praxis in letzter Minute zu verlassen. Kurz danach hörte er hinter sich einen Knall. Den verursachte eine Druckwelle, mit der die heißen Gase nach zwei Seiten entwichen: auf der einen wurde die Praxis-Eingangstür bis in den Fahrstuhlschacht geschleudert, auf der anderen Seite drückte es zwei Fenster aus dem Gebäude. Sie fielen auf den menschenleeren Gehweg. Putzmatten, die am Gebäude befestigt waren, flogen bis auf die S-Bahn-Gleise.

Der Brandstifter fuhr nach Hause, unterwegs kam ihm die Feuerwehr entgegen. Er badete und schlief bis zum späten Vormittag. Vergeblich versuchte seine Arzthelferin, ihn zu erreichen. Als er sie am Nachmittag endlich zurückrief, wunderte sie sich über die Gleichgültigkeit ihres Chefs. Er habe sich noch nicht einmal nach seinem Porsche erkundigt, der im Parkhaus des zerstörten Bürogebäudes untergestellt war. »Er fragt sonst immer nach seinem Porsche«, sagt die junge Frau vor Gericht.

Am nächsten Tag erschien Peter P. bei der Kriminalpolizei. Es war heiß, dennoch trug er einen dicken, langärmligen Fleece-Pullover. Die Beamtin wunderte sich. Sie fragte den Arzt nach seinen Verletzungen. Der reagierte ausweichend: Die an den Fingern könnten von einer Desinfektionsmittelallergie stammen, die am Kopf habe er sich bei einem Fahrradsturz zugezogen. »Ich hatte zu der Zeit überhaupt keine Beziehung zu dem, was ich getan hatte«, sagt der Angeklagte. »Ich habe nicht geglaubt, dass ich das überlebt habe.« Eine Woche später wurde er verhaftet.

Warum zerstört einer das, was ihm am meisten bedeutet? Wie so oft liegen die Ursachen in der Kindheit. Im konkreten Fall war es ein menschenverachtender, despotischer, prügelnder Vater. Vergeblich bemühte sich der Älteste von vier Kindern um dessen Anerkennung. Ein Zahnarzt war in den Augen seines Landarzt-Vaters kein vollwertiger Mediziner. Selbst als Peter P. mit über vierzig Jahren noch Humanmedizin studierte und dieses Fach ebenfalls mit einer Promotion abgeschlossen hatte, tat der mittlerweile achtzigjährige Senior diese Leistungen ab: Das sei für einen Arzt nichts Besonderes. »Du bist und bleibst ein Zähnereißer«, bescheinigte er seinem Sohn. Wütend brach Peter P. den Kontakt zu seinen Eltern ab, die Kränkung blieb. Zeit seines Lebens versuchte er sie abzuschütteln. Er setzte sich den Extremen aus, der Höhe, der Kälte, der Geschwindigkeit. Er besaß sämtliche Sportbootführerscheine, beherrschte als Kunstflieger die Vorwärtsrolle, schwärmte für die Concorde, fuhr Porsche-Rennen und liebte seine Harley. In den achtziger Jahren nahm er regelmäßig an internationalen Marathonläufen teil. Seinen Kummer bekämpfte er auch mit Alkohol und Tabletten. Allein sein beruflicher Ehrgeiz bewahrte ihn vor dem sozialen Absturz.

Der Angeklagte sei unausgeglichen, depressiv und sozial vereinsamt, meint der psychiatrische Gutachter. Es falle ihm schwer, die richtige Distanz zu seinen Mitmenschen zu finden. So berichtet ein Allgemeinmediziner von einer zunächst sehr netten Nachbarschaft mit dem Kieferchirurgen. Man sei per »Du« gewesen und habe manchmal ein Bier miteinander getrunken. Relativ schnell habe es aber Probleme gegeben, so zum Beispiel, als Peter P. dem Allgemeinmediziner, als dieser im Urlaub war, eine bitterböse SMS schickte. »Darin empörte er sich, wie ich verschwinden könne, ohne mich zu verabschieden. Ich besäße wohl keinen Anstand«, erinnert sich der Zeuge. Der Kieferchirurg wollte auch gefragt werden, als der Kollege für kurze Zeit einen Radiologen bei sich in der Praxis aufnahm. Ohne Rücksicht auf anwesendes Personal habe Peter P. diese Meinung dem Nachbarn kundgetan. Der zog sich zurück, die beiden Ärzte grüßten sich fortan nicht mehr.

Das ist eine Sicht auf den Angeklagten. Die andere erfährt man von seinen Freunden. »Peter P. ist ein phantastischer Mensch mit

Kanten, kein Mitschwimmer«, sagt einer von ihnen außerhalb des Prozesses. Ja, es stimme, der Freund könne sich nur schwer unterordnen, darum seien Begegnungen mit ihm unberechenbar, zuweilen auch peinlich, aber immer unvergesslich. Etwa als er in einer Kneipe zum Vergnügen der Umstehenden pantomimisch demonstrierte, wie er einen Weisheitszahn entferne, der am Ende zwar unsichtbar, dafür mit beeindruckendem Geräusch durch die Luft flog. Oder als er mit seinem Fahrstil die Polizei provozierte und seine Trunkenheit anschließend hinter einer Spezialpuste-Technik verbergen konnte. Beeindruckt habe der Freund sie auch, als er seine muslimische OP-Schwester bei sich aufnahm: Die wollte sich von ihrem Mann trennen und wurde von ihrem Bruder bedroht. Der Kieferchirurg habe den im Namen der Ehre Handelnden in die Flucht gebrüllt. »Das ist Peter. Er kann schlagartig helfen«, schwärmt ein Freund. Wie oft habe er staunend erlebt, dass der Kieferchirurg scheinbar aussichtslose Situationen meisterte, sei es, dass er entgegen aller Prognosen seine Harley in einen winzigen Keller bugsierte oder mit nervenumwickelten Weisheitszähnen kämpfte. »Er kann Sachen herumreißen, die völlig verloren sind.« Gerade darum habe Peter P. die Niederlage in Sachen Praxis nicht begreifen, nicht verwinden können.

Der psychiatrische Gutachter gesteht dem Angeklagten eine narzisstische Persönlichkeitsstörung zu. Die sei »vom Erziehungsstil des Vaters begünstigt« worden. Der Sohn sei abnorm empfindlich für Kränkungen. »Gott verzeiht, ein Narzisst nie«, meint der Psychiater. Die »bizarre« Erklärung des Angeklagten hält er für plausibel. »Er hat die Möglichkeit, in den Flammen zu sterben, in Betracht gezogen.« Ohnehin hätten narzisstisch gestörte Menschen ein höheres Selbstmordrisiko. Sicher hätte sich Peter P. noch aggressiver verhalten und sich selbst mit Benzin übergießen können. Aber er sei eben sehr wankelmütig gewesen. Im entscheidenden Moment war der Selbsterhaltungstrieb stärker, darum floh er aus der brennenden Praxis. All dies deute auf eine verminderte Schuldfähigkeit, so der Gutachter. Zusätzlich enthemmte den Angeklagten die hohe Dosis Tranquilizer. Allerdings gehöre er nicht in die Psychiatrie: »Nichts lässt darauf schließen, dass Dr. P. erneut fremdgefährlich handelt.«

Die Staatsanwältin kann sich dem nur schwer anschließen. Sie glaubt nicht an die Geschichte mit dem versehentlich entzündeten Streichholz und den gescheiterten Löschversuchen. »Bei seiner geschilderten Version hätte er den Brand nicht überlebt.« Die Anklägerin zweifelt auch an den Selbstmordabsichten des Angeklagten. Der habe sich schließlich einen Fluchtweg offengehalten, indem er darauf verzichtete, die Sprinklerdüsen im Eingangsbereich mit Aluminiumfolie zu umwickeln. Obendrein war es »einfach nur« ein Zufall, dass niemand verletzt wurde«. Die Staatsanwältin fordert vier Jahre Haft. Elf Jahre und drei Monate hat der Gesetzgeber für eine Brandstiftung und das Herbeiführen einer Sprengstoffexplosion als Höchststrafe festgelegt – wenn der Täter vermindert schuldfähig ist.

Der Verteidiger hat sich lange mit Peter P. unterhalten. Dabei habe ihm sein Mandant gesagt, er habe sich mit dieser Tat »aus dem Leben geschossen«: Zeitlebens werde er für den Schaden aufkommen müssen, den Feuer und Löschwasser hinterließen. Über eine Million Euro kostete die Sanierung der Praxisräume sowie die Trocknung und Renovierung der übrigen Flächen. Hinzu kämen Forderungen wegen der mehrmonatigen Betriebsunterbrechung seiner Nachbarn. Auf keinen Fall werde er seinen bisherigen Lebensstandard halten können. Der Angeklagte selbst sagt, er wolle »in der Restzeit, die ich zur Verfügung habe, den Schaden in einen Rahmen bringen, der zeigt, dass ich versucht habe, ihn wiedergutzumachen«. Was die Strafe betrifft, argumentiert sein Verteidiger, habe sein Mandant nicht mit einer Explosion gerechnet. Eine solche könne man auch nicht vorsätzlich auslösen, das habe der Brandsachverständige erklärt. Sie sei nur innerhalb enger Sättigungsgrenzen des Benzin-Luft-Gemisches möglich. »Die Tat kommt wuchtig daher«, so der Anwalt. »Da hat man das Gefühl, das kann nicht in den Bereich einer Bewährung kommen.« Dennoch rege er eine solche Strafe an, also maximal zwei Jahre Haft.

»Die Tat ist Ausdruck einer verzweifelten Wut des schwer in seiner Ehre gekränkten, narzisstisch gestörten Angeklagten«, resümiert die Richterin. Zugunsten von Peter P. glaubt sie dessen Selbstmordabsichten und daran, dass er nicht plante, andere Menschen mit der Tat zu gefährden. Sie zweifelt aber an den Angaben des Angeklagten zum Ablauf der Brandstiftung – einen gescheiterten Rücktritt von der Tat erkennt sie nicht. Darum sei ihm auch der hohe Sachschaden und dessen Folgen anzukreiden: Seit Monaten können seine ehemaligen Nachbarn nicht mehr ihre Räume nutzen – wie der Allgemeinmediziner, der zurzeit nur halbtags praktizieren kann und den Verlust von Patienten befürchtet. Drei Jahre und sechs Monate soll Peter P. in Haft verbringen, auf deren Antritt er in Freiheit warten dürfe.

Seine Verteidiger legen Revision ein, mit Erfolg: Der Bundesgerichtshof moniert, die Richter hätten sich zu wenig mit dem »Rücktritt vom Versuch« beschäftigt. Würde man diesen dem Angeklagten zugestehen, käme nur noch eine Verurteilung wegen fahrlässiger Brandstiftung in Betracht. Der Fall Peter P. müsse also noch einmal verhandelt werden.

Aber das erfährt der Lebensmüde nicht mehr. Es hätte ihn wohl auch nicht beeinflusst, zu sehr litt er unter seiner Schuld, sagen seine Freunde. Ein halbes Jahr nach der Urteilsverkündung mietet sich Peter P. in einem Fünf-Sterne-Hotel ein. Er verriegelt die Zimmertür, schreibt einen Abschiedsbrief und vergiftet sich mit

Tabletten. Diesen leisen, rücksichtsvollen Tod rechnen ihm seine Freunde hoch an. Einer von ihnen sagt: »Ich habe damit gerechnet, dass er jemanden frontal mit dem Auto rammt. Aber in diesen Selbstmord hat er niemanden mit hineingezogen. Das passte eigentlich nicht zu ihm.«

Seine Bestattung in der Nordsee hatte der Tote noch selbst organisiert. Es war Ende Mai, doch die Sonne ließ sich an diesem Tag nicht blicken. Die See war so rau, wie er sie geliebt hatte.

Mein Sohn, mein Sexobjekt

Es gebe ein Geheimnis zwischen ihm und seiner Mutter. Trotzdem vertraut es Jack der Ermittlungsrichterin an: »Dass wir uns sehr liebhaben, dass wir nie auseinandergehen und dass sie keinen anderen Jungen haben möchte.« In dem Video, das wenige Wochen nach der Verhaftung seiner Mutter aufgezeichnet wurde, bekundet der Achtjährige große Sehnsucht nach ihr. »Ich möchte gern wissen, was sie gestohlen hat«, sagt das Kind. »Ich bin ja so neugierig!«

Doch Anneliese A. sitzt nicht wegen eines Diebstahls in Haft. Gemeinsam mit ihrem Freund William W. missbrauchte sie ihren Sohn. Auch an dessen gleichaltriger Schulfreundin und an der vierzehnjährigen Tochter von Annelieses Cousine vergriff sich das Paar.

Der Fall ist ungewöhnlich. Zum einen spielt er nicht im Milieu von Elend und Armut, das sonst solche Delikte gebiert – beide Täter hatten Arbeit. Zum anderen befremdet die aktive Rolle der vierzigjährigen Mutter. Wo andere den Missbrauch an ihren Kindern unterschwellig ahnen und nicht genau hinschauen wollen, half sie tatkräftig mit.

Anneliese A. ist der Dreh- und Angelpunkt dieser schrecklichen, zehn Monate dauernden Tatserie, deshalb wird vor Gericht auch viel über die Frau mit dem unsicheren, skeptischen Blick gesprochen. Eine spitze Nase verleiht ihrem schlaffen Gesicht etwas Kontur. Wenn sie sich erhebt, wirkt sie klein neben ihrem Mitangeklagten, einem großen, kräftigen Neununddreißigjährigen.

Drei Monate dauert der Prozess, in dem die Richter um Sachlichkeit ringen und die Zeugen um ihre Fassung, während sich die Angeklagten tief hinter die hölzerne Balustrade ducken. Ihre Köpfe verstecken sie unter riesigen Pulloverkapuzen, sie igeln sich förmlich ein. Manchmal sieht es so aus, als wären sie gar nicht anwesend.

Anneliese A. legt als Erste ein Geständnis ab. »Im Gefängnis wird mir nach und nach bewusst, was für schlimme Taten ich begangen habe«, lässt sie ihren Verteidiger vortragen. »Ich kann sie nicht rückgängig machen. Ich hoffe, irgendwann einmal meinem Sohn und den anderen Kindern erklären zu können, warum ich diese Taten geplant und auch durchgeführt habe.«

Seine Mandantin beantworte auch Fragen, sagt ihr Anwalt. Diese dürfe aber nur der psychiatrische Gutachter stellen. »Der Gutachter ist kein Hilfsvernehmer«, erklärt der Vorsitzende Richter. »Da würden wir ja geradezu Neuland betreten!«

Also sichtet das Gericht zunächst die Beweise, dazu gehören die Videos von der Vernehmung der Opfer. Danach ist die Angeklagte bereit, rückhaltlos Rede und Antwort zu stehen. So erspart sie ihrem Sohn eine erneute Aussage, vor allem das schmerzhafte Wiedersehen mit seiner Mutter, die seit mehr als einem halben Jahr inhaftiert ist.

Anneliese A. lernte den Mitangeklagten auf der Station eines großstädtischen Krankenhauses kennen. Dort kümmerte sich die unscheinbare Pflegekraft um seine Großmutter. William W., dessen beide Kinder bei seiner Ex-Freundin leben, war charmant zu ihr. Schnell gewann er das Herz der alleinerziehenden Mutter. Er offenbarte ihr seine Sex-Phantasien, in denen nahezu jeder Fetisch vorkommt: Frauenkleider, Windeln, Urin und Fäkalien, Sex mit Kindern, alten Menschen und Tieren. Anneliese A. reagierte verständnisvoll. Sie kaufte ihm sogar einen Strampler. »Wenn er das so will, mache ich das«, erklärte sie später einer Mitgefangenen.

Doch bereits nach wenigen Monaten wollte William W. die

Beziehung beenden. Anneliese A. war enttäuscht und verletzt. Um ihn weiterhin sehen zu können, ließ sie sich auf das Angebot einer rein sexuellen Beziehung ein und erfüllte ihm fast alle seine bizarren Wünsche. So fragte sie eine Kollegin, ob diese ihr einen Blasenkatheder legen könne und dies – für William W. – filmen würde. Die Kollegin lehnte ab, darum habe ihr Sexpartner das dann selbst übernommen. Es habe ihm sehr gefallen, ihr dagegen tat es weh.

Er spielte auch gern Baby. Dabei saugte er an einem Schnuller, trug einen Strampler für Erwachsene und liebte es, wenn ihn seine Partnerin von eingenässten und eingekoteten Windeln befreite, ihn säuberte und wickelte. Einmal benutzte Anneliese A. sogar selbst so eine Erwachsenenwindel. Zuweilen trug William W. beim Sex einen Büstenhalter mit Silikonbrüsten sowie Frauenkleider, dann wollte er gern »Püppi« genannt werden.

Zudem dachte sich Anneliese A. für ihn Geschichten aus, in denen er Sex mit jungen Mädchen hatte. Das Geschriebene hätte ihn erregt. Sie genoss die Macht, die sie über ihn gewann.

Ein halbes Jahr war so verstrichen, als ihr Sohn in den Fokus seiner Begierde geriet: Anneliese A. sollte ihn beim Urinieren filmen, er wollte es »plätschern« hören. Sie tat wie gewünscht. Jack erklärte sie, William W. damit einen Gefallen zu tun. Der damals Siebenjährige war damit einverstanden, er mochte den Freund der Mutter. So wurde die Tür zu einer entsetzlichen Missbrauchsserie geöffnet.

Der Junge musste nicht nur Pornos gucken und dem Paar beim Sex zuschauen. Die beiden lehrten ihn auch diverse Praktiken, die er über sich ergehen oder auf ihr Geheiß an den Erwachsenen ausführen musste. »Willst du das auch mal machen?«, habe William W. ihn gefragt, berichtet der Kleine der Ermittlungsrichterin. »Ich wollte ja nicht seine Gefühle verletzen und Mamas auch nicht.« Außerdem habe er Respekt vor Mutters Freund gehabt.

Etliche dieser Szenen nahm Anneliese A. mit ihrem Handy auf, auch Jack musste filmen, während er sexuelle Handlungen an seiner Mutter ausführte. Diese hätten sie erregt, gestand die Angeklagte später einer Mitgefangenen.

Täglich chattete sie mit ihrem Partner über sexuelle Vorlieben, über den letzten Missbrauch, oft schickte sie ihm Fotos und Videos, die zeigen, wie sie sich an ihrem Sohn verging.

Eines Abends verabreichte Anneliese A. ihrem Sohn eine hohe Dosis Schlaftabletten, die sie zuvor aus der Klinik entwendet hatte. So ermöglichte sie ihrem Partner, den tief schlafenden Jungen ohne Schmerzen und ohne Gegenwehr zu missbrauchen. Immer wieder musste Jack Medikamente nehmen, mal heimlich in Marmelade oder unter Pfefferminzdragees gemischt, mal offen verabreicht. Er werde dadurch besser in der Schule, erklärte seine Mutter. Weigerte sich der Junge, rief William W. an und drohte, mit ihm ins Krankenhaus zu fahren. »Die schmeckten so eklig, dass ich weinen musste«, erinnert sich das Kind. Am nächsten Tag war ihm übel, er erbrach sich. Die Mutter habe ihm auch mal einen Einlauf verpasst: »Der Doktor hat das empfohlen zur Darmreinigung, hat Mama gesagt«, so Jack.

Eines Abends klappte es trotz der Medikamente nicht mit dem Einschlafen. Heulend klagte der Junge über Sehstörungen und Schwindel, während das Paar hoffte, dass die Tabletten endlich ihre Wirkung entfalten. Obwohl das Medikament nicht für Kinder zugelassen ist, verabreichte ihm seine Mutter im Laufe des Abends das Vierfache der für einen Erwachsenen empfohlenen Tagesdosis.

Doch Jack musste noch mehr ertragen, denn William W. wollte ihn nun auch bei vollem Bewusstsein missbrauchen. Am Nikolaustag brachte Anneliese A. den Jungen in die Wohnung ihres Partners. Nachdem sie sich von den beiden verabschiedet hatte, ging sie auf einen Weihnachtsmarkt, wohlwissend, dass unterdessen ihr Kind vergewaltigt werden sollte. Kurz darauf rief William W. an und erklärte, sie könne den Jungen jetzt abholen, weil der »nur rumheule«. Später chattete er mit der Mutter über den Vorfall: »Hat Jack noch was erzählt?«. »Er hat mir alles erzählt, was ihr gemacht habt«, schrieb Anneliese A. »Er hat nur geweint, weil er sich doch erst daran gewöhnen muss.«

Das Paar phantasierte, welche anderen Kinder man noch einbeziehen könne. Die Wahl fiel auf Jacks Schulfreundin. Als Anneliese A. die achtjährige Johanna mit deren Mutter auf einem Volksfest traf, bot sie an, das Mädchen könne bei ihnen übernachten. Am Abend reichte sie den Kindern einen mit Schlaftabletten versetzten Kinderjoghurt. »Der schmeckte eklig nach Tabletten, sehr bitter«, sagt Jack der Ermittlungsrichterin. »Wir wollten Apfelsaft. Da hat sie auch was rein getan. Dann wollten wir Cola-Orange, das hat geschmeckt.«

Als die Kleinen fest schliefen, telefonierte die Mutter ihren Partner herbei und assistierte ihm beim Missbrauch. Unter anderem hielt sie dem schlafenden Mädchen ein Kissen vor das Gesicht, damit dieses, falls es doch aufwachte, den Mann, der es berührte, nicht sehe.

Am nächsten Tag klagte Johanna über Übelkeit. »Jack ist immer noch so wacklig und sie auch«, schrieb Anneliese A. an William W., der längst wieder arbeiten war. »Johannas Mutter hat sie vorhin abgeholt. Die Mutter denkt, die Hure bekommt ´ne Grippe, weil sie sich auch erbrochen hat.«

Gegenüber der Ermittlungsrichterin können die beiden Kinder nur wenig über diesen Vorfall berichten, die verabreichten Medikamente enthielten dieselben Wirkstoffe wie sogenannte K.O.-Tropfen. Sie sorgten dafür, dass das Erlebte nur im Kurzzeitgedächtnis gespeichert wurde, erklärt eine Chemikerin dem Gericht. Johanna erinnert sich aber daran, dass Anneliese A. die Kinder bat, sich für ein Foto nackt auszuziehen. Dennoch behielt das

Mädchen ihren Schlafanzug an. Jack dagegen ließ Hose und Schlüpfer herunter. »Das fand ich nicht normal«, äußert die kleine Zeugin.

Übel erging es auch der vierzehnjährigen Vanessa. Anneliese A. hatte die Tochter ihrer Cousine zum Grillen eingeladen. Später kam William W. dazu. Sie füllten die Minderjährige mit einem Mix aus Alkohol und Schlaftabletten ab. Das Mädchen wurde schläfrig und klagte über Schwindel. Die Gastgeberin riet ihr, sich hinzulegen und gab ihr eine weitere Schlaftablette, die sie als Kopfschmerztablette bezeichnete. Vanessa legte sich ins Nebenzimmer. »Dann kamen die rein. Er hat mich angefasst, oben und unten. Ich konnte mich nicht bewegen, als ob ich festgekettet wäre«, berichtet die Zeugin unter Tränen.

Vier Monate bevor das Paar verhaftet wurde, berichtete Jack seiner Großtante, er habe seine Mutter berühren müssen. Die Frau war empört und konfrontierte ihre Nichte mit dieser Information. Die gab an, der Junge habe das wahrscheinlich zufällig im Internet gesehen. Unter vier Augen ermahnte sie ihn, nicht solche Dinge zu erzählen. William W. soll das Kind später noch einmal ins Gebet genommen haben: Das sei ein großes Geheimnis. Wenn Jack darüber rede, kämen die Erwachsenen ins Gefängnis und er ins Heim.

Die Angeklagten überlegten auch, ob man per Inserat vorgeben solle, nach Kindern für Modefotos zu suchen. So wollten sie weitere Opfer finden. Glücklicherweise verhinderte dies eine weitere Geliebte von William W. – mit ihrer Eifersucht. Sie spürte, dass sie nicht die Einzige war. Während ihr Liebhaber schlief, stöberte sie in seinem Computer und fand den Ordner »Liese«. Sie kopierte die schockierenden Daten und übergab der Polizei ein Foto sowie ein etwa 200-seitiges Chat-Protokoll.

Die Wohnungen der beiden Verdächtigen wurden durchsucht. Als die Beamten Anneliese A. eröffneten, sie stünde im Verdacht, ihren Sohn zu missbrauchen, fragte diese nur: »Wer macht denn da eine Anzeige?« Dann setzte sie sich ruhig auf ihre Couch. Neben diversen Medikamenten und kinderpornographischen Internetausdrucken nahmen die Beamten auch das Handy der Beschuldigten mit. Mit zitternder Stimme beschreibt eine Kriminalbeamtin dem Gericht den Inhalt der Filmsequenzen, die dort gespeichert waren. Nur schwer kann die erfahrene Ermittlerin die Tränen zurückhalten. »Ich musste mir das alles ansehen. Das gehört leider zu meinem Beruf.«

Kaum besser fühlten sich auch die Zellennachbarinnen, denen Anneliese A. ihre Taten schilderte. Die beiden Frauen begaben sich anschließend in psychotherapeutische Behandlung. »Wir haben sie gefragt, warum sie nicht eingegriffen hat«, sagt die eine Mitgefangene. »Sie antwortete: ›Das ist doch normal, das ist nichts Schlimmes oder Unanständiges!‹« Anneliese A. führte mit ihnen viele Gespräche. »Dabei ging es nie um Jack, nie um ihre Taten«, meint ihre Zellennachbarin. »Sie war zermürbt, weil sie von William W. getrennt wurde. Sie würde alles für diesen Mann tun, und wenn sie wieder draußen ist, würde sie es wieder tun. Ich hatte schon das Gefühl, dass sie ihr Kind sehr liebt, aber die Hörigkeit war zu stark.«

Anneliese A. sei gefühlskalt, meint die andere Mitgefangene: »Von ihrem Sohn spricht sie wie von einer Sache. Es ging immer nur um materielle Dinge, die sie ihm kaufen würde, nie um mütterliche Gefühle. Sie ist abhängig von William W., extrem bedürftig nach Beziehung und Liebe.«

Dieses Muster durchzog auch die vorherigen Partnerschaften der Angeklagten: Permanent entschied sie sich für Männer mit psychischen Problemen. Sie versuchte, ihnen zu helfen, opferte sich auf und verschuldete sich für sie – so sehr, dass sie Privatinsolvenz anmelden musste. Sie tat das nicht uneigennützig: Je abhängiger die Männer von ihr wurden, umso größer erschien ihr ihre Macht. Das brauchte die wenig attraktive und intelligente Frau zur Stabilisierung ihres Selbstwertes.

Im Gefängnis verhalte sich Anneliese A. ähnlich, berichtet ihre Zellennachbarin. Dort putze sie die Räume der anderen Häftlinge. »Sie glaubt, dass man sie dafür liebt«. Die Zeugin jedenfalls will Anneliese A.'s Geheimnisse nicht für sich behalten. Ihr sei wichtig, dass vor Gericht auch der Missbrauch diverser demenzkranker Patienten zur Sprache käme. Deren Genitalien habe William W. betatscht, nachdem ihm die Pflegekraft an ihrem Arbeitsplatz geeignete Opfer gezeigt hatte. »Ich halte das für ein genauso großes Thema«, findet die Zeugin.

Dennoch verzichtete die Staatsanwältin darauf, diese Vorwürfe zu verfolgen. Man habe das Verfahren wegen Kindesmissbrauchs nicht verzögern wollen. Außerdem seien die Taten zu Lasten der Dementen kaum zu beweisen. Es reiche auch so für die Sicherungsverwahrung, glaubt die Anklägerin. Beide Täter hätten einen »Hang zu erheblichen Straftaten«, sie seien »allgemeingefährlich« und müssten deshalb nach ihrer Haft für immer weggesperrt werden.

Das sieht der psychiatrische Gutachter anders. Die Angeklagten seien nicht vorbestraft und therapiewillig. Eine solche könne durchaus Erfolg haben. Schließlich habe sich William W. nicht an jedem verfügbaren Kind vergriffen, er habe beispielsweise keine Ambitionen geäußert, den zehnjährigen Sohn seiner eifersüchtigen Geliebten vergewaltigen zu wollen. Und Anneliese A. sei überhaupt nicht pädophil: Von sich aus wäre sie nie auf die Idee gekommen, ihren Sohn zu missbrauchen. Sie sei sich bewusst, dass sie ein Helfersyndrom habe. Sie verhalte sich so, weil sie geliebt und vor allem nicht allein gelassen werden wolle. Diese Angst könne man verstehen, wenn man weiß, wie früh sie ihre engsten Angehörigen verlor. Sie war vier Jahre alt, als ihre Mutter an plötzlichem Herzversagen starb. Das kleine Mädchen soll sie in der Badewanne gefunden haben, berichten die Zellennachbarinnen von Anneliese A. Ihr Vater, ein Alkoholiker, leugnete seine Vaterschaft. Sie wuchs dann bei ihren Großeltern auf. Als der geliebte Großvater an Lungenkrebs erkrankte, pflegte sie ihn so hingebungsvoll, dass er nur noch das Mädchen an sich heranließ. Er starb in einem Krankenhaus, die Dreizehnjährige konnte sich nicht einmal von ihm verabschieden. Kurz darauf erfuhr sie, dass ihr leiblicher Vater gestorben war. Obendrein wurde sie in dieser Zeit von ihren Schulfreunden getrennt: Sie musste 500 Kilometer von ihrer Geburtsstadt wegziehen, weil nun Onkel und Tante die Erziehung des unsicheren, konfliktscheuen Mädchens übernahmen.

Während Anneliese A. ihre Taten dem Gericht rückhaltlos gesteht, schiebt William W. zunächst alles auf seine Mitangeklagte. Er müsse kotzen, wenn er all die Dinge lese, die sie ihm in die Schuhe schieben wolle. Erst am vorletzten Verhandlungstag lässt er seinen Verteidiger erklären: »Die Vorwürfe treffen zu. Es fällt mir schwer, über sexuelle Dinge zu reden. Mein Anwalt empfahl mir, in der sozialtherapeutischen Anstalt des Gefängnisses mein Sexualverhalten aufarbeiten zu lassen. Ich glaube, das ist wirklich notwendig.« »Aufarbeiten zu lassen« – solche Worte künden nicht von großer Motivation. Man hat das Gefühl, William W. gesteht, weil nichts mehr zu leugnen ist und er angesichts von bis zu fünfzehn Jahren Haft nur noch um eine möglichst milde Strafe kämpfen kann.

Anneliese A. muss wegen sexueller Nötigung und schweren sexuellen Missbrauchs von Kindern für neun Jahre ins Gefängnis, ihr Mitangeklagter drei Monate länger. »Gewalt übt auch der aus, der eine Person in den Zustand der Wehrlosigkeit versetzt«, erklärt der Vorsitzende Richter in einer Urteilsbegründung, die sich eines moralischen Urteils weitgehend enthält.

Der Forderung der Staatsanwältin folgt das Gericht nicht.

»Sie haben katastrophale Taten begangen, sind aber keine Kandidaten für die Sicherungsverwahrung«, sagt der Richter und begründet diese Entscheidung mit dem »fehlenden, eingeschliffenen Hang zu schweren Straftaten«. Die Angeklagten seien erst zu einem recht späten Zeitpunkt ihres Lebens straffällig geworden, außerdem beruhten die Taten maßgeblich auf der Dynamik dieser besonderen Beziehung.

So endet dieser Prozess, der allseits betretene Mienen hinterlässt. Man muss an Jack denken, den kleinen Jungen, der seiner Mutter nacheifern und später einmal im Krankenhaus arbeiten möchte: »Ich habe auch schon ein Schild mit ›Dr. Jack‹«, erzählte er der Ermittlungsrichterin. Die fragte ihn auch, wie es ihm in der Pflegefamilie gefalle. »Nicht so gut«, antwortete das Kind drei Wochen nach der Verhaftung seiner Mutter. »Da habe ich immer Heimweh.« Er leidet sicher an Schuldgefühlen: William hatte ihn ja zum Verantwortlichen erklärt, wenn die Erwachsenen ins Gefängnis kämen.

Therapie mit Todesfolge

In seiner Kehle sitzt ein Kloß. Waldemar W. trinkt einen Schluck Wasser und räuspert sich: »Es tut mir leid. Das wollte ich nicht.« Mit halberstickter Stimme fügt er hinzu: »Ich bin auch kein Opfer.« Es sind die letzten Worte vor der Verkündung des Urteils über den Arzt und Psychotherapeuten, der wohl immer geahnt hat, dass er die Psycholyse, eine wissenschaftlich nicht anerkannte Therapie, mit der drogenunterstützt unbewusste Inhalte der Psyche ins Bewusstsein geholt und dann bearbeitet werden sollen, eines Tages vor Gericht verteidigen muss.

Zu einer Patientin soll er gesagt haben, er habe »seinen Weg« gefunden, es sei ein gefährlicher Weg. Bei einer Sitzung habe er darum auf Drogen verzichtet. Er habe befürchtet, die Polizei könne bei ihm auftauchen. Im Fall der Fälle, so die Zeugin, sollten sich die Patienten auf den Boden legen und die pupillengeweiteten Augen mit der Bemerkung schließen: »Wir meditieren!«

Dieses Szenario erfüllte sich nicht, es kam schlimmer. Während einer therapeutischen Sitzung starben zwei Patienten an einer Überdosis Methylendioxymethamphetamin (MDMA), Hauptbestandteil von Ecstasy. Zudem wurde der fünfundfünfzigjährige Meditationslehrer Edgar E. so schwer geschädigt, dass er sich selbst heute als »Krüppel« bezeichnet.

Zur Gerichtsverhandlung erscheint Waldemar W., ein hagerer Mann im dunkelbraunen Anzug. Mit seinem kurzgehaltenen, grauen Haarkranz und den hervortretenden Augen erinnert der Zweiundfünfzigjährige an eine bekannte Marionettenfigur aus Tschechien. Die Anspannung ist ihm anzusehen: Sein Mund ist zum Strich gepresst, seine Hand ruht unterm oder im Gesicht, konzentriert fixiert er sein Gegenüber. Er spricht langsam und betont, sein leichter Akzent verrät seine Herkunft aus der ehemaligen Sowjetunion. Als er seine Heimat gemeinsam mit seiner Familie verließ, war er sechzehn Jahre alt. In Deutschland absolvierte er scheinbar mühelos Abitur und Medizinstudium, arbeitete mal in England, mal in Hessen, mal in Berlin, mal als Suchtberater, mal als Not-, später als Landarzt, bis er die Psycholyse – was so viel wie »Seele lösen« heißt – für sich entdeckte.

Ein bekannter Verfechter dieser wissenschaftlich umstrittenen Psychotherapie ist Samuel Widmer, ein Schweizer Psychiater, der mit zwei Gefährtinnen in der »Gemeinschaft Kirschblüte« lebt. Experten halten diese für eine Sekte.

Drei Jahre lang ließ sich Waldemar W. von ihm in der Kunst unterrichten, mit Hilfe von psychedelischen und empathogenischen Substanzen »unbewusstes Material dem Bewusstsein zugänglich zu machen«. Nach einer allgemeinmedizinischen Ausbildung und einer psychotherapeutischen Zusatzausbildung eröffnete er in einer Großstadt seine erste eigene Praxis, er war damals 46 Jahre alt.

Vier Jahre später zog er mit seiner sechsköpfigen Familie und seiner Praxis in ein großzügiges Haus. Vor dem Grundstück stand ein Schild, auf dem der Arzt auch für die »Psycholytische Einzel- und Gruppentherapie« warb. Die Ärztekammer, so deren Präsident, hatte den Verweis auf die umstrittene Behandlungsmethode erlaubt. Waldemar W. hätte eine Liste eingereicht, auf der er eine Reihe naturheilkundlicher Mittel aufführte, die er verwenden wollte.

Seine Patienten kamen »aus der Mitte der Gesellschaft – alles was man sich als Gäste für ein Abendessen wünscht«, sagt sein Verteidiger. Sie fanden den Therapeuten auf Empfehlung, sogar eine Klinik überwies an ihn. Anders als seine Kollegen duzte Wal-

demar W. seine Patienten, suchte ihre emotionale und körperliche
Nähe. »Ich habe mich so angenommen gefühlt, so dazugehörig.
Herr W. und seine Frau Wiebke waren für mich mein Vater und
meine Mutter, Freund und Freundin«, so beschreibt es die Patientin Melitta M., deren Mann Martin der tödlichen Therapie zum
Opfer fiel. Die Patientin Adelheid A. sagt: »W. hat sich wie ein Vater und Freund verhalten, nicht wie ein Therapeut.« Die zarte,
mädchenhafte Vierundfünfzigjährige wollte ihre psychosomatischen Leiden loswerden. Wegen einer Autoimmunstörung lehnte
sie jedoch die Einnahme jeglicher Arzneimittel ab. Ohne diese sei
die Therapie aber nutzlos, habe der Psycholytiker erklärt. »Wenn
ich das nicht nehme, dann traue ich mich nicht, in mein Innerstes
zu schauen.« Dennoch blieb die Patientin bei ihrem Vorsatz und
bei Waldemar W. »Es ging mir gut in der Gruppe.« Sie bemühte
sich, ihr Manko durch besonderen Einsatz an anderer Stelle wett-
zumachen. So war sie die Erste, die sich auszog, als der Therapeut
eine Nacktsitzung initiierte. »Das schaffen nur ganz wenige Grup-
pen, auf diese höhere Stufe zu kommen«, habe er diesen Vorschlag
begründet. Seiner Patientin gefielen die Musik, die Umarmungen
und der Gedanke: »Wir öffnen uns dem Universum, wir öffnen
uns allen.« Waldemar W. wünschte auch, dass seine Kinder in den
Raum mit den nackten Patienten kommen, berichtet Adelheid A.
»Aber Frau W. wollte das nicht. Eine Freundin ihrer Tochter war
zu Besuch.«

Neben Einzel- und wöchentlichen Gruppensitzungen veran-
staltete der Arzt regelmäßig einen sogenannten »Intensivtag«,
der mit dem Konsum von Drogen verbunden war. Intern hieß
das »auf die Reise gehen« – auf die Reise ins Innere. Die verbotenen Stoffe selbst wurden »Substanzen«, »Mittel« oder sogar
»Medikamente« genannt. Einmal habe eine Patientin mit den
Worten: »Ich nehme keine Drogen, ich bin *gegen* Drogen!« pro-
testiert. Der Therapeut und die übrigen Patienten hätten sich be-

leidigt gefühlt, nie wieder ward die Brecherin der ungeschriebenen Gesetze gesehen.

An einem Samstag war es wieder einmal so weit: Nach diesem Intensivtag sollten sich zwölf Patienten entscheiden, ob und mit welchem Ziel sie bis Ende des Jahres an einer wöchentlichen Gruppentherapie teilnehmen. Zu ihnen gehörte auch Martin M.: Der Neunundfünfzigjährige war seit zehn Jahren trockener Alkoholiker. Es fiel ihm schwer, über seine Probleme zu sprechen. Das belastete auch seine Ehe. Darum überzeugte ihn seine Frau Melitta von einer Therapie. An jenem sonnigen Morgen setzte sie ihn vor dem Haus des gemeinsamen Therapeuten ab.

Der große, kräftige Mann begab sich in die Küche. Dort stand auf einem Wandbord, dessen Front mit den Namen der Patienten beschriftet war, für jeden eine Tasse. Melitta M. erinnert sich an eine Königsfigur aus Ton, die sich ebenfalls immer auf dem Bord befunden habe. Von Sitzung zu Sitzung sei die Figur zusammen mit einer Herz-Karte gewandert, stand mal bei der Tasse des einen Patienten, mal bei der eines anderen. Erst nach dem Tod ihres Mannes sei ihr aufgegangen, dass die Königsfigur den Therapeuten symbolisiert haben muss.

Gegen zehn Uhr stiegen die zwölf Patienten, der Arzt und dessen Frau Wiebke ins Dachgeschoss des dreistöckigen Hauses. Dort war der Gruppenraum, in dem weißer Teppichboden, weiße Decken und gleichfarbige Sitzkissen mit einem schwarzen Drehsessel kontrastierten. Jener, so schildert es Melitta M., stand immer in der Mitte und war der Thron von Waldemar W.

Der sei an jenem Tag ungewöhnlich gereizt gewesen, berichten die Zeugen. Autoritär habe er eine Verspätete gerügt, genervt einen Hustenden ermahnt. Vielleicht lag das an einer aufkommenden Grippe, vielleicht auch an der »kleinen Menge LSD«, die er vor der Sitzung konsumiert haben will, »um aufmerksamer zu sein für die besondere Arbeit«. Dieses Geständnis befremdet.

Zum einen schreibt sein Lehrer Samuel Widmer in seinem Buch »Ins Herz der Dinge lauschen«: »Wir arbeiten in nüchternem Zustand.« Drei Gründe zählt er dafür auf, unter anderem »wäre es für die Gesundheit des Therapeuten nicht sehr förderlich, sich allzu häufig mit der Einnahme dieser Drogen zu belasten. Nur ein abhängiger Therapeut wird dazu neigen.« Zum anderen kann die Einnahme von LSD, so der ärztliche Gerichtsgutachter, zu einem Verlust der Selbstkontrolle führen, Gefahren werden möglicherweise verkannt. Die Patienten wussten jedenfalls nichts von W.'s Drogenkonsum.

Nach einer Befindlichkeitsrunde bot er seinen Schützlingen Neocor an, eine Substanz, deren Besitz zwar nicht verboten, die aber auch nicht als Arzneimittel zugelassen ist. Sie würde »den Geist öffnen«, erklärte Waldemar W. Vor Gericht sagt er: »Man spürt besser, was man zu tun und zu lassen hat.« Neun Patienten konsumierten je eine Tablette Neocor.

In der zweiten Runde entschieden sich dann sieben Patienten für das »Herz öffnende« MDMA, einer wählte nochmals Neocor. In seinem Arbeitszimmer wog der Arzt das feine, weiße Pulver ab. »Das MDMA war für eine Sitzung getestet worden, die eine Woche zuvor stattgefunden hatte«, sagt er dem Gericht. Dennoch sei ihm die Menge größer als gewöhnlich erschienen. Er habe die Droge wieder zurück in den Beutel geschüttet und erneut abgewogen. »Es war ähnlich viel.« Nun habe er seine Brille geholt und die Maßeinheit geprüft. »Die Waage zeigte ›Gramm‹, also die richtige Maßeinheit.« Er habe sich dann auf das angezeigte Ergebnis verlassen.

Sieben Portionen wog W. ab, sechs mit angeblich jeweils 120 Milligramm und einmal mit angeblich 140 Milligramm. Die größere Portion hatte sich Edgar E. bestellt. Statt das Pulver wie sonst in Kapseln abzufüllen, schüttete es der Arzt in wassergefüllte Gläser. Diese brachte er auf einem Tablett in den Gruppenraum.

Niemandem berichtete er von seinen Zweifeln, die ihn beim Abwiegen beschlichen haben wollen. Er forderte seine Patienten lediglich auf, sich zu überlegen, was sie mit dem Konsum erreichen wollen. In kleinen Schlucken tranken die sieben Ahnungslosen ihr Gemisch. Es schmeckte ungewöhnlich bitter. Laut vorsichtiger Schätzung eines Toxikologen erhielten die Teilnehmer das Zehnfache der unter Konsumenten als verträglich geltenden Menge von 100 bis 120 Milligramm.

Nach der Einnahme herrschte »eine feierliche Stimmung«, erinnert sich Adelheid A. Sie hatte wie immer auf jegliche Drogen verzichtet. Zehn, fünfzehn Minuten später setzte die Wirkung ein: »Im ganzen Raum wurde es heiß«, schildert ihr Mann Arthur. Auch er hatte die angebotenen Drogen abgelehnt, so wie es der fünfundfünfzigjährige Akademiker zuvor wochenlang mit seiner Frau geübt hatte.

Er beobachtete Sebastian S., der zu dem Therapeuten mit massiven psychischen Problemen gekommen war. In einem selbst ausgefüllten Anamnese-Fragebogen wünschte sich der Achtundzwanzigjährige, wieder »entspannt und fröhlich im Kopf zu sein, ohne Misstrauen in meinem Herzen«. Der zierliche Student war unlängst von Neonazis zusammengeschlagen worden, er war depressiv und hatte Beziehungsprobleme mit seinem Freund.

Adelheid A. erinnert sich: »Sebastian fing an, von seinen Eltern zu sprechen und dass es ihm ganz schlecht gehe. Während er sprach, rutschte er von seinem Stuhl und fing an zu zittern.« Auch andere Patienten zitterten und klapperten mit den Zähnen. Einige der Berauschten waren bleich, alle schweißnass. »Wie aus dem Wasser gezogen. Das war eklig«, meint Adelheid A.

Die Schwitzenden rissen sich die Kleider von den Körpern. Edgar E. hatte sich nach der Drogeneinnahme zu der Frau des Therapeuten begeben und seinen Kopf in ihren Schoss gelegt. »Ich dachte, das ist gut«, sagt der Angeklagte. »Er braucht und

nimmt sich die mütterliche Energie und Zuneigung.« Dann
wollte Edgar E. auf die Toilette gehen. Doch seine Beine schienen
aus Gummi zu bestehen. Zwei abstinente Patienten stützten ihn,
sie mussten ihm sogar die Hose herunterziehen.

Ein anderer Teilnehmer durchschritt mit rollenden, weitaufge-
rissenen Augen den Raum. Arthur A. befürchtete, dass »der beginnt, auf meine Frau einzuschlagen.« Angst machte ihm auch das
verzerrte Gesicht von Karin K. Deren Augen wirkten stier, wie bei
einer Wahnsinnigen. Besorgt habe die Frau des Therapeuten ge-
fleht: »Karin, komm zurück! Du bist nicht verrückt!«

»Ich war völlig geschockt«, sagt Adelheid A. »Das war schrecklich, das wurde immer schlimmer. Ich hatte Angst vor den Leuten.« Sie habe sich gefragt: Was passiert hier? Ihrem Mann ging es
ähnlich. »Es war wie eine schwarze Wolke in diesem Raum. Diese
Hitze, diese Aggressivität, diese Zuckungen.« Eine Patientin übergab sich in eine Schüssel. Daneben lag der große, kräftige Martin M. schwer atmend auf dem Boden, schlug mit Armen und Beinen um sich. »Das hat den ganzen Raum gefüllt, dieses Schnaufen
und Klopfen«, meint Arthur A. Die Schüssel mit dem Erbroche-
nen flog durch die Luft. »Wisch das weg!«, verlangte der Arzt von
Adelheid A. Befremdet, aber froh darüber, etwas tun zu können,
säuberte sie den Teppich.

Für Waldemar W. sei die Situation noch nicht ungewöhnlich
gewesen. »Ungewöhnlich war nur die Zahl der Teilnehmer, die
reingekommen sind.« Er habe gedacht, das würde sich wieder legen. Ruhig habe er darum von seinem schwarzen Sessel aus erklärt: »Es ist alles gut! Lasst es zu, das ist das Böse in der Welt,
das Böse in uns.« Dem Gericht erklärt er: »Ich teilte der Gruppe
meine Beobachtungen mit, das nennt man ›spiegeln‹.«

Adelheid A. konnte damit nichts anfangen. Sie wollte Martin M. beruhigen. Doch der Therapeut hielt sie davon ab, ebenso
einen anderen Teilnehmer, der sich um den schluchzenden, zit-

ternden Sebastian S. kümmern wollte: »Bleibt mit eurer Liebe bei euch! Das ist jetzt nicht eure Sache! Er muss da durch!« Adelheid A. hoffte inständig, dass sich der völlig verkrampfte 90-Kilo-Hüne nicht durch sein unkontrolliertes Zucken an der Heizung verletzen möge. »Das muss ihn erreicht haben«, so die Zeugin. »Er rutschte ein kleines Stück weg.«

Wiebke W. wies ihren Mann auf den besorgniserregenden Zustand von Martin M. hin. »Ich sah seine Panik, seine Unruhe«, sagt der Arzt vor Gericht. »Ich habe mich das erste Mal in meiner Psycholyse-Tätigkeit entschlossen, medikamentös einzugreifen.« Er spritzte Valium, den Studenten behandelte er mit Morphium.

Adelheid A. dachte: »Endlich passiert etwas! Ich habe geglaubt, es gibt ein Gegengift.« Der bis dahin laut Schnaufende wurde ruhiger und wälzte sich auf den Bauch. Martin schlafe, ob das okay sei, fragte eine Patientin. Da drehte ihn die Frau des Therapeuten um. Das Gesicht, in das sie blickte, war völlig schwarz.

Ihr Mann sprang hinzu. Er schlug dem Sterbenden auf die Brust und begann mit der Mund-zu-Mund-Beatmung. »Wiebke, sofort einen Notarzt!«, rief er und: »Alle raus hier!« Er habe der Gruppe den traumatischen Anblick ersparen wollen. Alle taten wie geheißen. Wiebke W. setzte einen Notruf ab: »Ein alkoholkranker Patient ist nach Medikamentengabe umgekippt.« Nachdem die übrigen Teilnehmer hektisch den Gruppenraum verlassen hatten, muss die Frau des Hauses das Schlachtfeld aufgeräumt und diverse Betäubungsmittel entsorgt haben. Die Polizei fand nur noch Spuren von Tetrahydrocannabinol (THC), Meskalin, MDMA und Kokain.

Während Wiebke W. wahrscheinlich wirbelte, verteilten sich die Patienten in dem großzügigen Haus. Auf dem Weg in diverse Zimmer stützten die gesunden Teilnehmer den schwervergifteten Edgar E. sowie den später verstorbenen Studenten. »Sebastian war ganz schlaff, er hat laut geatmet, ihm lief Flüssigkeit aus dem Mund«, berichtet Adelheid A. Sie hätten ihn auf den Boden des Zimmers gelegt und dann »wie paralysierte Kinder gewartet, bis man sie holt«. Zur Beruhigung für zwei andere Vergiftete, die einen »abgedrehten«, verängstigten Eindruck machten, hätten sie »Guter Mond, du gehst so stille« gesungen. Die Frau des Therapeuten schaute vorsichtig in das Kinderzimmer. Adelheid A. bat sie, auch für Sebastian einen Notarzt zu holen, und fragte: »Was ist mit Martin?« Sie habe keine Antwort erhalten.

Dann habe Herr W. seinen Kopf ins Kinderzimmer gesteckt. »Könnt ihr die nicht alle nehmen und mit denen wegfahren?«, habe er das Ehepaar A. gefragt. »Wie soll ich das machen? Wie denn wegfahren? Wir haben doch keinen Bus!«, entgegnete Adelheid A.

»Aber *wir* haben einen Bus«, sagte der Arzt.

»Mit den Menschen, die hier sind, soll ich wegfahren?«

»›Nein!‹, hat es in mir geschrien!«, sagt sie vor Gericht.

Sie lehnte ab. Enttäuscht habe sie der einstmals so angehimmelte Therapeut angesehen und sich rückwärts aus dem Zimmer entfernt. Seine Bitte wird ihm die Staatsanwaltschaft später als versuchten Mord an Sebastian S. auslegen. Ein Vorwurf, der sich nicht halten lässt, weil es Waldemar W. zwar darum ging, seine Drogentherapie zu verheimlichen, er den lebensbedrohlichen Zustand des Studenten aber wohl nicht erkannt hatte.

Unterdessen bemühte sich die Notärztin um das Leben von Martin M. Nach zwanzig Minuten gab sie auf. »Multiorganversagen« ist das lapidare Wort für die Katastrophe, die sich im Körper des Vergifteten ereignet hatte: Die Droge bewirke, so ein Rechtsmediziner, »dass sämtliche Systeme des Körpers verrücktspielen«. Unaufhaltsam überhitzt sich der Körper, die Blutgerinnung versagt, Muskelfasern lösen sich auf und Wasser lagert sich in lebenswichtigen Organen ab.

Ähnliches widerfuhr auch dem zierlichen Studenten, der noch auf dem Boden des Kinderzimmers lag. »Sein Arm war komisch eingeklemmt«, berichtet Adelheid A. Sie zog ihn hervor. »Er war schwarz angelaufen. Da bin ich über Sebastian gesprungen, habe Wiebke heftig geschüttelt. Jetzt muss aber wirklich die Notärztin kommen!«

Die füllte gerade den Totenschein aus. Die Sanitäter, die ihre Sachen zusammenpackten, ärgerten sich über den wortkargen Arzt und dessen Frau. »Das Einzige, was er gesagt hat, war ›Diazepam‹. Später dann: ›Die Person hat Amphetamine und Valium bekommen.‹« Aber diese Mittel beißen sich: »Bei Amphetaminen machst du ein Tänzchen, bei Valium ziehst du dir den Schlafanzug an«, erklärt ein Sanitäter dem Gericht.

Auch über den Studenten, den sie nun reanimierten, erfuhren sie nichts. Nach wenigen Minuten war der Kreislauf von Sebastian S. stabil. Dann kam der dritte Hilferuf – für Edgar E. Jetzt ging auch der Notärztin auf, »dass die Zufälle keine sein können«. Sie alarmierte weitere Unterstützung, während ein Sanitäter das Haus durchkämmte, »um herauszufinden, wie viele hier noch rumliegen«. Manche der Vergifteten seien »gut ansprechbar« gewesen; zwei aber waren so euphorisch, dass sie selbst im Krankenwagen Lieder sangen.

Noch am Abend, den Waldemar W. bereits in Haft verbrachte, starb der Student. Bei Edgar E. war es knapp. Über einen Monat verbrachte er im Krankenhaus, danach noch Wochen in Rehabilitations-Kliniken. »Seit diesem Vorfall ist mein Gehirn durcheinander«, erzählt er dem Gericht. »Es fällt mir schwer, zwischen Traum und Realität zu unterscheiden.« Er könne sich kaum konzentrieren und habe sein Kurzzeitgedächtnis verloren. »Mein Gehirn macht nicht mit«, berichtet der Zeuge, während er von unkontrollierten Weinkrämpfen geschüttelt wird. Durch die erlittene Muskelauflösung sei auch seine Beweglichkeit erheblich eingeschränkt. Körperliche Übungen würden ihn nur noch schmerzen. Er sei depressiv, suizidal und leide an Affektstörungen. Wieder weint der Zeuge. Stoßweise ruft er: »Es ist nichts mehr wie vorher! Mein Zustand wird immer schlimmer. Die Hoffnung auf Besserung habe ich aufgegeben.«

Ganz besonders verüble er dem Angeklagten, dass dieser ihn bezichtigte, das MDMA beschafft zu haben. Vielmehr sei es dessen Frau gewesen, die Edgar E. gefragt habe, ob er diese Straftat auf sich nehmen würde. »Bei deinem Gesundheitszustand kann dir nichts passieren. Du bist haftunfähig« – so soll Wiebke W. das unmoralische Angebot begründet haben. »Wieso fragen die das?«, schluchzt der Zeuge. »Ich habe doch schon genug gelitten!«

Es spricht einiges dafür, dass er die Wahrheit sagt. Jedem habe die Frau des Therapeuten erzählt: »Edgar hat die Drogen beschafft. Aber behalt es für dich.« Besser lässt sich ein Gerücht nicht verbreiten, zumal die angesprochenen Patienten im Zeugenstand nicht lügen dürfen. Durchweg bezeichnen sie Edgar E. als Drogenbeschaffer. Am Ende des ersten Gerichtsprozesses folgen sogar die Richter dieser Version. Sie entscheiden, Waldemar W. müsse nicht für den Rechtsanwalt aufkommen, der die Nebenklage des Schwerverletzten vertrat. Auf ähnliche Weise könnte Wiebke W. auch versucht haben, einen für das Strafgericht nicht erreichbaren Sündenbock für die Tat zu finden: »Sie sagte, ich solle für mich behalten, dass die Waage nicht gestimmt hat«, erzählt die Witwe von Martin M. dem Gericht. Doch so sehr ein Elektroingenieur und Wägetechniker das Gerät auch geprüft hatte: Die preiswerte, nicht eichfähige Präzisionswaage funktionierte einwandfrei.

Stimmt möglicherweise doch der Eindruck, den Sebastians Vater von dem Therapeuten gewann? Der habe ihm noch vor dem Prozess gestanden: »Ich habe wohl übertrieben.« Lebte der Arzt, den Melitta M. »ich spiele gern mit Menschen« sagen hörte, un-

ter dem Einfluss von LSD seine Allmachts- und Unfehlbarkeits-
phantasien aus?

Im Prozess sprechen Waldemar W. und seine Verteidiger von
einem versehentlich falschen Abwiegen, von einem tragischen
Unfall und von Fahrlässigkeit; die Ankläger aber von vorsätzlicher
Körperverletzung. Auch die Patienten sind uneins. Die Drogen-
erfahrenen unter ihnen sagen, jeder habe von Ecstasy, LSD, Pil-
zen und den damit verbundenen Gefahren gewusst. In der Praxis
habe Informationsmaterial über die Betäubungsmittel ausgele-
gen, auch das von Samuel Widmer verfasste Werk »Ins Herz der
Dinge lauschen«.

Doch etliche Patienten kamen erstmals durch den Psychotherapeuten mit Drogen in Kontakt und wollen die Wahrheit über die
geheimnisvollen »Substanzen« nur geahnt haben. Von einer tödlichen Gefahr hätten sie nichts gewusst. Sie hätten dem Mediziner
vertraut und keine Überdosis befürchtet. Eine Patientin glaubte
gar, »er ist Arzt, er könnte mir helfen«.

Dabei hatte sich W. nur wenig um die körperliche Konstitution
seiner Patienten gekümmert, zur Anamnese genügte ihm ein Fra-
gebogen. Schon allein das sei kunstfehlerhaft, meint der ärztliche
Gutachter. Er fällt ein vernichtendes Urteil über den Angeklagten:
»Da ist nichts lege artis« – weder die Kombination von Praxis-
und Wohnräumen noch die Therapie von Patienten, deren Le-
benspartner man bereits behandelt. Selbstverständlich auch nicht
der systematische Betrug an den Krankenkassen, bei denen Waldemar W. Gruppen- als Einzelsitzungen abrechnete. Psychotherapeuten hätten sich enthaltsam zu zeigen im Umgang mit den von
ihnen so hochgradig Abhängigen, erklärt der Gutachter. Der Kollege aber habe mit seinen Patienten gekuschelt, sich von ihnen
die Blumen gießen und seine Heizung reparieren lassen. Auch als
Kindermädchen machten sich die Therapiewilligen im Hause W.
nützlich, eine Praxis, die gegen jede ärztliche Ethik verstoße.

Schlussendlich habe der Angeklagte seine Patienten auch nicht differenziert behandelt, allen wurde die gleiche psycholytische Therapie verpasst. »Über diese sagt man, dass man sie nur anwende, wenn nichts mehr hilft. Aber alle der unter Depressionen und Beziehungsproblemen leidenden Patienten von Waldemar W. hätten mit den üblichen Standards behandelt werden können«, so der Gutachter. Besonders entsetzt hätte ihn, dass der Kollege ausgerechnet den alkohol-, also suchtkranken Martin M. mit »psychotropen Substanzen« behandelte. Waldemar W. tat dies sogar noch, nachdem sein Patient nach einem Drogenkonsum einmal so heftig halluziniert hatte, dass er nach Hause begleitet werden musste.

Auch der Staatsanwalt hält sich nicht mit Kritik zurück: Für ihn ist der Angeklagte ein »Scharlatan« und »examinierter Dealer«, dessen Tätigkeit von ideologischer Verblendung und krimineller Energie geprägt sei. Waldemar W. habe seine Patienten als Versuchskaninchen benutzt. Es sei reiner Zufall gewesen, dass an jenem Tag »nicht sieben Tote auf dem Boden lagen«, wie es die Gerichtsmediziner zunächst befürchtet hatten.

Das Gericht verurteilt den Arzt zunächst wegen zweifacher Körperverletzung mit Todesfolge und fünffacher Körperverletzung zu vier Jahren und neun Monaten Haft. »Das Geschehen ist tragisch, stellt aber im System W. keinen Unglücksfall dar«, stellt der Vorsitzende Richter fest.

Die Patienten hätten nicht in die Körperverletzung eingewilligt, denn W. erstellte mit ihnen weder einen Behandlungsplan, noch besprach er Risiken und mögliche Alternativen. Es reiche nicht, Bücher und Broschüren anzubieten. Der Arzt hätte vor allem die Unberechenbarkeit von Ecstasy erläutern müssen, für das es keine unbedenkliche Dosis gebe, »das ist die Crux an der Substanz«, zitiert der Vorsitzende den toxikologischen Gutachter. Mit den Worten: »Sie sind kein Berufskrimineller«, entlässt er den seit acht Monaten in Untersuchungshaft befindlichen W. aus dem Gefängnis. Auf die Ladung der Justizvollzugsanstalt solle der Verurteilte in Freiheit warten dürfen.

Erfolgreich legen seine Verteidiger Revision ein, denn auch der Bundesgerichtshof sieht in dem wissentlichen MDMA-Konsum der Patienten eine eigenverantwortliche Selbstgefährdung: »Dies schließt eine Strafbarkeit wegen einer vorsätzlichen Körperverletzung aus.« Knapp zwei Jahre nach dem Unglück ergeht dann ein neues Urteil gegen Waldemar W. Eine andere Schwurgerichtskammer verurteilt ihn wegen zweifachen »Überlassens von Betäubungsmitteln mit Todesfolge« und fünffacher »fahrlässiger Körperverletzung«. Die Haftstrafe darf nicht höher als beim ersten Urteil ausfallen und beträgt jetzt vier Jahre und drei Monate.

»Leichtfertig haben Sie den Tod in Kauf genommen«, erklärt der Vorsitzende. »Das MDMA ist ein hochtoxischer Stoff, da ist beim Abwiegen große Vorsicht geboten.« Nie wieder darf Waldemar W. als Psychotherapeut arbeiten, als Arzt lediglich im Angestelltenverhältnis. Die Richter nehmen dem Angeklagten die erklärte Abkehr von der Psycholyse nicht ab. Vielmehr glauben sie der Botschaft, die er seinen Anhängern noch aus der Haft sandte: »Nicht die Psycholyse hat versagt, sondern ich, Waldemar, als Mensch.«

Wer hat Angst vor Wilma W.?

Zum vierten Mal erwischte man Wilhelm W. beim Klauen, mit Lebensmitteln für 6,76 Euro. Unter Tränen bat der kleine, gramgebeugte Fünfundsechzigjährige den Ladendetektiv und die eintreffenden Polizeibeamten, Gnade vor Recht ergehen zu lassen. Er sagte: »Meine Frau schlägt mich tot!« und zeigte ihnen seinen vernarbten Rücken. Seit längerem verprügele ihn Wilma W. mit einem Fleischerhaken, das letzte Mal zu Weihnachten. Die Polizeibeamten leiteten nun zwei Strafverfahren ein: eines gegen den Dieb und eines gegen dessen Frau – wegen gefährlicher Körperverletzung.

Eine Woche später erschien Wilhelm W. bei der Polizei und beteuerte, er habe mit seinen Äußerungen nur Mitleid erregen wollen. An den Rückenverletzungen wäre nicht seine Frau schuld, sondern Jugendliche, die ihn überfallen hätten. Das habe er aber nicht angezeigt. Wilma W. selbst äußerte sich nicht zu den Vorwürfen. Als Monate später das Ermittlungsverfahren gegen sie eingestellt wurde, war ihr Mann bereits gestorben – an ihren Misshandlungen.

Demonstrativ in Schwarz gehüllt, tritt die kleine, kräftige Frau mit den roten Haaren vor Gericht. Auf ihrer Brust ruht eine goldene Kette mit einem silbernen Kreuz, in ihrer Hand knüllt sie ein Taschentuch. Immer wieder schluchzt sie laut, die Verhandlung muss deswegen sogar unterbrochen werden. Der Staatsanwalt beschuldigt sie, am zweiten Adventssonntag ihren Gatten ermordet zu haben: »Sie handelte aus Verachtung, weil sie ihn als unterlegen ansah. Sie hatte den Willen, ihn körperlich zu vernichten«, steht in der Anklage. Die Dreiundsechzigjährige begegnet diesem Vorwurf mit einem einzigen Satz: »Ich verweigere die Aussage.«

Genauso unschuldig präsentierte sie sich auch damals gegenüber ihrer Tochter, die sie Stunden nach dem Ableben ihres Mannes mit den Worten »Papa ist tot« in die elterliche Wohnung bat. Zuvor hatte sie den Körper des Verblichenen unter Einsatz von Lappen und Küchenbürsten vom Blut befreit, ihn dann vom Bad ins Schlafzimmer gezerrt, in Schlafanzug und Socken gesteckt, den Kopf auf ein Kissen gebettet und ihn bis zum Hals mit zwei Felldecken bedeckt.

Sie hatte auch die Wohnung geputzt und aufgeräumt. Den Kopf eines Porzellan-Flamingos, der im Kampfgetümmel abgebrochen war, hatte sie im dazugehörigen Blumentopf und den zerbrochenen Kerzenständer in der Schlafzimmerkommode versteckt. Sie hatte ihre Kleidung gewaschen, die Spiegelscherben in den Mülleimer geschüttet, außerdem die mit Kot und Blut beschmutzte Unterwäsche ihres Opfers in eine Tüte geworfen, genauso wie Lappen, Bürsten, Plastikhandschuhe, einen Fleischklopfer, ein blutverschmiertes Telefon nebst Netzteil, ein Diktiergerät sowie eine zerkleinerte Mikrokassette.

Obendrein hatte sie einen Abschiedsbrief geschrieben. »An meine liebe Schwester und Familie! Ich schreibe diese Zeilen, weil ich von Herrn W. in den Tod getrieben wurde! Kein Mensch kann sich in meine qualvolle Lage versetzen. Über zehn Jahre bin ich niemals an die Luft gekommen. Er hat mich durch seine Klauerei und seine Lügen in den Wahnsinn getrieben. Er hat mich ständig allein gelassen, obwohl er wusste, wie es um meine Nieren bestellt war. Auch die Migräne hat mir Tag und Nacht zu schaffen gemacht. Ich kann nicht mehr. Wilhelm hat sich selbst zugerichtet. Wir hatten am Freitag Streit gehabt. Es ging um eine Lappalie. Er hat sich am Sonntag den Schädel zertrümmert. Er hatte nichts gegessen, alles immer ausgespuckt und fiel auch noch über das heiße

72

Bügeleisen. Da ist er total durchgedreht. Ich kann ohne meinen Wilhelm nicht leben, trotz seiner unschönen Fehler. Ich brauche ihn, das darf Gott nicht zulassen. Bitte kümmere dich um eine Grabstelle für ihn!«

Als ihre Tochter den Toten auf dem Boden des Schlafzimmers ruhen sah, alarmierte sie den Notarzt. Der sah den mit Schrammen, Kratzern, Hämatomen, Rissen und Quetschungen übersäten Körper und holte die Polizei. Einer der Beamten erinnert sich vor Gericht an die erste Darstellung der Witwe: »Es sei beim Abendessen zum Streit gekommen. Ihr Mann hätte randaliert, sich selbst verletzt und sei schließlich zusammengebrochen.«

Aber warum war die Wohnung so aufgeräumt? Warum roch es so penetrant nach Putzmitteln? Und warum wurde der Notarzt erst so spät gerufen? Die Polizisten waren misstrauisch und erkundigten sich beim Hausarzt des Toten. Dem war nicht entgangen, dass der Körper seines langjährigen Patienten in letzter Zeit immer häufiger Blessuren aufwies. Er vermutete, dass Wilhelm W. zu Hause geschlagen wurde.

Dann fischten die Beamten die Tüte mit den blutverschmierten Sachen aus der Mülltonne des Mietshauses. Die hatte Wilmas ahnungslose Tochter auf die Bitte ihrer Mutter hin dort hineingeworfen. Nun rückte die Kriminalpolizei an und traf auf eine »eigenartig unbeteiligt wirkende« Witwe, wie ein Beamter vor Gericht aussagt. Zusammengesunken habe sie auf ihrem Sofa gesessen und von einem Streit berichtet, der sich an einer 900-Euro-Geldstrafe entzündet hätte. Zu dieser war Wilhelm W. wegen des Lebensmitteldiebstahls verurteilt worden. Sie habe gerade gebügelt, als ihr Mann das Geld von ihr verlangte, gab sie zu Protokoll. Sie habe sich geweigert und »er fiel über das heiße Bügeleisen«, das heißt, Wilhelm W. sei über das Stromkabel gestolpert und das Eisen ihm in den Rücken gefallen. Dabei sei auch der Flamingokopf abgebrochen. Beim Abendessen habe er dann sein Essen ausgespuckt. Er solle es aufwischen, habe sie gefordert. Nun sei ihr Gatte völlig ausgerastet, habe seinen Kopf auf die Küchenarbeitsplatte geschlagen. Anschließend sei er ins Bad gegangen und habe seinen Kopf auf die Glasplatte eines Schrankvorbaus geschlagen, bis er zusammengesackt sei.

Sie sei verhaftet, erklärten die Beamten der schimpfenden Witwe. Dem Richter, der sie am gleichen Tag vernehmen wollte, bot sie eine Kaution statt eine Erklärung an. Ihre Tochter würde 10 000 Euro zahlen. Sie habe »nichts getan«, aber noch »so viel zu erledigen«, begründete sie ihren Entlassungswunsch. Drei Wochen später äußerte sie vor einem anderen Richter: »Mein Mann hatte häufiger Verletzungen, er hat sich am Bahnhof mit Pennern herumgetrieben. Dort ist er einmal verprügelt worden, das war im Oktober.« Sie gab zu: »Ich habe ihm auch mal eine geklebt. Ich habe ihn nur mit der Hand gehauen, manchmal auch mit einem weißen Plastiklöffel.« Einmal habe sie ihn mit dem Hammer geschlagen, weil er ihr Kristall zerbrochen hätte. Ein Geständnis ist das nicht.

Beweis um Beweis trägt das Schwurgericht zusammen, um der Angeklagten ihre Schuld am Ableben ihres Mannes nachzuweisen. Die meisten Anhaltspunkte dafür bietet der Tote selbst. Akribisch beschreibt eine Rechtsmedizinerin dessen Verletzungen. Nur eine Frage des Gerichts kann sie nicht beantworten: »Unmöglich, die Schläge kann man nicht zählen.« Über Stunden muss Wilma W. mit diversen Dingen auf ihren schmächtigen Gatten eingeprügelt haben, mit einem kleinen Fleischklopfer aus leichtem Metall und einem heißen Dampfbügeleisen, möglicherweise verwendete sie auch ein Messer. Mit einem »rohrähnlichen« Gegenstand stanzte Wilma W. die Haut ihres Mannes zwischen Nase und Oberlippe und seine rechte Gesäßbacke. Sie brach ihm fast alle Rippen und das Brustbein. Mindestens dreißigmal sauste der Fleischklopfer allein auf seinen Rücken und sein Gesäß. Mindestens viermal setzte sie dort das heiße Dampfbügeleisen auf, ebenso an beiden Oberarmen. Sie schnitt ihn in Beine und Füße und schlug gegen seinen Penis. Zum Abschluss der Misshandlungen muss sie seine Boxershorts aufgerissen, die eingekotete Unterhose beiseitegeschoben und einen »stangenförmigen« Gegenstand in seinen After gestoßen und wieder entfernt haben. Vielleicht war ihr Opfer zu diesem Zeitpunkt bereits bewusstlos, tot war es jedenfalls noch nicht. »Das Sterben des Mannes zog sich über Stunden hin«, sagt die Gerichtsmedizinerin.

Wilhelm W. rief nicht um Hilfe, wahrscheinlich wehrte er nur mit Armen und Beinen die Schläge ab. Er wurde schwächer und schwächer, bis sein Kreislauf schließlich versagte – durch den Blutverlust und die Atemnot, die ihm die gebrochenen Rippen und das eingeatmete Blut bereiteten. Obendrein kühlte sein Körper auf dem Boden des Badezimmers aus.

Es war nicht das erste Mal, dass Wilhelm W. von seiner Gattin misshandelt wurde, das bestätigen zahlreiche Zeugen. Oft hatten die Nachbarn ihre lauten Schimpftiraden gehört. Sie hatten Platzwunden im Gesicht und an der Lippe des Rentners bemerkt, seine Schrammen, Schwellungen und »Veilchen«. Sein Hausarzt diagnostizierte mal eine Prellung des Brustkorbs, mal eine gerissene Oberlippe und auch mal ein geprelltes Fersenbein. Monate vor seinem Tod klagte Wilhelm W. über Verdauungsbeschwerden. Als der Mediziner ihn untersuchte, stellte er eine Stichverletzung am rechten Oberbauch fest. Er habe sich vor zwei Wochen mit dem Messer geschnitten, sagte der Patient auf die bohrenden Fragen des Doktors.

Meist aber schwieg er. Er ließ sich auch nicht helfen. Als er kurz vor seinem Tod an der Apotheke zusammenbrach, begleitete ihn dessen Inhaber bis zur Haustür. Einen Krankenwagen wollte der Mann mit dem geschwollenen und mit Hämatomen übersäten Gesicht nicht rufen lassen. Er wollte »um Gottes willen« auch nicht an die Wohnungstür gebracht werden, obwohl er bestimmt vor Schmerzen kaum laufen konnte, wie die Rechtsmedizinerin bei der Obduktion feststellte.

Wilhelm W. nahm nicht einmal das Angebot seines unmittelbaren Nachbarn an, in Notsituationen bei ihm einen Kaffee zu trinken. Er ignorierte auch dessen Brief, in dem der Nachbar ihm vorschlug, er könne vorübergehend in seiner Zweitwohnung unterkommen. Stattdessen verteidigte er seine Frau: »Er sagte, sie sei psychisch krank und habe Angst vor anderen Menschen«, erinnert sich der Nachbar.

»Er vergötterte sie«, sagt Wilhelms Nichte über dessen Gefühle für Wilma. Wahrscheinlich hatte der kleine Mann die berühmte Liebe auf den ersten Blick gefühlt, als er der jungen Wilma vor fast fünfzig Jahren auf einem Rummelplatz begegnet war. »Er stand mit zwei Freunden am Auto-Scooter, sie schauten alle zu mir herüber«, erzählte die Witwe später einer Reporterin. Sie habe sich zunächst für einen anderen interessiert, doch nachdem sie ein paar Worte gewechselt hätten, lachte der sie aus: Das junge Mädchen spreche so komisch. Eine beidseitige eitrige Mittelohrentzündung hatte Wilmas Gehör im Kindesalter nahezu vollständig zerstört, erst mit 30 Jahren bekam sie ein Hörgerät. Darum artikuliert sie noch immer verwaschen und mit übertriebenem Singsang. Die jungen Männer am Auto-Scooter hänselten sie damals und wollten mit ihr nichts zu tun haben, so wie fast alle Gleichaltrigen – bis auf Wilhelm W. Der wies seine Freunde zurecht und begleitete Wilma nach Hause. Dort lebte die Jüngste von drei Schwestern in ärmlichen Verhältnissen mit einer rheumakranken Mutter und einem magenkrebskranken Vater. Gern wäre sie Krankenschwester geworden und hätte es mit ihren schulischen Leistungen wohl auch vermocht, denn seit sie ab der achten Klasse endlich die Gehörlosenschule besuchen konnte, war sie Klassenbeste gewesen. Doch ihr Vater wünschte eine Ausbildung zur Lampennäherin. Nachdem er tot war, brach sie die ungeliebte Lehre ab. Kurz darauf lag ihre Mutter im Sterben. Noch auf dem Totenbett versprach Wilhelm W. seiner zukünftigen Schwiegermutter, ihre Tochter niemals zu verlassen. Als er Wilma heiratete, war sie im sechsten Monat schwanger. Ein Jahr nach der Geburt ihrer Tochter bekam das Paar noch einen Sohn. Wilhelm W. hatte keinen Beruf erlernt. Dennoch ernährte er die Familie. Er war fleißig, machte viele Überstunden und erledigte nebenbei auch noch private Aufträge. Seine Kinder sollten es einmal besser haben. Dieses löbliche Verhalten barg ehelichen Zündstoff: Weil Wilhelm W. ständig arbeitete, musste sich seine Frau nahezu allein um die Kinder kümmern.

Schon vor der Trauung war Wilma W. mit ihrer Beziehung unzufrieden, gestand sie dem psychiatrischen Gutachter. Bei ihrem schüchternen, introvertierten Mann vermisste sie Liebe, Nähe und Zärtlichkeit. Obendrein fehlten ihr die Herausforderungen eines Berufes und die freundschaftlichen Beziehungen zu ihren Mitmenschen. Stattdessen kapselte sie sich ein, wurde strenger und hartherziger, scheuer und misstrauischer. Sie klammerte sich an Ordnung und Sauberkeit. Zwar nahm sie seit ihrem 30. Lebensjahr Psychopharmaka und fühlte sich damit ruhiger und weniger aggressiv. Trotzdem verließ sie selten ihre Wohnung. Selbst im Urlaub hielt sie sich nur in ihrem Zimmer auf. Ihre Familie bildete die einzige Verbindung zur Außenwelt.

Die Kinder litten sehr unter ihrer Mutter. »Sie hat meine Schwester und mich oft bestraft«, sagt der Sohn, inzwischen 41 Jahre alt, vor Gericht. So sei er wegen einer schmutzigen Hose im Winter stundenlang auf den Balkon gesperrt worden. »Zugeschlagen hat sie aber nur manchmal«, erinnert sich der Zeuge. »Es ging ihr immer um Ordnung und Sauberkeit.« Mit vierzehn Jahren entfloh er dem bedrückenden Klima seines Elternhauses. Seine Schwester folgte ihm, sobald sie die Schule beendet hatte. Der Sohn brach den Kontakt zu Mutter und Vater für viele Jahre ab, die Tochter beschränkte ihn auf ein Minimum.

Wilma W. versuchte ebenfalls, aus ihrem ehelichen Gefängnis auszubrechen. Sie war einunddreißig Jahre alt und seit zehn Jahren verheiratet, als sie die Scheidung einreichte. Doch Wilhelm habe gebettelt, er wolle nicht ausziehen, er könne ohne sie nicht leben, berichtete sie dem psychiatrischen Gutachter. Das Paar heiratete erneut, es blieb alles beim Alten. Sieben Jahre später ergab sich die letzte Chance, ihr Leben noch einmal zu ändern. Auf einer Tanzveranstaltung, zu der sie ihre Tochter einmal begleitete, lernte sie einen Italiener kennen. Regelmäßig fuhr sie nun zu ihm und dessen Familie – zweimal im Jahr für sechs Wochen. Doch sie scheute sich vor einer dauerhaften Übersiedelung und kehrte immer wieder zu ihrem Mann zurück, nach fünf Jahren für immer.

Er war jetzt der Einzige, den sie nach dem Auszug ihrer Kinder noch kontrollieren und erziehen konnte, den sie mit Vorwürfen traktierte, deren Tenor sich über Jahrzehnte nicht änderte. So bezeichnete sie, die während des Krieges mit ihren Schwestern im Kinderheim leben musste, Wilhelms familiäre Herkunft als »Zillemilieu«. Sie hätte mehr Bildung als er, der ja nicht einmal schreiben könnte. Sogar gegenüber den Polizeibeamten brüstete sie sich: »Ich konnte mit Geld umgehen, er nicht. Ich kam aus gutem Hause, er nicht.«

Der Zeitpunkt, als Wilhelm W. mit 57 Jahren vorzeitig in Rente ging, war »eine wichtige Zäsur«, so der Psychiater. Ihm gegenüber äußerte die Angeklagte: »Da haben wir dann so dahingelebt.« Der Gutachter drückt es deutlicher aus: Die Situation wurde immer unerträglicher. Durch das enge, intensive Zusammensein verstärkte sich die gefühlsmäßige Abneigung von Wilma W. gegen ihren schweigsamen, in sich gekehrten Mann. Aggressiv versuchte sie, ihn zu Verhaltensänderungen zu zwingen, zu mehr Aufmerksamkeit und gemeinsamen Unternehmungen. Einmal schien es ihr tatsächlich zu gelingen: Das Paar kaufte ein großes Auto, von dem sich Wilma W. Ausflüge versprach. Dann aber machte sie einen Rückzieher, bekam »Angst vor der eigenen Courage«, so der Psychiater. Sie traute sich nicht aus dem Haus, andererseits wollte sie ihren Mann auch nicht allein fahren lassen. So stand der Wagen herum und wurde bald wieder abgeschafft.

Klaglos erduldete Wilhelm W. das Hin und Her, die Beschimpfungen und Schläge. Seine Frau flüchtete sich in ihren Putzfimmel, in die grenzenlose Kontrolle ihres Mannes, in noch mehr Vorwürfe und noch mehr körperliche Züchtigungen. Zu einem Treffen mit seinem Sohn erschien Wilhelm W. mit einem blauen Auge. Es war wohl das einzige Mal, dass er sich jemandem anvertraute, als er seinem Sohn von den Schlägen seiner Frau berichtete. Der habe ihm geraten: »Du musst ihr Grenzen setzen! Du musst ja nicht zurückschlagen oder sie verlassen. Aber mach ihr deutlich, dass du die Schläge nicht hinnimmst!« Er habe es versucht, soll der Vater geantwortet haben, aber er schaffe es nicht. Er war zu passiv und zu duldsam. So schürte er die Aggressionen, die ihn später das Leben kosten sollten. Statt »Stopp« zu sagen, zog er sich in den Keller zurück, saß in einem Holzverschlag auf einer alten Matratze und löste Kreuzworträtsel. Die Hefte bewahrte er neben seinen Zigaretten im Briefkasten auf, seinem »Safe«. Manchmal trank er an einem nahe gelegenen Imbiss ein Bier. Blieb er zu lange weg oder verstieß gegen andere Erwartungen, ließ ihn Wilma W. nicht mehr in die Wohnung. Stundenlang musste er dann im Hausflur sitzen, bis sie ihm wieder öffnete.

Am dritten Verhandlungstag hört man die Stimme des Toten. Flüsternd und matt ertönt sie aus einem Kassettenrekorder vom Richtertisch. »Französischer Brie 1,39. Emmentaler gerieben 1,99. Vollmilch-Joghurt 39 Cent. Der rote Pullover kostet 40 Euro, 35 Prozent Viskose, 60 Prozent Baumwolle, fünf Prozent Kaschmir.« Wilhelm W. hatte die Ergebnisse seiner Preis-Recherchen in ein Diktiergerät gesprochen, um anschließend seiner Frau berichten zu können. Sie verwaltete seine 1100-Euro-Rente, sie entschied, was er zu besorgen hatte, und gab ihm das Geld. »Geschenke für Frauchen« waren da nicht drin, die musste Wilhelm W. stehlen. Das erste Mal, da war er gerade ein Jahr lang Rentner, wurde er mit Kosmetik im Wert von 33 Euro erwischt: »Frauchen« sage immer, dass sie das gerne haben würde. Vor dem Amtsgericht rechtfertigte sich Wilhelm W.: »Das ganze Leben hat man sich nichts zuschulden kommen lassen, und nun wachsen einem die Probleme über den Kopf.« Seine Frau hätte ihn für den Diebstahl schon genug bestraft. Dennoch verurteilte ihn der Richter zu 225 Euro Geldstrafe. Ein Jahr später entwendete er eine Packung Dauerwelle, nun wurden 600 Euro fällig. Doch Wilmas Strafe war drastischer: Acht Tage lang ließ sie ihn nicht in die Wohnung, er musste auf der Straße leben. Dennoch stahl er drei Jahre später Pralinen in einem Luxuskaufhaus und kassierte eine Geldstrafe von 1200 Euro. Sämtliche Briefe von Staatsanwaltschaft und Gericht gingen durch die Hände seiner Frau und boten einmal mehr Anlass für Schimpftiraden und Schläge.

Ein Knacken ertönt vom Richtertisch. Der Kassettenrekorder gibt nun die Stimme von Wilma W. wieder. Heimlich oder versehentlich muss ihr Mann kurz vor seinem Tod die Aufnahmetaste seines Diktiergerätes gedrückt haben. So erleben die Prozessbeobachter zumindest akustisch eine Szene aus dieser Ehe:

»Wie soll dit Weihnachten wern? Dit wird jenauso beschissen wern wie all die andern Jahre davor, vielleicht noch beschissena. Du hast ma lange jenuch verarscht. Wir wolln wegfahrn ferientags und Weihnachtsmarkt, wat wird daraus? Pustekuchen. Du bildest dir ein, wenn de mal een oder zwee Tage ruhich bist, denn jeht's wieda Friede, Freude, Eiakuchen. So jeht dit nich. Dazu haste mir zu sehr jequält. Meen janzet Leben lang bin ick von dir verstoßn worn. Nur eisige Kälte hab ick jefühlt! Keen bisschen Jefühl und Jeborgenheit haste jezeigt! Wir wern ooch nächstes Jahr keen Auto ham, wir wern ooch dies Jahr nich rauskomm.

Wenn de wat zum Fressen brauchst, dann nimmste dir dit Brot und schneidst dir 'n paar trockne Stullen ab und säufst Wasser dazu. Mehr kriechste nich zu fressen!

Hör endlich uff! Hör uff! Eener muss mal uffhörn! Ick kann et nich, du hast meene Nerven jetötet! Du hast zwar ooch nich mehr die janze Grütze, aba du hast ooch lange nich so jelittn wie icke, nich wahr? Und deine äußalischen Wundn, die sind schnell weg bei dir. Du vascheisserst mich schon seit Jahrn und tust Wunda, wat du unternehmen und machen willst, aba in Wirklichkeit weeste jenau, dass de nur rumlügn und mir hinhalten tust. Deine eisige Kälte, die krieg ick ja schon seit Jahrn jenuch zu spüren. Ick sage, du kannst mir doch nich weismachen, dass de noch een Finger für mich übrig hast. Nich mal den Dreck unta de Fingernäjel haste für mich übrig. Hey, ick bedeute dir übahaupt nüscht. Ick bin doch nur dein Arbeitstier hier. Ick muss dir deine Bude reene halten, dein Bette und dein Fressen machen und dir Uffträje erteilen, wat de zu erledijen hast, weil de zu dämlich bist, zu denken, nich wahr?

Da latschte irjendwo hin, aba Dämlischkeiten machen so wie qualmen und saufen oder klaun jehn und Scheiße baun, da biste janz groß. Aba nen vanünftigen Satz bringste nich raus. Dir fällt ooch keen Thema ein, weil de nur Dreck planst. Dit is jenau dit selbe, wenn ick dir jedet Mal hier deine Beene breche und wennse wieda verheilt sind, denn fang ick wieda von Neuem an, se dir zu brechen. Benutz endlich mal dein' Vastand! Denn so, wie de ihn bisher benutzt hast, nur für dich, zu dein eijenen Nutzen, nee da kommste nich weit. Irjendwann wirste deine Knochen nich mehr bewejen könn' und darauf legst du dit jenau an. Ja!«

Wollte die Angeklagte Wilhelm W. ermorden? »Ich glaube nicht, dass sie ihn mutwillig umbringen wollte«, sagt ihr Sohn im Zeugenstand. Auch die Staatsanwaltschaft rudert auf Totschlag zurück und fordert 14 Jahre Haft.

Ihr Verteidiger plädiert für eine Bewährungsstrafe: Seine Mandantin habe am Tattag abrupt die Einnahme ihrer Psychopharmaka abgesetzt und möglicherweise im Affekt gehandelt – eine Version, die der psychiatrische Gutachter nicht stützen mag. Er hält die Angeklagte für schuldfähig. Ihre Persönlichkeitsstruktur zeige zwar Auffälligkeiten, psychisch krank sei sie aber nicht.

Neun Jahre Haft bekommt Wilma W. wegen Körperverletzung mit Todesfolge in Verbindung mit sexuellem Missbrauch widerstandsunfähiger Personen. Auch bei dieser Einschätzung hätte das Gericht bis zu fünfzehn Jahre Haft verhängen können. Nach dessen Meinung entzündete sich die Auseinandersetzung wohl tatsächlich an der zu zahlenden Geldstrafe. Möglicherweise spielte auch das gegen Wilma W. eingeleitete Ermittlungsverfahren eine Rolle. Überdies war sie irritiert, weil es ihrem Mann zwei Tage zuvor nicht gelungen war, einen vom Hauswart angesetzten Handwerker-Termin im Bad abwenden zu können. Das muss die Frau, die ihre Sicherheit aus der äußeren Ordnung der Dinge bezog, immens belastet haben. Nicht zuletzt stand Weihnachten vor der Tür, was ihre emotionale Labilität sicher noch vergrößert hatte.

»Sie hat ihren Mann demütigen, erniedrigen und quälen, aber nicht umbringen wollen«, urteilen die Richter. Die Schläge standen auf der Tagesordnung, entsprechend gering war die Hemmschwelle für jede neue Misshandlung. Auch habe Wilma W. den Fleischklopfer und das Bügeleisen nicht mit letzter Kraft eingesetzt. »Nicht die Intensität der Schläge, sondern die Vielzahl, die Summe führte zum Tod«, sagt die Vorsitzende Richterin. Auf den sexuellen Missbrauch widerstandsunfähiger Personen schließt das Gericht aus dem stangenähnlichen Gegenstand, den die Täterin in den Körper ihres möglicherweise bewusstlosen Opfers stieß. Dabei sei es egal, ob sie dies aus sexueller Erregung tat oder um Macht zu demonstrieren und ihr Opfer zu demütigen.

Fast eine Stunde lang resümiert die Vorsitzende das traurige Leben der W.'s, sie spricht dabei auch von einem Käfig, den Wilma W. sich und ihrem Ehemann gebaut hatte. »Sie haben dadurch kein schönes Leben gehabt«, sagt die Richterin. An dieser Stelle nickt die schwarzgekleidete Witwe, die bis dahin stumm vor sich hin starrte, und beginnt zu weinen.

Wilma W., so die Vorsitzende weiter, habe die zunehmende Sprachlosigkeit in der Ehe mit körperlicher Gewalt ausgeglichen, die sie wohl auch in ihrer Kindheit erlebt hatte, als die Mutter sie und ihre Schwestern für etwa vier Jahre in einem Heim unterbrachte. Sie schlug ihren Mann, damit er leide, so wie sie selbst unter ihrer Isolation litt. Es war ihre Art, um Hilfe zu bitten, die er ihr nicht geben konnte. Er war lediglich »geübt im Erdulden erheblicher Schmerzen, er hatte sie jahrelang erduldet«, so die Richterin. »Es war ein Teufelskreis: Je mehr er ertrug, desto drastischer wurden die Maßnahmen seiner Frau, ihn zu provozieren und zu verletzen. Seine Passivität ist keine Schuld, aber ein schrecklicher Beitrag gewesen. Die Grenze war erst mit dem Tod erreicht.«

In Großvaters Hobbykeller

Bevor Hans H. ins Gerichtsgebäude humpelt, zieht er seine Basecap ins Gesicht. Dann klappt der kleine Mann mit dem energischen Kinn eine gelbe Mappe aus Pappe auseinander und hält sie vor sich. Sie ist sein Schutzwall vor den Fotografen, vor der Öffentlichkeit. So präpariert wird er von der Familie H. in die Mitte genommen, jedenfalls von dem Teil, der noch zu ihm hält: seine Ehefrau und zwei seiner fünf Töchter. Beim Prozessauftakt schreit das Trio jeden an, der Hans H. zu nahe kommt, sie schubsen Zuschauer aus dem Weg und drohen Reportern.

Seitdem sich Andrea A. und deren Tochter Ayleen an die Polizei wandten, geht durch die Familie H. ein tiefer Riss. Schwere Vorwürfe erheben die beiden zierlichen Frauen gegen den siebenundsechzigjährigen Rentner: Jahrelang habe ihr Stiefvater sie vergewaltigt, erzählt Andrea A., eine Einundvierzigjährige mit harten Gesichtszügen. Das erste Mal soll es im Ehebett ihrer Eltern passiert sein, am Tag vor ihrer Einschulung. Später bei der Feier sei ihr Blick auf die Väter der anderen Mädchen gefallen und sie habe sich gefragt, ob ihre Mitschülerinnen das auch machen müssen. Ihr Stiefvater habe gesagt, das sei normal, dennoch dürfe sie keinem davon erzählen. Die Siebenjährige glaubte ihm, so wie Siebenjährige ihren Eltern eben glauben.

Fast jeden Tag habe er sie vergewaltigt: im Keller, im Bett oder im Wald, wenn sie gemeinsam mit dem Hund Gassi gingen. Als sie älter wurde und sich zur Wehr setzen wollte, habe ihr Stiefvater sie geschlagen. Er führte Kalender über ihre Monatsblutung, um ihre fruchtbaren Tage zu errechnen, sagt Andrea A. Er habe sie von ihren Freunden isoliert, damit sie niemandem etwas verrate. Heimlich liebte sie einen Jungen, zweimal hatten sie Sex. Mit 19 Jahren wurde sie schwanger, sie glaubte, das Kind sei von ihm. Als die Eltern ihres späteren Mannes einen Vaterschaftstest verlangten, kam die grausame Wahrheit ans Licht: Ihre Tochter Ayleen ist das Kind von Hans H.

Für Andrea A. brach eine Welt zusammen. »Von da an habe ich mein Kind gehasst«, sagt sie im Zeugenstand. Jeden Tag sei sie beim Anblick ihrer Tochter an die schrecklichen Ereignisse erinnert worden. Sie habe das Kind nicht in den Arm nehmen können, statt Liebe bekam es Prügel. Während die Mutter das völlig emotionslos schildert, fließen bei ihrer Tochter die Tränen. Für die stupsnäsige, kindlich wirkende Einundzwanzigjährige, die nur den Abschluss der neunten Klasse erreicht und bislang keinen Beruf erlernt hat, aber von einer Arbeit als Kindergärtnerin träumt, ist dieser Prozess der Versuch, mit ihrer Vergangenheit abzurechnen. Das, was sie darüber als Nebenklägerin berichtet, klingt bedrückend. Es sei ein Geheimnis gewesen, das zehn Jahre lang in ihrer Familie gehütet worden sei.

Hans H. soll sich nämlich ein neues Opfer gesucht haben: Sieben Jahre alt war das Mädchen damals und gerade eingeschult worden. Es war seine Tochter und Stiefenkelin Ayleen. Mit den Worten: »Ich zeig dir Glitzerfische!« habe er sie an die Hand genommen und sei mit ihr in den Keller gegangen. Dort bewahrte der Hobbyangler seine Plastikköder auf, mit denen sie gern spielte. Plötzlich habe er die Tür abgeschlossen, den Plattenspieler angestellt, sie auf einen braunen Tisch gesetzt und ihren Rock hochgeschoben. »Ich konnte mich nicht wehren, ich hatte solche Schmerzen. Ich konnte auch nicht schreien, ich hatte Angst.« Er habe ihr gedroht: »Das bleibt aber unter uns!« Opas Hand habe immer locker gesessen. Nüchtern und direkt berichtet die Nebenklägerin von ihrer Angst, ihrem Schmerz und ihrer Scham. Ihr Tonfall bleibt gleich, egal, worüber sie spricht. Die Erinnerungen sind fern und nicht schön.

Zu diesen gehört auch der Anblick der grellen Neonlampe über ihr, das weiße Einschulungskleid mit den Rosenmotiven, das sie damals getragen und das sie später vor Ekel in eine Grube geworfen und mit Blättern verdeckt habe, genauso wie ihre Unterwäsche. »Ich wollte die nie wieder tragen«, sagt Ayleen A. Vierzehn Jahre später erinnert sie sich auch an die Wiederholung des Schrecklichen am nächsten Tag. »Ich habe ihm gesagt, dass ich das nicht will, doch er nahm mich einfach mit.«

Insgesamt 19 Fälle des schweren sexuellen Missbrauchs an ihr im Kindesalter beschreibt Ayleen A. Es sind nur solche Vorwürfe, von denen sie meint, ihnen einen Ort, eine Zeit und einige Details zuordnen zu können. Sie sollen sich im Keller, in ihrem Kinderzimmer, während eines Angelausfluges im Zelt, am Arbeitsplatz und im Schlafzimmer des Angeklagten sowie auf dem Autorücksitz auf dem Weg zum Einkaufen ereignet haben. 19 Fälle aus vier Jahren, in denen sie mehrmals in der Woche, an manchen Tagen auch zweimal missbraucht worden sei. Die Anklage basiert allein auf diesen Angaben – die möglicherweise an ihrer Mutter begangenen Taten können juristisch nicht mehr verfolgt werden. Die Frist zur Anzeige sexuellen Missbrauchs an Kindern und Jugendlichen endet zehn Jahre, nachdem die Opfer volljährig geworden sind.

Die Vergewaltigungen durch den Mann, den sie für ihren Opa hielt, hätten vier Jahre nach ihrem Beginn ein schreckliches, aber endgültiges Ende gefunden, berichtet Ayleen A. An diesem Tag sei ihre Oma in den Keller geplatzt. Angesichts von Mann und Enkelin soll Helga H.: »Hab ich's mir doch gleich gedacht!« ausgerufen haben. Dieser Satz habe die Elfjährige elektrisiert, bedeutete er doch, »dass die Oma es gewusst und dennoch nichts unternommen hat«, sagt Ayleens Anwalt.

Die emotionale Achterbahnfahrt war für das Mädchen an diesem Tag noch nicht beendet. Die Oma habe Ayleens Mutter zu sich gerufen, um sie mit den Neuigkeiten zu konfrontieren. Allerdings habe sie nur von einem versuchten sexuellen Missbrauch berichtet, Andrea A. glaubte daran. »Ich hatte es nicht für möglich gehalten, dass er sich an seiner eigenen Tochter vergreift«, erklärt sie dem Gericht. Zudem sei ihr damals das Schicksal ihres ungeliebten Kindes ziemlich egal gewesen. Emotional aufgewühlt, wie die Situation wohl gewesen war, dachte sie sicherlich nicht an die Wirkung ihrer Worte, mit denen sie ihre Tochter bei dieser Gelegenheit schockierte. Sie erzählte dem Mädchen – das bis dato annahm, der Mann ihrer Mutter sei auch ihr Vater – die Wahrheit über ihre Zeugung. Das war zu viel für Ayleen A. Kurz darauf wurde sie in die Psychiatrie eingewiesen, wo sie vier Monate verbrachte.

Den behandelnden Ärzten blieb das Drama nicht verborgen. Da sie aber nur von einem versuchten Missbrauch ausgingen, unterließen sie es, ihre kleine Patientin gynäkologisch zu untersuchen. So fehlt ein objektiver Beweis für die Vorwürfe, die Ayleen A. nun erhebt. Als das Kind entlassen wurde, informierten die Psychiater das Jugendamt. »Sexueller Missbrauch durch den Großvater bzw. leiblichen Vater«, stand im Schreiben der Klinik. Und die handschriftliche Notiz eines Arztes: »Keine Anzeige! Großmutter und Mutter sehr aggressiv.« Da das Jugendamt erst informiert wurde, nachdem die vermuteten Übergriffe bereits eingestellt worden waren, war die Behörde rechtlich nicht zu einer Anzeige verpflichtet. Die Angehörigen hätten damals beteuert, nichts mitbekommen zu haben und keine Hilfe zu wünschen. Schnell wurde die Akte »Ayleen A.« geschlossen. Fünf Jahre später wurde sie vernichtet, so schrieb es die damalige Archivordnung vor.

Die Einweisung in die Psychiatrie habe sie damals als Strafe empfunden, sagt die Nebenklägerin. Man habe ihr nicht geholfen, stattdessen fühlte sie sich weggesperrt. Nach ihrer Rückkehr in die

Familie sei das Thema tabu geblieben – bis sie auf einer Familienfeier die lüsternen Blicke ihres Vaters und Stiefgroßvaters bemerkt habe. Sie hätten ihrer vierjährigen Cousine gegolten, die aufgrund der Wärme nur mit einem T-Shirt bekleidet war. Als Ayleen A. noch erfuhr, dass »der Alte« mit der Kleinen schon im Keller gewesen sei, ging sie zur Polizei. Allerdings enthielten ihre dort erhobenen Beschuldigungen kaum mehr als ein »Hans H. hat mich vergewaltigt.« Das reiche nicht für eine Verurteilung, erfuhr sie von ihrem Anwalt. Das Gericht brauche nachprüfbare Details.

Also kramte Ayleen A. in ihren unschönen Erinnerungen, über die sie so lange nicht habe sprechen können, die sie verdrängen und am liebsten habe vergessen wollen und die nun nach Jahren so verschwommen seien, dass sie eben kaum mehr ergaben als ein pauschales: »Der hat mich missbraucht!« Dennoch glaubte sie, 19 verschiedene Taten schildern zu können. Auch ihre Mutter ging zur Polizei. Das, was sie ihrem Stiefvater im Zeugenstand vorwirft, ist zwar bereits verjährt, dennoch stützt sie mit ihren Angaben die Beschuldigungen ihrer Tochter.

Weitere Schützenhilfe bekommen die beiden Frauen von einer Halbschwester: Auch an ihr habe der Angeklagte im Keller einen Übergriff gewagt, sagt Heike H. dem Richter. Doch im Gegensatz zu Andrea und Ayleen war sie bereits 15 Jahre alt. Sie stieß den Vater beiseite, floh und fuhr zur Arbeitsstelle ihrer Mutter. Der berichtete sie brühwarm von dem Vorgefallenen – ohne Hilfe zu bekommen, so die Zeugin. Dies sei der Grund für ihr zerrüttetes Verhältnis zur Familie. Auch bei einer weiteren Tochter soll es Hans H. probiert haben, das vermuten jedenfalls Andrea und Ayleen A. Doch diese Halbschwester gehört zu dem Teil der Familie, der »Ayleen lügt« zum Credo erhob.

Es gab keine Vergewaltigungen, bei niemandem, behauptet der Angeklagte. Noch kurz vor der Urteilsverkündung beteuert er: »Dass ick nüscht jetan habe, dass da nüscht war.« Konkreter äußert er sich nicht zu den Anschuldigungen von Ayleen A. Sein Verteidiger erklärt den Grund: »Herr H. leidet seit einem Schlaganfall vor drei Jahren unter Gedächtnisverlust.« Diese Ausfälle scheinen nicht die bereits verjährten Taten zu Lasten seiner Stieftochter zu betreffen. »Dit Mädchen hat mich vaführt«, behauptet Hans H. »So um die fuffzehn« sei Andrea gewesen, als er mit ihr eine »Liebesbeziehung« eingegangen sei. Sie habe ihn unsittlich angefasst, er habe das nicht gewollt, aber es wurde immer schlimmer und so sei es eben passiert. Er sei auch nicht pädophil: »Bei mir is allet normal.«

Helga H., seine sechzigjährige Frau, bestätigt diese Angaben. Beifallheischend blickt die kleine Frau mit der mädchenhaften Pony-Pferdeschwanz-Frisur zu ihrem Mann, während sie das Gericht mit einem schier endlosen Wortschwall überzieht. Sie wirkt äußerst selbstbewusst, eine Frau, die austeilen kann. Sexueller Missbrauch ihrer Tochter im Kindesalter? »Das hätt ick doch jemerkt!« Nein, das »Liebesverhältnis« zu ihrem Mann habe sich erst später entwickelt. Hans H. habe sie sogar verlassen und seine Stieftochter heiraten wollen. Das habe nicht geklappt, darum sei es nun zu diesem Rachefeldzug gekommen.

Zum Beweis legt die Verteidigung vier Liebesbriefe vor, angeblich schrieb sie Andrea A. ihrem Stiefvater. Doch als die vermeintliche Verfasserin die Briefe genauer betrachtet, bekundet sie bei allen: »Die sind nicht von mir!« Bei Brief Nr. 3 ruft sie: »Das ist die Handschrift meiner Mutter!« Es wäre nicht das erste Mal, dass Helga H. auf dem Papier in die Person ihrer Tochter geschlüpft ist. Auch deren erstem Freund soll sie auf diese Weise den Laufpass gegeben haben, berichtet Andrea A.

Der Vorsitzende Richter will von der Frau des Angeklagten wissen, warum Tochter und Enkelin so heftige Vorwürfe gegen Hans H. erheben würden. »Dit is durch den Hund jekomm'«, antwortet die Befragte mit treuherziger Miene. Das Tier habe ihrer jüngsten Tochter gehört, die dafür keine Steuer entrichtet hätte. Andrea A. habe das beim Ordnungsamt angezeigt. Vorher habe die Familie zusammengehalten. »Bis zu dem Tag mit der Hundesteuer, da war dit vorbei.«

Der Verteidiger von Hans H. kämpft für seinen Mandanten, dem bis zu 15 Jahre Haft drohen, indem er die Glaubwürdigkeit der Belastungszeugen zu erschüttern sucht, eine typische Strategie in solchen Prozessen. Jedem Widerspruch in den Aussagen von Ayleen A. geht er nach. Oft wird er fündig. Seinen größten Triumph feiert er in dem Augenblick, als er dem Gericht jenes Kleid mit den Rosenmotiven präsentieren kann, welches die damals Siebenjährige weggeschmissen haben will. Das Kleid befand sich konstant im Familienbesitz, erklärt der Verteidiger. Die Frage, wie perfekt Siebenjährige im Verstecken von Gegenständen sind, stellt ihm das Gericht nicht.

Ayleen A. jedenfalls hat keine Erklärung für das aufgetauchte Kleid, auch nicht für andere Ungereimtheiten, die ihr die Verteidigung unter die Nase hält: So beschrieb sie vor dem Prozess gegenüber der Staatsanwaltschaft eine Tat, die Hans H. in der Wohnung ihrer Eltern verübt habe, während ihre Mutter und deren Mann sich gerade auf Ägypten-Reise befanden. Der Großvater habe die Blumen gießen sollen. In ihrem Kinderbett habe er sich auf sie gelegt und mit ihr den ungeschützten Verkehr vollzogen. Im Gerichtssaal dagegen schildert Ayleen A. diese Einzelheiten genau umgekehrt: Sie habe auf dem Angeklagten gelegen, der ein Kondom verwendet habe. – So etwas kann passieren, wenn Details einer lange zurückliegenden, endlosen Serie von Vergewaltigungen erinnert werden müssen. Doch wie viel Widersprüchliches darf eine Aussage enthalten, wenn sie das Gericht noch überzeugen soll?

Am Ende hält die Staatsanwältin mindestens 15 Fälle des schweren sexuellen Missbrauchs an Kindern für bewiesen und fordert sechs Jahre Haft für den Angeklagten. Sie glaubt nicht an eine Liebesbeziehung zwischen Hans H. und seiner Stieftochter. Sicherlich fühlte sich Andrea A. zu ihrem Stiefvater hingezogen, weil der sie mehr verwöhnte als ihre Mutter, die mit ihren fünf jüngeren Geschwistern beschäftigt war. Wie aber passe der Übergriff auf die zwei Jahre jüngere Halbschwester Heike H. zu der behaupteten Liebesbeziehung zwischen Hans H. und seiner Stieftochter? Und liebte die neunzehnjährige Andrea A. nicht schon längst ihren heutigen Mann, als sie damals vom Angeklagten geschwängert wurde? Auch dass Ayleen A. bei der Staatsanwaltschaft angab, der Opa habe vor dem Missbrauch einen Kartoffelsack unter ihren »Arsch« geschoben, während sie vor Gericht ihre Aussage auf »einen ollen Lappen oder Fensterleder« korrigierte, spräche nicht gegen die Glaubwürdigkeit der Hauptbelastungszeugin, im Gegenteil. Es wäre verdächtig, wenn sich ein Zeuge dreimal an alles erinnern könne, zitiert die Anklägerin die Erkenntnisse der Aussage-Psychologie.

Darum belächeln die Zuschauer die Worte des Verteidigers, mit denen er sich siegesgewiss an die Nebenklägerin wendet: »Frau A., Sie haben viel Prügel einstecken müssen, Sie sind traumatisiert. Aber glauben Sie nicht, dass Sie, wenn Sie sich von Ihrer Mutter vor den Karren spannen lassen, künftig deren Liebe erfahren werden!«

Als nun der Vorsitzende Richter das Urteil verkündet, geht ein Ausruf des Erstaunens durch das Publikum. Das Ergebnis der siebentägigen Beweisaufnahme ist ein Freispruch aus Mangel an Beweisen. Hans H. heult vor Erleichterung. Der Richter verpasst ihm sofort einen Dämpfer: »Das Urteil beruht nicht auf der Überzeugung, dass Sie unschuldig sind. Es muss etwas passiert sein, das wie der Ansatz eines Kindesmissbrauchs ausgesehen hat.« Doch das Gericht könne einen Angeklagten nur verurteilen, wenn es hundertprozentig davon überzeugt ist, dass sich mindestens eine der angeklagten Taten ereignet hat. »Dies war hier nicht möglich«, sagt der Vorsitzende.

Zwar sei Hans H. ein solches Verhalten zuzutrauen. Das beweise die Aussage von Heike H. »Dieser Vorfall« – der Richter meint den versuchten Übergriff auf die damals Fünfzehnjährige – »steht außer Zweifel. Aber er ist nur ein schwaches Indiz dafür, dass passiert sein könnte, was in der Anklage steht.«

Den Schilderungen von Andrea A. schenkt die Strafkammer keinen Glauben: Bei der Polizei gab die Zeugin an, ihr Stiefvater habe sich auf sie gelegt und sie angefasst. Da sei sie sechs Jahre alt gewesen. Vor Gericht änderte sie ihre Aussage: Der Stiefvater habe sie als Siebenjährige das erste Mal missbraucht. Dann habe die Zeugin angegeben, über ein Jahrzehnt das Opfer des Angeklagten gewesen zu sein. Sie habe sich niemandem offenbaren können – weder ihrer Mutter, die nichts wahrhaben wollte, noch irgendwelchen Freundinnen, die Hans H. »aggressiv behandelt« und so vergrault hätte. Eine Pubertierende, die sich nicht wehrt, vermochte sich das Gericht nicht vorzustellen. »Wir haben es nicht anders gelernt«, antwortet Andrea A. nach der Urteilsverkündung. Es habe keine Vertrauensperson außerhalb ihrer Familie gegeben. »Wenn wir nicht mitgemacht haben, gab es Prügel.«

Am wenigsten überzeugt war die Strafkammer von Ayleen A. Das ist der K.o.-Schlag für dieses Verfahren, in dem es, wie bei allen Sexualdelikten mit Aussage-gegen-Aussage-Konstellation, einzig auf die Glaubwürdigkeit des mutmaßlichen Opfers ankommt. Jenes entsprach offenbar nicht den Vorstellungen dieses Gerichts. »Wir hatten erwartet, eine traumatisierte Zeugin, eine eingeschüchterte junge Frau zu erleben, der es schwerfällt, gegenüber einem männlichen Richter und in Gegenwart der Familie darüber zu reden«, meint der Vorsitzende. Doch die Hauptbelastungszeugin habe »flott ausgesagt« und »emotional unbeteiligt« gewirkt, so der Richter. Genau diese Einschätzung verletze Ayleen A. am meisten, mehr noch als der Freispruch für den Vater und Stiefgroßvater, meint ihr Anwalt.

Natürlich kreidet das Gericht der jungen Frau ihre widersprüchlichen Aussagen bei der Polizei, gegenüber ihren Anwälten und vor Gericht an. Mal habe sie beim ersten Missbrauch geweint, mal nicht. Mal habe der Opa sie mit Prügel bedroht, mal nur gesagt: »Das bleibt unter uns!« Mal erinnerte sie einen Missbrauch in einem Zelt an einem bestimmten See. Doch Zeugen berichteten, der nächtliche Angelausflug hätte an einen ganz anderen See geführt. Selbst den Grund für das Wegwerfen ihrer Unterwäsche zieht das Gericht in Zweifel. Vielleicht, so der Vorsitzende, hatte sie dies nur getan, weil sie bis zu ihrem 11. Lebensjahr noch immer in die Hose gemacht hatte? »Das sind alles Ungereimtheiten, da kommen wir nicht drüber hinweg.« Er glaubt, Ayleen A. habe diese Schwierigkeiten bei der Schilderung der Taten, weil sie ihren Anwälten zuliebe Einzelheiten angeben wollte, an die sie sich gar nicht erinnere. Vielleicht war es aber auch vielmehr so, wie ihr Anwalt in seinem Plädoyer formulierte: »Ayleen wollte ein normales Mädchen sein.« Sie habe versucht, die Bilder aus dieser schrecklichen Zeit zu verdrängen. Dies sei ihr nicht vollständig gelungen, doch immerhin so gut, dass sie nur noch wenige Details zusammenbekommen habe. »Der hat mich so oft rangenommen, dass vieles in meinem Kopf ineinander übergeht«, soll sie ihrem Anwalt offenbart haben. Falls die Nebenklägerin die Wahrheit gesagt hat, war dieser nur fast geglückte Versuch, das Erlebte zu vergessen, der Stolperstein für die Verurteilung ihres Peinigers. Tapfer hört sich die junge Frau die Worte des Richters an. Nur ihre Körperhaltung verrät ihre Erschütterung.

Ihrer Mutter geht es kaum besser: »Ich bin enttäuscht«, sagt sie nach der Urteilsverkündung. »Ich bin so was von enttäuscht.« Am meisten täte ihr aber ihre Tochter, »das Mädel«, leid. Sie hoffe, dass die Familienmitglieder, die Hans H. im Landgericht so fürsorglich abschirmten, »eines Tages mitkriegen, dass wir das Richtige getan haben«. Andrea A. spricht von »wir« und meint sich und ihre Tochter – eine natürliche Allianz, die es bei diesen beiden Frauen lange Zeit nicht gab. Aber als Ayleen A. ihren Vater und Stiefgroßvater anzeigte, setzte sie auch einen anderen Prozess in Gang: Nach Jahren des Schweigens und Hassens näherte sie sich ihrer Mutter, sie redeten miteinander und begriffen die Nöte der jeweils anderen. Dies scheint der größte Gewinn dieses Strafverfahrens zu sein.

Bekenntnisse des Kunstdiebes Markus M.

Kaum hatte Markus M. das Gefängnis verlassen, brach er wieder in Wohnungen ein. Drei Jahre lang entwendete er Ölgemälde, Aquarelle, Zeichnungen und Skulpturen bekannter Künstler. Zu den Bestohlenen gehörte auch eine pensionierte Oberstaatsanwältin. Die warf eines Tages einen Blick in die Auslage eines Antiquitätenladens, wo sie eine Buddha-Figur als diejenige wiedererkannte, die ihr mit vier weiteren abhandengekommen war. Umgehend startete sie die Ermittlungen in eigener Sache – und hatte schnell Erfolg: Der Kunstdieb hatte im Laden seine Adresse hinterlassen.

Zwei Termine zur Gerichtsverhandlung ignorierte der unrasierte Glatzkopf. Dann ließ ihn der Richter verhaften und vor dem Amtsgericht Platz nehmen. Aufmerksam schaut der Siebenunddreißigjährige mit seinen runden Kinderaugen zum Vorsitzenden, während sein Anwalt die Vorwürfe der Anklage – schwerer Diebstahl, Hehlerei, Verstoß gegen das Waffengesetz – bestätigt. Die Verhandlung könnte nun sehr schnell zu Ende gehen, doch Markus M. hat noch ein Anliegen. »Mein Mandant möchte, dass ihm geholfen wird«, sagt sein Verteidiger. Vorher aber will der Angeklagte wissen, wie weit der Einfluss des Richters reicht. Der sagt: »Wir haben Einfluss.« Es ist der Startschuss für einen Monolog, wie man ihn nur selten im Gericht hört.

»Ich bin im Osten geboren. Als ich dreizehn war, wollte mein Vater mit mir in den Westen fliehen. Meine Mutter verriet ihn an meinen Stiefvater – der war bei der Stasi. Auf der Flucht wurde ich in die Hüfte geschossen. Wegen meiner Verletzung gab mein Vater auf. Ich kam in ein Militärkrankenhaus, mein Vater in den Knast. Sie gaben ihm sechs Jahre wegen Republikflucht. Er ist im Knast gestorben. Meine Mutter musste unterschreiben, dass sie zu mir keinen Kontakt mehr hat. Ich war jetzt ohne Eltern und kam in den Jugendwerkhof.«

Dieser Einrichtung eilte der Ruf für besondere Härte voraus. Offiziell lebten in Jugendwerkhöfen schwererziehbare Kinder und Jugendliche, doch waren diejenigen, die hier eingesperrt wurden, nicht unbedingt kriminell. Sie mochten sich nur nicht widerstandslos an das DDR-System anpassen. Deshalb demütigte, unterdrückte und schlug man sie, bis sie psychisch gebrochen waren. Markus M. musste fünf Jahre dort verbringen.

»Als ich achtzehn war, brach die DDR zusammen. Ich hatte Wut auf die ehemaligen Pädagogen vom Jugendwerkhof. Mein Leben lang hab ich Hass auf dieses Volk, diese Regierung, dieses System. Ich hatte Probleme, mich einzuordnen. In meiner Jugend war ich rechtsradikal eingestellt, wen wundert es. Ich hab nicht gewusst, was Demokratie, was Toleranz gegenüber Ausländern ist.

Seit meinem dreizehnten Lebensjahr bin ich eingesperrt. Dreizehn Jahre meines Lebens hab ich in Haft verbracht. Freunde hab ich nur im Knast. Wenn ich entlassen war, konnte ich die nicht besuchen und sagen: ›Es ist schön, im Kino zu sein.‹ Oder: ›Es ist toll, am Baggersee zu liegen.‹ Den Druck hab ich nicht ausgehalten. Darum hab ich lieber fremde Leute in Gaststätten eingeladen, hab so versucht, Eingang in unsere Gesellschaft zu finden.

Ich hatte mal einen Bewährungshelfer, der wurde mein Kumpel. Er brachte mir Achtung und Respekt entgegen. Ich hab ihm bei der Reparatur seines Hausdaches geholfen. Für meine Hilfe hat er mir Taschengeld gegeben. Davon hab ich gelebt.

Vor neunzehn Jahren hab ich erfahren, dass ich ein Kind hab. Seine Mutter brachte es zu mir. Auf einem Zettel stand: ›Es ist dein Kind. Kümmere dich darum!‹ Eine Woche lang hab ich Florian gewindelt und gefüttert. Dann kam seine Oma, die Mutter seiner Mutter, mit der Jugendhilfe und hat mir das Kind weggenommen. Da war ich sauer – am liebsten hätte ich die Stadt in Brand gesteckt.

Später hab ich aus der Zeitung erfahren, dass die Mutter meines Kindes unter Drogen ihren Typen zerstückelt hat. Sie hat den Mann aufs Bett gelegt, ihn gefesselt und mit einer Machete in tausend Stücke zerhackt. Florian saß daneben. Seine Oma hat die tausend Teile eingesammelt. Florians Mutter wurde wegen Totschlags verurteilt. Die Oma bekam das Sorgerecht. Natürlich bin ich vom Knast über die Mauer gesprungen, bin abgehauen, hin zu der Oma und hab versucht, Kontakt zu dem Kind zu bekommen. Damals hab ich gedacht: Was läuft hier? Warum ist nicht alles so, wie man es sich wünscht? Warum tritt man immer nur in Scheiße?

Nach der letzten Haftentlassung haben sie mir eine Tätigkeit vermittelt: Ich sollte mit behinderten Kindern Vogelhäuschen bauen. Ich hatte in der Arbeitsagentur aber nicht das Gefühl, dass man mich braucht. Da sind andere, die sind nicht kriminell, die sind vorher dran.

Ich hab nie gelernt, mit Geld umzugehen. Ich hab noch nie im Leben Miete oder Strom bezahlt. Ich hab noch nie einen Kühlschrank besessen, eine Lampe gekauft oder eine Wohnung eingerichtet. Meine Wohnung hab ich irgendwann einfach verlassen – eine halbautomatische Waffe im Wäschekorb liegen lassen. Ich hab dann jeden Tag in Pensionen geschlafen.

Meine Straftaten hab ich allein begangen. Es gab für mich drei Regeln: nicht im Osten, keine Alten und Schwachen, keine Gewalt. Ich sehe mich als Lastenabnehmer. Es gibt Leute, die haben säckeweise Wertvolles zu Hause. Ich hab ihnen geholfen, von dieser Last abzugeben. Das ist zwar frech, aber so war es.

Ich bin Adrenalin-Junkie, ich brauchte den Kick. Um wieder loszugehen, musste ich das Geld, das ich hatte, ausgeben. Manchmal hab ich tausend Euro an einem Tag verbraucht. Dann war das Geld alle und ich fragte mich, was machst du hier auf diesem Planeten? Kein Ziel, keine Vergangenheit, oder nur eine, die Scheiße ist. Man irrt durch die Straßen, hat keine gesellschaftlichen Verpflichtungen. Für was lohnt es, was zu machen? Ich will nicht auf die Tränendrüse drücken, aber wofür hat mich mein Vater damals gerettet? Gibt es irgendein Ziel? Mein Leben ist chaotisch, extrem chaotisch. Mein Problem ist, überhaupt zu leben.

Ich bin froh, dass ich jetzt hier bin. Ein großer Druck ist von mir genommen. Drei Jahre hab ich Scheiße gebaut, fünf Jahre Knast liegen vor mir. Ich komme in der Normalität an. Aber was mache ich danach? Ich muss lernen, ein Ziel zu haben. Ich hoffe, dass ich gesund bleibe, dass mir ein Mensch begegnet, dass ich mir selbst vielleicht begegne. Dass ich irgendetwas finde, wofür es sich lohnt, anzuklopfen und zu sagen: ›Hier bin ich!‹ Ich will nicht euer Eigentum klauen, eure Bilder abhängen, eure Sachen wegnehmen. Ich will eine Therapie machen, ich will eine Begleitung durch einen Bewährungshelfer, ich will lernen, mit Geld umzugehen. Ich will mich einbringen in diese Gesellschaft.«

Im Stakkato hat Markus M. sein Leben erzählt, hat seine kleine Hoffnung in eine Rede gebettet. Seine Worte hinterlassen Nachdenklichkeit. Beinahe hätte der Richter eine Formalität der Strafprozessordnung vergessen: zwei kleinere Diebstähle, die im Vergleich zu den drei größeren nicht ins Gewicht fallen, müssen vor dem Ende der Beweisaufnahme noch eingestellt werden. Der Vorsitzende entschuldigt sich: »Ich war jetzt auch etwas mitgenommen.« Ganz im Gegensatz zum Staatsanwalt. Der meint, der Angeklagte wolle die Schuld auf die Gesellschaft schieben, und zitiert ungerührt den Grundsatz: »Jeder ist seines Glückes Schmied«. Er habe erhebliche Zweifel daran, dass Markus M. nach der Haft keine Straftaten mehr begehen werde, sagt der Ankläger und droht für diesen Fall die Sicherungsverwahrung an. Diese Aussicht schockt den Angeklagten kaum. Für ihn geht es um die nächste Zeit in Freiheit. Soll die ähnlich frustrierend verlaufen wie die vergangenen Jahre?

Drei Jahre und vier Monate schickt der Richter den Angeklagten ins Gefängnis. Zwei weitere Anklagen gegen Markus M. sind noch offen, sie werden ihm zusätzlich eineinhalb Jahre Haft bringen.

»Wir haben durchdacht, was Sie uns gesagt haben«, sagt der Vorsitzende bei der Begründung seines Urteils. »Wir haben emotionales Verständnis dafür, wie es dazu gekommen ist. Wir geben Ihnen aber auch zu bedenken, was Sie den Opfern angetan haben.« Die wichtigste Aufgabe des Strafrechts sei der Schutz der Gesellschaft. Wohnungseinbrüche würden nicht nur materielle Verwüstungen hinterlassen. Besonders schlimm sei es für die Betroffenen, an einem Ort zum Opfer geworden zu sein, an dem sie sich sicher wähnten.

Der Richter will anregen, dass Markus M. im Gefängnis einen Sozialhelfer bekommt, der mit ihm den Umgang mit Geld übt. »Das scheint mir die wesentliche Quelle Ihrer Straftaten zu sein. Ob es etwas nützt? Es kommt allein auf Sie an. Der Staat kann nur dafür sorgen, dass Sie nicht verhungern.«

Der Vorsitzende hält Wort, und tatsächlich nimmt Markus M. die angebotene Hilfe auch an – macht eine Ausbildung. Ein Jahr nach seiner Verurteilung wird er dann in die sozialtherapeutische Anstalt des Gefängnisses verlegt, wo Psychologen und Therapeuten mit ihm auch über Wut und Scham sprechen, die ihn quälen, wenn er an das im Jugendwerkhof Erlebte denkt. Vielleicht schafft er es nach seiner Haftentlassung, mit jenen »Pädagogen« ins Gespräch zu kommen. Es geht ihm nicht um Rache.

Todeswünsche per SMS

»Wie willst du mich heute töten?« Es muss Rene R. begeistert haben, als sich die Buchstaben, die er in sein Handy tippte, zu dieser Nachricht formten. Als er dann am Abend bei seinem Meister erschien, stand der wie immer nackt im Türrahmen seiner Wohnung. Wortlos nahm der Diener dessen Penis in den Mund und stimulierte ihn. Die Männer reizte die Vorstellung, dass man sie jederzeit bei ihrem Treiben im Flur eines Hochhauses ertappen könnte.

Sie hatten noch immer kein Wort miteinander gewechselt, als der Meister eine Damenstrumpfhose ergriff, seinem Diener die Augen verband, ihn zur Wohnzimmercouch führte und ihn rücklings daraufschob. Dann setzte er sich auf das Gesicht von Rene R. Der leckte ihn um Luft ringend. Das tat er auch noch, als sein Meister zum Fernsehtisch langte und unter einigen Zeitschriften ein einseitig geschliffenes Tranchiermesser mit einer zwanzig Zentimeter langen Klinge hervorzog. Der Mörder holte aus und rammte es seinem arglosen Opfer mit beiden Händen in den Bauch. Der Verletzte schrie und wollte das Messer herausziehen. Er solle es besser steckenlassen, meinte Stefan S. und rief den Notarzt. Der konnte allerdings nicht mehr viel ausrichten: Das Messer hatte Zwerchfell, Magenvorderwand und Bauchspeicheldrüse durchtrennt, die Leber gestreift sowie die Milzarterie und die Pfortader zerschnitten. Keine halbe Stunde später war der einundvierzigjährige Vater einer Tochter verblutet.

Ein Schwurgericht befasst sich mit der Tat von Stefan S., einem schmalen, zartgliedrigen Mann mit sinnlichem Mund. Die aknenarbigen Wangen des Siebenundvierzigjährigen sind eingefallen, so wirkt die markante Nase noch größer. Sein Gesicht hat etwas Starres, sogar farblich erweckt es den Eindruck, als sei es aus Holz geschnitzt.

Er zitterte und weinte, als er den Polizeibeamten von seinem Sexpartner berichtete, den er soeben getötet hatte. Sie hätten das vorher so abgesprochen. Stimmte das? Wollte Rene R. tatsächlich sterben? Oder war das Messer nur versehentlich so tief in den Körper seines Opfers »gerutscht«, wie der Angeklagte vor Gericht behauptet? Oder befriedigte ihn der Tod seines Opfers, wie der Staatsanwalt in seiner Anklage vorträgt? Was ging in den beiden Männern vor, deren sexuelle Phantasien sich ergänzten, die voneinander aber nur wenig mehr als den Vornamen und die Telefonnummer kannten?

Das Gericht muss zwei Leben rekonstruieren, um zwischen Tötung auf Verlangen, Körperverletzung mit Todesfolge, Lust- oder hinterhältigem Mord entscheiden zu können. Allerdings schließt es die Öffentlichkeit aus, während Stefan S. von seinem desaströsen Leben berichtet. Deren Eckpunkte fasst die Richterin später in ihrer Urteilsbegründung zusammen: Der Angeklagte wurde als Kind einer Sechzehnjährigen geboren. Das häusliche Klima war von Gewalt und Alkoholmissbrauch geprägt, Väter und Stiefväter kamen, prügelten und gingen. Seine überwiegend alleinerziehende Mutter war mit der Erziehung ihrer vier Kinder überfordert. Wahrscheinlich bemerkte sie nicht, auf welche Weise sich ihr Ältester sein Taschengeld verdiente: Der Dreizehnjährige ließ sich von einem Nachbarn an einen Baum fesseln und mit einem kleinen Stöckchen schlagen. Bis zu seiner Volljährigkeit erledigte er diesen bizarren Job.

Stefan S. schaffte die Hauptschule, ein Abschluss weit unter seinen intellektuellen Fähigkeiten. Als er 18 Jahre alt war, schmiss ihn seine Mutter aus dem Haus. Seine Berufsausbildungen hatte er abgebrochen, Geld verdiente er als Stricher. Ein Freier vermittelte ihm einen Job. Dabei lernte er seine erste Frau kennen. Sie heirateten und bekamen drei Kinder. Über zehn Jahre hielt diese Ehe, dann trennte sich seine Frau von dem introvertierten, unsicheren Mann, der seine Gefühle nicht ausdrücken konnte, sie lieber im Alkohol ertränkte und in Gewaltausbrüchen entlud. Mit der Scheidung und der damit verbundenen Trauer wurde der Verlassene nur schwer fertig. Erfolglos versuchte er, sich das Leben zu nehmen. Er prostituierte sich wieder, es war die einfachste Art, seinen Lebensunterhalt zu verdienen. Hier fragte niemand nach Vergangenheit oder Zukunft, die Gegenwart wurde von den Wünschen seiner Kunden bestimmt. Auf dem Strich lernte er seinen einzigen Freund kennen, einen fast zwanzig Jahre älteren Beamten »mit Helfersyndrom«, wie der Zeuge über sich sagt. Aus der anfänglich sexuellen Beziehung wurde eine tiefe Freundschaft. Man begeisterte sich für klassische Opern, ging ins Kino oder kochte. Der Freund verschaffte ihm einen Arbeitsplatz, an dem Stefan S. seiner zweiten Frau begegnete.

Erneut gründete er eine Familie und ernährte sie mit seinem schmalen Verdienst. Doch bald regierten auch in dieser Ehe Alkohol und Gewalt. Ein Schicksalsschlag gab ihr den Rest: das jüngste der drei Kinder verwickelte sich eines Tages in seiner Bettdecke und bekam keine Luft. Es ist seitdem spastisch gelähmt. »Beide haben das schwer verkraftet«, sagt der Freund des Angeklagten vor Gericht. Nur wenige Monate nach dem Unglück verließen Frau und Kinder die eheliche Zwei-Zimmer-Wohnung.

Wieder wollte sich Stefan S. das Leben nehmen, wieder scheiterte er. Ein Jahr später versuchte er es erneut. Anlass war ein Strafbefehl, in dem man ihm mitteilte, dass er wegen einer Körperverletzung an seiner Ex-Frau zu 900 Euro Geldstrafe (60 Tagessätze) verurteilt worden war. Zu Unrecht, wie Stefan S. fand: Beide Partner seien betrunken gewesen, sie schlug ihn, er schlug zurück. Statt Einspruch gegen das Urteil einzulegen, habe er zum Tranchiermesser gegriffen, jenem, mit dem er später auch Rene R. tötete. Er habe sich damals hingehockt und das Messer mit beiden Händen vor den Bauch gehalten, so Stefan S. in seiner schriftlichen Erklärung vor dem Schwurgericht. Mit aller Kraft habe er ruckartig zugestoßen. Das Messer sei aber nur zwei Zentimeter in seinen Körper eingedrungen. Die Wunde habe geschmerzt und geblutet. Für einen weiteren Stoß habe ihm die Kraft gefehlt. Er habe das Messer herausgezogen und die Wunde selbst versorgt. Zum Beweis zeigt er dem Rechtsmediziner seine Narbe.

Nach der zweiten Trennung sackte Stefan S. erst recht ab. Er trank noch mehr, verlor seinen Job, die Wohnung verkam. »Anfangs war es unordentlich, später konnte man nur noch mit dem Spachtel rangehen«, meint eine Frau, die ihn damals des Öfteren besuchte. Die geistig leicht Behinderte stellt den mehrmonatigen Kontakt als Affäre dar, in der Stefan S. die aktive Rolle gespielt habe, ihr etwa »Komm vorbei, ich fick dich!« gesimst habe. Bei dieser Schilderung kommt Bewegung in den sonst so schweigsamen Angeklagten: »›Dick, mollig, rund, sucht Sex gegen Taschengeld‹ – ich weiß noch genau, was du annonciert hast …«, ruft er der Zeugin zu. Die Richterin würgt das Geplänkel ab.

Parallel zu dieser heterosexuellen Beziehung pflegte Stefan S. den Kontakt zu Rene R., einem ebenfalls geistig leicht behinderten Mann. Seine Schwester beschreibt ihn als »gutmütigen, quirligen Wirbelwind«. Gern sei ihr Bruder unter Menschen gegangen. »Ihn haben vier Wände nicht gehalten.« Mit einem Intelligenzquotienten von 60 brauchte er einen Betreuer und einen geschützten Ort zum Leben, den fand er in einem Wohnheim. Rene R. war Eishockeyfan und stolz auf einen kleinen Job, den er sich selbst gesucht hatte. Er habe sich vor Messern und Spritzen gefürchtet, »in dem Punkt war er ein ganz großer Feigling«. Von seinen homosexuellen Neigungen wusste die Familie nichts. Eigentlich suchte er nach einer Freundin, nachdem sich »seine große Liebe«, die Mutter seiner Tochter, vor über zehn Jahren von ihm getrennt hatte. »Es hat nicht geklappt«, sagt seine Schwester.

Über ein Kontakttelefon lernte Rene R. seinen Meister kennen, einen Mann, der ihm alle sechs Wochen Aufmerksamkeit schenkte, der ihn fesselte, ihm die Augen verband, mit heißem Kerzenwachs quälte und ihm die Luft abdrückte, indem er sich auf Mund und Nase setzte. Vor den Treffen fragte der Diener immer wieder per SMS: »Wirst du mich heute töten?«, »Auch töten?« oder »Du musst mich dann verstecken, also die Leiche.«

Wollte Rene R. sterben? Seine Schwester glaubt nicht daran: Er hatte ja noch Zukunftspläne, verbesserte auf der Volkshochschule seine Lese- und Rechenfähigkeiten und wollte von ihr kochen lernen. Das Gericht hört zu dieser Frage auch einen Psychiater, der Rene R. wenige Jahre vor seinem Tod begutachtete, weil er unter Alkoholeinfluss Autos und einen Container angezündet hatte – »damit sich jemand mit ihm beschäftigt«, wie seine Schwester glaubt. Der Psychiater hielt den Brandstifter für autoaggressiv und masochistisch. Zudem attestierte er ihm ein geringes Selbstwertgefühl. Für selbstmordgefährdet hielt er ihn nicht.

Der Angeklagte habe Rene R. als »die Nervensäge« bezeichnet, erinnert sich dessen Freund. Dennoch verabredete er sich immer wieder mit ihm, um den Domino zu geben, eine Rolle, von der er sich im realen Leben mehr und mehr entfernte. Zwar hatte er wieder Arbeit gefunden, dennoch lebte er zurückgezogen, ohne Kontakt zu seiner Mutter und seinen Geschwistern; auch seine Kinder sah er nur selten. Nur mit seinem Freund traf er sich regelmäßig. Der war entsetzt, als er kurz nach der Tat die Wohnung von Stefan S. sah. Ein Jahr lang hatte er sie nicht betreten: »In dieser Zeit muss etwas passiert sein: Es gab viele ungeöffnete Briefe, viel Müll, es war nicht heimelig, nichts war gestaltet.«

Kurz vor seiner Tat hatte der Verwahrloste seinem langjährigen

Vertrauten gesimst: »I need help.« Der Freund schrieb zurück: »Wollen wir uns morgen treffen? Halte dich bitte so lange über Wasser.« Er versuchte den Hilfesuchenden anzurufen, doch der ging nicht ans Telefon, ertränkte stattdessen seinen Kummer in zwei Flaschen Rotwein und lud sich »die Nervensäge« ins Haus. Deren bizarre Forderungen seien lediglich sexuelle Phantasien gewesen, meint der Psychiater, der Rene R. einst begutachtet hatte. Wäre es ein ernsthafter Wunsch gewesen, hätte das Opfer konkret angegeben, wie es sterben wolle. So hatte der Diener wohl einfach nur Pech, dass er ausgerechnet an diesem Tag seinen Meister aufsuchte, einen Mann mit geringem Selbstwertgefühl, der nicht gelernt hat, seine Gefühle zu zeigen und zu steuern. Die angestauten Spannungen baute er bis dato mit Sex oder dem Genuss von Alkohol ab. An diesem Tag aber funktionierte das nicht: Der Alkohol verstärkte seinen Selbsthass. Der wiederum entlud sich gegenüber seinem Opfer, das er als schwach und minderwertig empfand, so die Hypothese des Psychiaters, der Stefan S. begutachtete.

Kaum war das Messer in den Körper seines treuen Dieners eingedrungen, verebbte die Aggression, der Mörder bereute sein Tun. Auch vor Gericht erklärt er: »Es ist unverzeihlich, was ich getan habe. Es tut mir aufrichtig leid. Ich hoffe, dass mir die Angehörigen irgendwann in christlicher Hinsicht vergeben können.«

Zehn Jahre schicken ihn die Richter ins Gefängnis – wegen hinterhältigen Mordes. Der psychiatrische Gutachter hat ihn aufgrund des zur Tatzeit genossenen Alkohols für vermindert schuldfähig erklärt – sonst hätten die Richter eine lebenslange Haft anordnen müssen. »Die Tat kam einer Hinrichtung gleich«, so die Vorsitzende Richterin. Das Opfer habe diese zwar als Phantasie eingefordert, sich in den Jahren zuvor aber niemals über deren Nichterfüllung beschwert. Also habe Rene R. dies nicht gewollt, selbst wenn der Verteidiger in seinem Plädoyer meinte: »Jemand, der solche SMS schickt, kann auf Dauer seiner körperlichen Unversehrtheit nicht sicher sein.«

Zum Schluss ihrer Urteilsbegründung wendet sich die Richterin an Stefan S.: »Wenn Sie überhaupt eine Chance haben wollen, dann werden Sie an sich arbeiten müssen. Sie haben nun die Zeit und möglicherweise auch die therapeutische Hilfe, um herauszufinden, was für zerstörerische Kräfte in Ihnen gewirkt haben.«

Der Verurteilte verzieht keine Miene, er ist zu angespannt.

Eine stumme Bitte

Ergriffen lauschen die Zuschauer im vollbesetzten Gerichtssaal einer kleinen Frau mit silbergrauem, kurzen Haar und klaren, freundlichen Gesichtszügen. Einer Frau, die noch nie im Mittelpunkt des Interesses stand. Mit leiser, brüchiger Stimme berichtet Renate R. von der Tragödie ihres Lebens. »Ich habe Tabletten geholt. Schmerzmittel, Hustentabletten, Psychopharmaka. Ich hab einfach alles genommen, was da war.« Die Medikamente löste sie auf und goss sie durch ein Sieb, um die Krümel herauszufiltern. Den giftigen Brei verabreichte sie ihrem Sohn über eine Magensonde. »Seine Atmung wurde flacher. Irgendwann schloss er seinen Mund und lächelte.« Rafael war tot. Getötet von seiner Mutter. Getötet, weil er es so wollte.

Zehn Jahre vor diesem Geständnis sollte Rafael R. sein Abiturzeugnis überreicht bekommen. Es war ein gutes Zeugnis mit einem Notendurchschnitt von 1,8. Vor der Feier fuhr der Neunzehnjährige durch den strömenden Regen – mit dem Motorrad, auf das er zwei Jahre lang gespart hatte. Den Rest, der ihm noch fehlte, hatte ihm die Mutter zu seinem 18. Geburtstag überreicht, ein Album mit je einem Exemplar aller in Deutschland gültigen Banknoten. Das waren fast 2000 Mark.

Rafael war lediglich mit etwa 20 Stundenkilometern unterwegs, als die Räder seines Fahrzeugs in eine Pfütze gerieten und keinen Halt mehr fanden. Er kam ins Schleudern und stürzte. Dabei erlitt er schwere Schädel-Hirn-Verletzungen. Obendrein kam es bei der medizinischen Erstversorgung zu einer Sauerstoffunterversorgung des Gehirns. Aus dem sportlichen jungen Mann, der große Pläne für sein Leben hatte, war ein schwerer Pflegefall geworden: Er konnte nicht mehr sprechen, nicht mehr essen, seine Bewegungen nicht koordinieren.

Vier Jahre nach Rafaels schwerem Unfall verkaufte seine Mutter ihr Haus und zog mit ihrem einzigen Sohn in die Großstadt. Dort hatte sie einen guten Therapieplatz für ihn gefunden. Tatsächlich stellten sich auch kleine Fortschritte ein: Nach langem Training konnte er feingeschnittene Nahrung zu sich nehmen, Flüssigkeit bekam er über eine Magensonde. Dank der Ergotherapie wurde sein Bewusstsein etwas klarer. Er konnte jetzt mit den Augenlidern kommunizieren: Einmal Blinzeln hieß »Ja«, mehrmaliges Blinzeln »Nein«. Gleichzeitig wurde sich der junge Mann nun seiner hilflosen Lage bewusst. Er begann, gegen sein Schicksal zu rebellieren. So verschliss er mehrere Rollstühle, seine Mutter befürchtete schon, das Sozialamt würde keinen neuen mehr bewilligen. »Er war gefangen in seinem Körper. Er hat sich dagegen gewehrt. Er hat so nicht leben wollen«, sagt die dreiundfünfzigjährige Angestellte vor dem Amtsgericht. »Ich habe gekämpft. Fast zehn Jahre habe ich versucht, ihm Lebensmut zu geben.« Sie kümmerte sich aufopfernd um Rafael, verbrachte jedes Wochenende mit ihm. Zwischen Mutter und Sohn war eine Symbiose entstanden. »Ich lebte sein Leben«, so formuliert es Renate R. Um nicht auf den Behindertenbus angewiesen zu sein, kaufte sie ein Auto und fuhr mit Rafael in den Wald, in den Tierpark, ins Kino. Sogar zu einem Heavy-Metal-Konzert begleitete sie ihn: »Auch wenn es nicht meine Musik war und er nicht mit seiner Mutter dorthin gehen wollte.«

Über ihre Selbsthilfegruppe erfuhr sie von einer Sexualassistentin, die sich auf die Arbeit mit behinderten Menschen spezialisiert hat und ihnen erotische, sinnliche Berührungen anbietet. »Es hat eine Weile gebraucht, ehe ich sie kontaktierte«, gibt Renate R. zu. Dann aber sei diese Frau jeden Samstagnachmittag zu Rafael gekommen. Der signalisierte trotz aller Bemühungen immer wieder, er wolle sein so immens beschränktes Dasein beenden. Die Mutter spürte, wie er litt, sie um Erlösung bat. Sie fragte: »Willst du, das ich dir etwas antue?« Er blinzelte einmal mit den Augen. Damals sagte sie: »Ich habe dich geboren! Ich liebe dich! Du kannst nicht von mir verlangen, dass ich dich töte!«

Einmal, so erfuhr sie von den Mitarbeitern des Stifts, sei es ihm gelungen, sich auf den Bauch zu drehen und kopfüber aus dem vergitterten Pflegebett zu kippen. Eine Schwester fand ihn: Er lag mit dem Gesicht auf einer vor dem Bett befindlichen Matratze, sein Gesicht war bereits blau angelaufen. »Vielleicht war es der Versuch, das zu tun, was ich getan habe«, überlegt Renate R.

Kummer und Stress hinterließen auch an ihrer Gesundheit Spuren: Sie konnte nicht mehr schlafen und litt unter Depressionen. Obendrein diagnostizierten die Ärzte bei ihr Gebärmutterkrebs. Allmählich schwand ihre Kraft im Kampf gegen den sehnlichsten Wunsch ihres Sohnes.

Sechs Jahre nach ihrem Umzug in die Großstadt befanden sich die R.'s in einer sehr verzweifelten Situation: Vor einiger Zeit hatte das Sozialamt das Geld für Rafaels Förderung gestrichen. Er wurde nur noch medizinisch versorgt und langweilte sich schrecklich. Außerdem bereitete ihm seine Magensonde Schmerzen. Sie war eingewachsen und musste ersetzt werden. In zwei Tagen sollte er operiert werden. Der mittlerweile Neunundzwanzigjährige hatte »fürchterliche Angst« vor diesem Eingriff, erinnert sich seine Mutter. Sie habe das an seiner Körpersprache erkannt, er sei an diesem Tag sehr unruhig gewesen.

Wieder einmal spürte Renate R. die Todessehnsucht ihres Sohnes. An diesem Samstag brach ihr Widerstand. »Ich habe ihn gefragt, ob er sterben möchte.« Rafael habe geblinzelt. Einmal. »Dann habe ich nur noch funktioniert. Wir haben ein schönes

Abendessen gegessen. Ich habe ihn ins Bett gebracht, gemeinsam haben wir ferngesehen. Anschließend habe ich alles, was ich in meinem Medikamentenschrank fand, durch zwei geteilt.« Die eine Hälfte löste sie in Wasser auf und filterte sie, damit der Brei den dünnen Schlauch der Magensonde passieren konnte. Die Richterin fragt: »Was sollte passieren?« Ruhig antwortet die Angeklagte: »Er sollte ohne Schmerzen sterben.«

Ein letztes Mal habe sie sich an Rafael gewandt: »Soll ich sie dir geben?« Wieder habe er geblinzelt. Wieder nur einmal. Sie habe ihn noch ein weiteres Mal gefragt und zum dritten Mal die gleiche Antwort bekommen. »Dann habe ich sie ihm gegeben.« An seinem Bett sitzend, wartete sie so lange, bis seine Atmung aussetzte. Weinend gesteht sie: »Das, was ich getan habe, war das Schwerste, was mir in meinem Leben abverlangt wurde.«

Nun wollte Renate R. ebenfalls aus dem Leben scheiden. Sie verschloss die Wohnungstür von innen und ließ die Jalousien der Erdgeschosswohnung herunter. Sie habe den Nachbarn den Anblick der beiden Leichen ersparen wollen, erklärt sie dem Gericht. Dann schluckte sie die zweite Hälfte der Tabletten. Zusätzlich habe sie mit einem Küchenmesser versucht, sich in den Unterarm zu schneiden. »Das tat aber so weh.« Sie setzte sich an den Küchentisch und verfasste ein Testament: »Es fällt mir so schwer, ich bin so müde«, schrieb sie und bat, auf lebensverlängernde Maßnahmen zu verzichten, falls man sie und ihren Sohn lebend finden würde. Ihre Asche solle man in der östlichen Ostsee verstreuen, ihr Geld solle Schädel-Hirn-Verletzten zugutekommen. Während sie dies notierte, begannen die Arzneimittel zu wirken, ihr Bewusstsein trübte sich. Unterschrift und Datum gerieten nur noch unleserlich. Mit letzter Kraft schleppte sich Renate R. zur Wohnzimmercouch.

Zwei Tage später, am Montag, wurde Rafael R. im Stift vermisst. Die Mitarbeiter alarmierten die Feuerwehr. Die fand die Leiche des jungen Mannes und dessen dehydrierte, stark unterkühlte Mutter. Auf der Intensivstation holte man sie ins Leben zurück.

Renate R. leistete ihrem Sohn aktive Sterbehilfe, darauf stehen sechs Monate bis fünf Jahre Haft. »Das ist ein Fall, bei dem man nicht gern Staatsanwalt ist, eine der allerschlimmsten Tragödien, die ich in meiner Laufbahn erlebt habe«, bekennt der grauhaarige Ankläger sichtlich bewegt, während Renate R. leise weint. Dennoch habe die Staatsanwaltschaft Anklage erheben müssen: Aufgrund der schrecklichen Ereignisse im Dritten Reich gelte jetzt in Deutschland das Prinzip des allgemeinen und absoluten Lebensschutzes. In Belgien und in den Niederlanden sei das anders. Er glaubt der Angeklagten, dass ihr Sohn sie mehrfach um seine Tötung bat. Zumal ein Neurologe dem Gericht zuvor erklärte: »Rafael war in der Lage zu kommunizieren. Ich halte seine Verzweiflung für möglich und auch, dass er seine Zustimmung gegeben hat.« Der Staatsanwalt will der Frau, die sich zur Tatzeit in einer schweren emotionalen Krise befand und daher nur vermindert schuldfähig war, keine Vorwürfe machen. »Sie hatte keine ernsthafte Handlungsalternative. Die Tat war das letzte Opfer für ihren Sohn. Womit soll man die Angeklagte, die unter dessen Tod sehr leidet, noch strafen? Und was hätte die Allgemeinheit davon?« Er fordert darum die Anwendung eines besonderen Paragraphen aus dem Strafgesetzbuch. Darin heißt es: »Das Gericht sieht von Strafe ab, wenn die Folgen der Tat, die den Täter getroffen haben, so schwer sind, dass die Verhängung einer Strafe offensichtlich verfehlt wäre.«

Die Richterin sieht das genauso.

Der Würger von Beelitz

In einer Ruine entdeckt er die Schlafende. Er stürzt sich auf ihren Körper. Mit Draht fesselt er ihre Hände auf den Rücken, mit einem Stück Stoff verbindet er ihre Augen. Leise sagt er: »Hallo, mein hübsches Schneewittchen, du gefällst mir. Ich bin gekommen, um dich zu erwecken.«

Sie mag, wie er mit ihrem Körper umgeht, ihn allmählich entkleidet, ihn liebkost und zu ihr spricht: »Schneewittchen, es ist zwecklos, dich zu wehren, du bist ganz in meiner Hand. Ich möchte dir eine Art von Liebe zeigen, wie du sie vorher noch nie gespürt hast. Ich möchte dich führen und nehmen. Ich werde dein schwarzer Prinz sein, der dich befreit von dem, was dich quält.«

Er legt ihr einen alten Gürtel um den Hals. Die Luft wird ihr knapp. Sie hat Angst. Sie hat Lust. »War sie jemals so geküsst worden, gefesselt, von einem Menschen, der sie in der Hand hat, dem sie ausgeliefert ist und der gerade deshalb voller Zuneigung zu ihr ist?«

Sie schnurrt wie eine Katze, lässt sich Rock und Stiefel anziehen. »Los, steh auf!«, befiehlt der Unbekannte. Er beißt ihr in den Hals, würgt sie erneut. Er spürt ihr Leben in seinen Händen. »Kein Laut kommt mehr aus ihrer Kehle. Dazu bräuchte sie Luft, Luft, die sie dank meiner Hand nicht mehr bekommt. Aber ich will sie ja nicht umbringen.«

Heute war er zu ihr gekommen, besaß sie, ließ sie fliegen und fing sie auf.

Dies sind Phantasien, die Christian C. und Franziska F. im Wechsel notierten. Die zwanzigjährige Auszubildende und der achtunddreißigjährige promovierte Forscher wollten sich auf diese Weise besser kennenlernen. Doch aus ihren Gedankenspielen wurde tödlicher Ernst.

Unabsichtlich hätte er seine Sexpartnerin bei einer gespielten Vergewaltigung erwürgt, beteuerte der Wissenschaftler gegenüber der Polizei. Schließlich habe er die hübsche Frau geliebt. Zunächst glaubten die Beamten an eine solche fahrlässig begangene Tötung und setzten den sichtlich erschütterten Täter auf freien Fuß. Der begab sich freiwillig in die Psychiatrie.

Tage später aber wurden Computer-Festplatten in seiner Wohnung entdeckt, mit Tausenden »Snuff«-Filmen, die Christian C. auch über die Internetplattform »necroporn« erworben hatte. In diesen Videos werden Frauen auf jede nur erdenkliche Weise ermordet und anschließend vergewaltigt. Er habe sich mit diesem Thema beschäftigt, nachdem ihm eine Ex-Freundin von einer entsprechenden Phantasie berichtet hätte, erklärte der Beschuldigte. Später habe er so etwas heruntergeladen, um sich Anregungen für seine Fotomotive zu holen. Aus reinem »Archivierungswahn« hätten sich diese noch auf seinem Computer befunden, »ohne dass ich die Dateien im Detail angeschaut habe«. Dann stellten die Rechtsmediziner fest, dass Franziska F. vor ihrem Tod nicht nur gewürgt worden war. Das reichte. Mit den Worten »Sieht so Liebe aus?« präsentierte die Ermittlungsrichterin dem Täter eine Aufnahme des geschundenen Körpers der Getöteten und verkündete ihm den Haftbefehl.

Zum Prozess erscheint der stämmige Mann im dunklen Anzug mit Krawatte. Mord und Störung der Totenruhe wirft ihm der Staatsanwalt vor. Im Streit habe Christian C. die Schlafende zweimal mit einer Bratpfanne auf den Kopf geschlagen und sie anschließend erwürgt. Außerdem habe er die Tote vaginal verletzt und oral missbraucht, was der Staatsanwalt als »beschimpfenden

118

Unfug« bezeichnet, den der Angeklagte »unbefugt am Körper eines verstorbenen Menschen verübt« habe.

»Bin ich gut zu verstehen?«, fragt Christian C. ins Saal-Mikrofon. In seiner Stimme schwingt ein Hauch schwäbischen Dialekts. Dann hält er die Vorlesung seines Lebens, sie dauert über fünf Stunden. Er entführt seine Zuhörer, auf ein Gelände mit verfallenen Backsteinbauten aus der Kaiserzeit. Es ist die Ruine eines ehemaligen Lungensanatoriums. Deren Charme begeistert die Liebhaber morbider Foto-Motive, die hier regelmäßig Sado-Maso-Szenen, Fetisch- und Horror-Bilder in Szene setzen.

Auch Christian C. und Franziska F. gehörten dazu. Die beiden hatten sich über eine Internet-Plattform für Hobbyfotografen und -models aller Couleur kennengelernt. Bundesweit verabreden sie sich hier zu Shootings, zeigen und diskutieren ihre Bilder. »Time for prints« lautet die nichtkommerzielle Devise der Teilnehmer. Viele tragen einen Spitznamen: Christian C. nannte sich »Mogunt«, Franziska F. hieß »Katthel«. Dieser Name stehe, so schrieb sie ihm, für »eine Frau, die Männer hasst … sie begehrt und verflucht … eine Frau, die hintergangen wurde von solchen … eine Frau, die sich nicht hingeben will … eine Frau, die eine lange Reise beginnt, die niemals enden wird, auf der Suche nach etwas Unmöglichem, was ihre Sehnsucht im Innersten stillt«.

»Anfangs schien sie mir als Model nur mäßig interessant«, sagt der Angeklagte, doch allmählich hätten sie sich ineinander verliebt. In den wenigen Monaten ihrer virtuellen Bekanntschaft sandten sie sich mehr als 800 Nachrichten und chatteten täglich bis zu 14 Stunden miteinander. Sie gestand ihm, sie habe kranke Phantasien von »Entführt- und Vergewaltigt-Werden«. An jenem Wochenende »wollten wir sehen, ob wir einander mehr werden können oder ob wir uns gruselig finden«, sagt Christian C.

Für den Samstag hatte sich Franziska F. mit einem anderen Fetisch-Fotografen und zwei jungen Frauen in den Ruinen verabredet. Im ehemaligen Chirurgie-Raum inszenierten sie eine von dem Horrorfilm »Silent Hill« inspirierte Entführungs- und Vergewaltigungsszene. »Katthel« suhlte sich im Kunstblut und ließ sich an einer Fußkette durch den Keller ziehen. Am späten Samstagnachmittag traf sie sich dann mit »Mogunt« auf dem Parkplatz vor einem der ehemaligen Pförtnerhäuser des Lungensanatoriums, in dem er eine Ferienwohnung gemietet hatte.

Dort duschte sie sich, zusammen kehrten sie zu den anderen zurück. Nach dem Shooting spazierten die beiden über das Gelände. Er zeigte ihr den alten Theatersaal, in dem er sie am nächsten Tag fotografieren wollte. »Franziska und ich haben uns da schon das erste Mal berührt. Wir mussten uns zusammenreißen, wir wollten ja die Spannung halten«, trägt Christian C. vor.

Die beiden gingen in die Ferienwohnung, wo er sie ans Doppelbett fesselte. »Ich verband ihr die Augen mit einem Tuch. Wir küssten und kratzten uns. Ich fütterte sie mit Schokolade.« Dann wollten sie sich ein paar Steaks braten. Dabei hätten sie über Franziskas beste Freundin gelästert, mit der sie sich gerade zerstritten hatte. Er habe geäußert, ein paar Schläge auf den Hinterkopf würden zuweilen die Denkfähigkeit erhöhen, vielleicht auch bei der Freundin? Mit der Pfanne in der Hand habe er einen Schlag auf seinen Kopf angedeutet. Franziska F. habe gelacht und vorgeschlagen, sie könne ja mal in die Rolle der Freundin schlüpfen.

Anschließend begaben sie sich wieder in eine der Ruinen. Auf einem Balkon tranken sie Sekt. »Sie schnurrte wie eine Katze, wenn ich sie kraulte«, erinnert sich der Angeklagte. Er versprach, ihr am Sonntagmorgen ein Frühstück ans Bett zu bringen. Sie habe sich darüber gefreut, das hätte noch nie jemand für sie getan.

Im Schlafzimmer der Ferienwohnung entzündete er Kerzen, dann fesselte er Franziskas Arme erneut ans Bett. »Ich biss sie in den Hals und zog an ihrem Halsband.« Das habe sie sehr erregt, »sie stemmte sich dagegen«. Gegenseitig hätten sie sich bis zum Orgasmus stimuliert. »Danach sagte sie: ›Mit dem Übereinander-Herfallen ist es ja nun doch nichts geworden.‹« Er habe sie auf den nächsten Tag vertröstet.

Anschließend hätten sie über Würgen und Vergewaltigen gesprochen, und über Orte, wo sie gern verscharrt werden wollte. »Ich sagte, ›Würgen ja, aber Verscharren nicht.‹ Ich wollte sie lebend behalten. Sie meinte, dass ich dann morgen früh über sie herfallen könnte und so tun sollte, als ob ich sie umbringe.« Und dass sie mit der Pfanne auf den Kopf geschlagen und dann gewürgt werden wollte. Sie hätten ein Alarmsignal verabredet: Wenn sie dreimal mit der Hand auf das Bett klopfe, müsse er aufhören. »Danach sollte ich ihr Nachthemd aufschneiden und sie vergewaltigen.«

»Am nächsten Morgen wollte ich sie überraschen.« Mit der Pfanne in der Hand sei er von der Küche ins Schlafzimmer geschlichen. Dort lag Franziska auf der Seite, mit dem Gesicht zum Fenster. »Ich schlug ihr auf den Kopf.« Es sei ein leichter Schlag auf die linke Kopfseite gewesen, behauptet der Angeklagte. »Ich weiß nicht, wo ich sie getroffen habe. Mit einer Hand drückte ich ihr den Hals zu. Ich achtete darauf, nicht an den Kehlkopf zu kommen. Wie vereinbart, wehrte sie sich nicht.«

Christian C. hatte mit früheren Partnerinnen bereits Erfahrungen gesammelt, er wusste: »Bei dieser Technik kommt es auf die Kontrolle an.« Eine halbe Minute, so hatte er im Internet gelesen, würde als verantwortbare Zeitspanne gelten. Er habe bis 30 gezählt. »Am Anfang hat sie noch gestrampelt, dann nicht mehr. Ich dachte, sie spielt die Ohnmacht.« Er habe sie auf den Rücken gedreht, ihr Nachthemd mit seinem bereitgelegten Messer angeschnitten und dann aufgerissen. »Ich drang in sie ein. Ich dachte, das gehört noch dazu, dass sie sich nicht bewegt, und das wäre noch das Spiel. Als ich fertig war, habe ich zu ihr gesagt: ›Nun haben wir das mit dem Übereinander-Herfallen hinter uns!‹ Ich stupste sie an. Als sie sich dann immer noch nicht regte, begriff ich, dass etwas furchtbar schiefgelaufen ist.«

Panisch habe er sie geschüttelt, auf den Fußboden gezerrt und versucht, sie wiederzubeleben. »Es regte sich nichts.« Er habe sie wieder ins Bett gelegt. »Ich war so schockiert, dass sie tot war.« Deshalb habe er keine Rettung gerufen. Stattdessen habe er für sie gebetet und sich betrunken. »Es kam dann zu einem Beischlafversuch« – aber nicht mit dem Stiel der Bratpfanne, wie es der Staatsanwalt behauptet. »Das sind abscheuliche Vorwürfe! Jegliches gewalttätige Verhalten ist mir fremd! Ich bin Christ und Wissenschaftler!« Er habe sich lediglich noch einmal mit Franziska F. vereinen wollen, »bevor ich sterbe«. Dazu habe ihn die Szene aus einem seiner Lieblingsbücher inspiriert, es ist »Der englische Patient« von Michael Ondaatje. »Da lässt Graf Almásy seine Geliebte nach einem Flugzeugabsturz schwer verletzt in einer Höhle in der Wüste zurück. Als er zurückkommt, ist sie bereits tot. Er liebt sie ein letztes Mal, dann beerdigt er sie.«

Christian C. entkleidete die Tote vollständig, legte ihr das Halsband und eine lederne Armfessel an, dann zog er die beiden Bettdecken über ihren Körper. Er verstaute ihre und seine Sachen in den Reisetaschen, wusch die Pfanne ab und schrieb fünf Abschiedsbriefe – an seine Eltern, an seine letzten drei Lebensgefährtinnen sowie an seinen besten Freund. Letzterem schrieb er: »Nun haben mich meine Schatten besiegt. Ich wollte das nicht und doch ist es passiert. Zu komplex zu erklären, ich verstehe es auch nicht. In den letzten Monaten habe ich den Halt verloren. Nun falle ich in die Nacht. Bitte hilf meinen Eltern mit der Wohnung. Viele Dinge, die sie nicht sehen sollen, sei bitte bei ihnen.«

Die Briefe drapierte er auf dem Wohnzimmertisch. Eine an die Polizei gerichtete Nachricht legte er auf die Kommode, dazu seinen und Franziskas Personalausweis. Dann habe er sich eine Plastiktüte über den Kopf gezogen, mit einem Kugelschreiber am Hals zugedreht und sich neben die Tote gelegt. Er sei eingeschlafen – und wieder erwacht. Als Nächstes habe er seine Schnürsenkel ans Bett geknotet, um sich zu erhängen. Weil er Nasenbluten bekommen habe und ihm Magensäure hochgekommen sei, habe er diesen Suizidversuch abgebrochen. Nun habe er ein Messer genommen, um sich die Pulsadern aufzuschneiden. Es sei aber zu stumpf gewesen. Zum Schluss habe er sich auf dem Gelände vom obersten Stockwerk eines Hauses stürzen wollen. Er habe sich »Mut angetrunken« und es dennoch nicht gewagt. Stattdessen versandte er am Montagvormittag diverse E-Mails über den Tod der jungen Frau: »Es ist bei einer unserer gemeinsamen Vorlieben passiert«, schrieb er einer Bekannten. »Irgendetwas ist dabei schiefgegangen. Es war unser beider Abgrund, in dem ich sie verloren habe.« In der Nachricht an eine Arbeitskollegin warf er die Frage auf: »Hat sie mich missbraucht und wollte sterben?« Die Angeschriebenen alarmierten die Polizei, die schließlich C.'s Handy ortete.

Während er seine Sicht der Dinge vorträgt, überkommen den Angeklagten immer wieder die Tränen. Er beteuert: »Es war ein Unfall, es gab kein Tötungsszenario: Ihr Tod war nicht gewollt! Ich verstehe ja, dass man angesichts der Videos denkt: ›Nun hat er's umgesetzt!‹ Aber ich habe sie geliebt und liebe sie noch immer!«
    Er entschuldigt sich bei den Eltern der jungen Frau. »Franziska ist ein liebenswerter Mensch, trotz mancher dunklen Seite. Nehmen Sie Franziska so, wie sie war. Franziska war weder gestört noch naiv.« Er bedaure, nicht sein Leben für Franziskas geben zu können. »Keine Strafe kann der Schuld am Tod eines Menschen gerecht werden. Das ist unentschuldbar, unverzeihlich.«
    Immer wieder nennt er sein Opfer beim Vornamen, am Ende des Prozesses wird er wohl Hunderte Male im Gerichtssaal er-

klungen sein, akustischer Wiederbelebungsversuch und Besitzanzeige in einem. Ist es das oder die Aussage: »Nie hat sich jemand so in Franziska eingefühlt, wie ich es tat. Machen Sie mich ruhig zum Monster, aber bitte Respekt vor Franziska! Ich verteidige Franziska gegen alle, die meinen, sie wüssten, wie sie war, denn in gewisser Weise sitzt sie mit auf der Anklagebank.« Kopfschüttelnd verlassen die Eltern der Toten den Saal.

Christian C. doziert weiter: Die Gesellschaft müsse akzeptieren, dass es Menschen mit perversen Neigungen gebe – solche wie er und Franziska F. Die »dunklen und unbekannten Seiten« der jungen Frau habe der Staatsanwalt jedoch nicht erforscht. Überhaupt käme ihm der Ankläger wie ein Astronaut vor, der von einer Scheibe sprechen würde, wenn er auf die Erde blicke.

Dem Gericht kann man diesen Vorwurf nicht machen: Akribisch beschäftigt es sich mit dem Leben der beiden Protagonisten. Es liest die erotischen Geschichten, die auf dem Computer von Christian C. gespeichert waren – sie tragen Titel wie »Ich töte Claudia« oder »Lindas Ermordung«. Es nimmt die Gedanken zur Kenntnis, die das virtuelle Paar im Chat austauschte. Es hört Franziskas Mutter sowie Freunde und Bekannte der Verstorbenen. Unter Ausschluss der Öffentlichkeit befragt es die Ex-Freundinnen des Angeklagten und schaut sich einige der etwa 2000 Snuff-Videos an. So ergibt sich ein völlig anderes Bild von der Tat, die dem Angeklagten subjektiv immer noch wie ein Unfall erscheinen mag. Objektiv muss man wohl von einem Einlauf in die Zielgerade sprechen.

Kein Jahr vor ihrem Tod suchte Franziska F., die in einem kleinen Dorf lebte, über StudiVZ nach Leuten, die mit ihr gemeinsam auf ein Konzert gehen wollen. Martina M. meldete sich. Die vier Jahre ältere Studentin wurde nicht nur ihre beste Freundin. Sie hätte sich »irgendwie für Franziska verantwortlich gefühlt«, sagt die Zeugin. »Sie kam sehr kindlich herüber, hat sehr zerbrechlich gewirkt. Sie hat mich und meinen Freund ›Mama‹ und ›Papa‹ genannt.« Durch »Mama« kam die Auszubildende mit der Gothic-Szene in Berührung, gemeinsam fuhren sie zum Wave-Gothic-Treffen nach Leipzig. »Mama« berichtete ihr auch von der Internetplattform für Hobbyfotografen und -models. »Franziska hat sehr viele Fotos von sich gemacht. Deshalb habe ich ihr davon erzählt. Das war halt mein Hobby, nichts Besonderes«, sagt Martina M.

Franziska F. aber wurden die Fotoshootings immer wichtiger, vor allem »die Bestätigung, die sie darüber bekommen hat«, sagt ihr letzter Freund Till T. Er ist ein völlig anderer Typ als der Angeklagte: Schmal, geschminkt, die langen, schwarzen Haare zu einem dünnen Zopf gebunden. Er trägt spitze schwarze Schuhe und an den Händen viele Ringe. Der Student berichtet, seine Freundin habe sich nahezu jede Woche zum Fotografieren verabredet. »Sie versuchte, sich über die Shootings selbst zu finden, sie ist das angegangen wie einen zweiten Beruf.« Ihre Bilder stellte sie auf der Internetplattform zur Diskussion. Sie sei sehr selbstkritisch gewesen, »konnte aber nicht gut mit Kritik umgehen«. So herrschte eine Weile Funkstille zwischen ihr und Martina M., nachdem diese einen Halbakt, für den sich »Katthel« mit Schokolade beschmieren ließ, als »Kinderporno« bezeichnet hatte.

»Mogunt« dagegen lobte sie, das war Balsam für die naive, unsichere Frau. »Sie sagte: ›Er stehe sehr auf sie‹«, erinnert sich Till T. »Er werde ihr langsam wichtig, sie fühle sich von ihm verstanden. Es mache ihr Spaß, den Kontakt zu halten.«

Drei Wochen vor ihrem tödlichen Treffen versteckte Christian C. einen Schatz auf dem Gelände des ehemaligen Lungensanatoriums, in einem Raum, in dem ihm während der Suche nach einem Versteck Franziskas Lieblingstier, eine Katze, begegnet war. Die junge Frau wollte im Anschluss an ein Fotoshooting danach suchen, eigentlich allein. Kurzentschlossen nahm sie dann doch ihren Freund und ihre Freundin mit. Als die Begleiter das Gefundene erkannten, waren sie entsetzt. Es war der »Ring der O«, ein Fingerring mit einer aufgesetzten Kugel, die von einem kleinen, beweglichen Ring durchbohrt ist – ein Ring, der die Zugehörigkeit zur Bondage-Disziplin-Sadismus-Masochismus-Szene symbolisiert. Der dominante Partner trägt ihn am linken Ringfinger; wer ihn rechts trägt, signalisiert seinem Herrn die Unterwerfung. »Mogunt« hatte »Katthel« das zuvor bereits auf seine Weise erklärt: »Solange du nun diesen Ring trägst, werde ich dich führen. Ich werde für dich da sein, auch wenn dieses Gefühl für dich fremd sein wird. Ich werde Verantwortung für dich übernehmen. Und du wirst für mich da sein. Eine Bedingung habe ich jedoch: Es gibt für jeden von uns beiden Dinge, die nicht akzeptabel sind, Grenzen, die du und ich nicht überschreiten wollen. Wenn diese Grenzen erreicht werden, dann wirst du oder ich das eindeutig signalisieren. Und wir werden das respektieren. Das liegt auch in der Bedeutung der beiden Ringe.«

Franziskas Freunde meinten, sie fänden es komisch, ein solches Geschenk von jemandem anzunehmen, den man nur vom Internet kenne. »Für mich war es viel zu viel«, sagt Martina M. dem Gericht. »Da würde ich Panik bekommen. Man unterwirft sich nur jemandem, dem man hundertprozentig vertraut.« Die Beschenkte fühlte sich unwohl in dieser Situation, »sie war peinlich berührt«, erinnert sich Till T. Sie solle aufpassen, riet er seiner Freundin. Sie versprach, den Ring nicht anzunehmen. Der Schenker sei sowieso nicht ihr Typ.

Tatsächlich aber gestand sie Christian C.: »Es schmeichelt mir.« Sie trug den Ring beim Chat, das konnte er in der Webcam sehen. Er verschenke diesen zum ersten Mal, schrieb er ihr, und dass er sich auf das erste gemeinsame Wochenende freue. Er solle nicht so

»psycho« gucken, tippte die junge Frau in ihre Tastatur. »Ich bin psycho«, lautete seine Antwort. Sie fragte: »Du bringst mich doch nicht um?« Er schrieb: »Das wäre viel zu schade.« Sie fragte, ob er ihr bei dem geplanten Treffen auch nicht weh tun würde? Und ergänzte: »Wenn's passiert, was soll's? Sterben muss eh jeder mal, und Vergewaltigung macht mir Spaß. Du kannst ja dann auf meinem Grabstein tanzen.«

War die junge Frau todessehnsüchtig? »Nein«, meint ein Ex-Freund von Franziska F.: »Sie hat darüber nachgedacht, aber sie wollte noch viel unternehmen.« »Nein«, meint auch die Kriminalbeamtin, die den Chat des Wissenschaftlers mit der Auszubildenden auswertete. Die junge Frau habe sich aber isoliert gefühlt. Ihre beste Freundin würde sie bevormunden und hätte keine Zeit für sie, genau wie ihr Freund. Mit dem wollte sie Urlaub machen, das war zwei Wochen vor ihrem Tod. Doch Till T. musste Geld verdienen und Studienaufgaben erledigen. Er sagte ab, und Franziska F. »knallte sich ihre Zeit mit Shootings voll«, wie er sich erinnert. Am Ende der geplanten Urlaubswoche beendete sie die Beziehung per SMS: »Kümmere Dich erst mal ums Studium, zu mehr reicht es nicht.« Dennoch war sie traurig, als er sich nicht bei ihr meldete.

Till T. beschreibt seine Freundin als eine Frau, die »zwei Leben« führte: eines mit ihren Freunden und eines mit ihren Eltern, von denen sie sich nicht verstanden gefühlt habe. Obendrein habe sie ihre Ausbildung nur als »Pflicht« empfunden, »nicht das, was sie machen wollte«. Mehr allerdings litt die junge Frau unter den traumatischen Erfahrungen aus ihrer ersten Beziehung, in der sie beschimpft, geschlagen und mehrfach vergewaltigt worden war, meint der Student. »Sie war traurig, verletzt und innerlich zerbrochen. Sie spielte aber die Starke.« Er habe sie als »übelst verkuschelt« erlebt, mit einer Vorliebe für gegenseitiges Kratzen, gespielte Vergewaltigungen und Fesselspiele. Auch Würgen mochte sie, allerdings habe die Andeutung schon gereicht. »Sie konnte nicht mal zehn Sekunden die Luft anhalten«, berichtet auch ein Ex-Freund von Franziska F. Sie stand weder auf Schläge noch auf Schnitte, versichern beide Männer.

Dem Geschlechtsverkehr habe die junge Frau nur wenig abgewinnen können: »Sie war zu verkrampft, die ganzen Negativgedanken standen bei ihr im Vordergrund. Es gab selten die Situation, wo sie das von sich aus wollte«, erinnert sich ihr Freund. Möglicherweise hing das mit einer chronischen Blasenentzündung zusammen. Durch sexuelle Kontakte hätten die Beschwerden zugenommen, dann lag sie »schmerzgekrümmt mit der Wärmflasche im Bett«, berichtet ihre Mutter.

Ihre Tochter habe nie erwähnt, dass sie als Siebzehnjährige vergewaltigt worden war, sagt Frauke F. »Hätte Sie Ihnen davon erzählt?«, fragt der Staatsanwalt. Davon ist die Neunundvierzigjährige überzeugt. »Sie hat bei uns gelebt, intensiv gelebt. Sie nahm an familiären Aktivitäten teil, ihre Privatsphäre habe ich akzeptiert.« Blutige Kratzer habe sie an ihrer Tochter nicht bemerkt. »Das kann ich vehement verneinen, die war körperlich vollkommen unversehrt. Sie bekam schon Panik, wenn sie Pickel hatte.« Die Verstorbene beschrieb sich anders: »Ich meine, die Narben sind immer frisch. Ist halt der blöde Stress. Ich sitze auf Arbeit und merke nicht mal, dass ich mir den Rücken aufkratze. Rücken nicht mag und basta … hässlich find … voller Makel etc.«

Ihre Familie ließ sie »an diesem Gothic-Szene-Leben teilnehmen, aber in dem Maß, wie sie es für richtig hielt«, sagt ihre Mutter. So beschrieb sie ihren an Architektur interessierten Eltern die baulichen Besonderheiten der Foto-Kulissen, zu denen sie an den Wochenenden reiste. Den Eltern war auch ihre Faszination für Feen und Elfen bekannt, jedoch nicht die für Blut und kunstvolle Fesselungen. »Franziska ist davon ausgegangen, dass wir davon nicht begeistert gewesen wären«, glaubt Frauke F. Sie selbst habe das Modeln ihrer Tochter für »eine fixe Idee, aber nichts Zukunftsträchtiges« gehalten. »Ich bin der Meinung, dass in der Gothic-Szene ein Ausleben stattfand, dass es ihr nicht um den Inhalt ging. Sie wollte sich von der Masse absetzen, zu unserer Zeit trugen die Jungs eben lange Haare. Wir haben sie gebeten, nicht gerade in ihren schwarzen Gothic-Sachen durchs Dorf zu flitzen. Sie hatte auch bunte Turnschuhe.«

Als die junge Frau am Samstagmorgen aufbrach, kannten ihre Eltern zwar das Ziel, nicht aber den Zweck ihrer Reise: »Sie übernachte mit Freunden in Beelitz. Es sollte eine Party stattfinden, mehr so eine Art Picknick«, erinnert sich ihre Mutter. Franziska sei nervös gewesen, von ihrem Frühstücks-Croissant biss sie nur einmal ab. Dann stellte sie Obst und Kuchen in ihr kleines Auto. Ihre Tochter sei wie so oft »mit großem Gepäck« gereist, mit Schminkzeug, Kleidern, Engelsflügeln und Katzenohren.

Zunächst absolvierte sie das Horror-Shooting im ehemaligen Chirurgieraum. Der Fetisch-Fotograf verlangte einen grimmigen Blick von ihr. »Aber sie war eine Frohnatur, sie konnte nicht böse gucken«, sagt der Zeuge. Er wusste, dass sie sich anschließend mit Christian C. treffen und bei ihm übernachten wollte. Er habe ihr davon abgeraten. SM-Spiele hätte er den beiden für das erste Treffen schon gar nicht empfohlen: »Wenn man sich nicht kennt, sollte man das nicht machen. Gerade SM geht etwas tiefer. Da muss Vertrauen wachsen.«

Am späten Nachmittag kehrte »Katthel« gemeinsam mit »Mogunt« zum Set zurück, innig, verschmust und händchenhaltend, wie sich die Zeugen erinnern. Franziska, die sich gern katzenhaft gab, saß auf den Knien, schlang ihre Arme um C.'s Beine und lehnte den Kopf an ihn. Er stand vor ihr und streichelte sie. »Sie wirkten sehr vertraut«, sagt die junge Frau, die Franziska F. damals an der Fußkette durch den Keller gezogen hatte. »›Katthel‹ sah sehr glücklich und verliebt aus.«

Sicher ist dies ein Indiz für einvernehmlichen Sex. Die Gutachter aber bieten Fakten an, die gegen einen fahrlässig herbeigeführten Tod sprechen. Mit stumpfer Gewalt wurde auf beide Kopfseiten des Opfers eingewirkt, meint die rechtsmedizinische Gutachterin. Einer der Schläge war sehr kräftig, er sprengte sogar die Schädelnaht. Dadurch könnte die junge Frau das Bewusstsein verloren haben. Anschließend sei sie sehr stark und mindestens zwei Minuten lang gewürgt worden. Sie urinierte, sie muss sich auch gewehrt haben, der Körper des Angeklagten wies starke Kratzer auf. Nach ihrem Tod wurde ihre Scheide an zwei Stellen verletzt – entweder durch einen Finger, eher aber mit einem Gegenstand. Eine Kriminalbiologin untersuchte den Körper der Verstorbenen nach Bestandteilen von Samenflüssigkeit. In der Scheide fand sie nichts, dafür aber in der Mundhöhle. Das spricht für postmortalen Oralverkehr.

Zuletzt werden die Schilderungen des Angeklagten von einem Psychiater widerlegt. Schon früh habe Christian C. seine Vorliebe für sexuelle Rollenspiele entdeckt, berichtet der Gutachter. Seit etwa zehn Jahren sammele sein Proband Fotos von gefesselten und getöteten Frauen, später erwarb er auch nekrophile Pornos. So drängte er jahrelang seine Gewaltphantasien in eine Parallelwelt. Gleichzeitig suchte und fand er immer wieder Partnerinnen, mit denen er seine Dominanz ausleben konnte. Besonders beeindruckt habe ihn eine psychisch kranke Frau, die von ihm bis zur Bewusstlosigkeit gedrosselt werden wollte. Doch deren Labilität stand einer stabilen Beziehung im Weg, außerdem habe er Angst vor ihren selbstzerstörerischen Neigungen bekommen. Ein Jahr vor der Begegnung mit Franziska F. endete die letzte Beziehung zu einer Frau, die sich offen gegenüber seinen Phantasien gezeigt hatte. In den folgenden Monaten beschränkte sich seine Sexualität zunehmend auf die sadistischen Anteile, sie wurde egozentrischer und machtorientierter.

Der Anblick der wehrlosen Schlafenden, der morgendlich er-
höhte Testosteronspiegel im Zusammenspiel mit einer seit Stunden bestehenden sexuellen Spannung habe zu einem »Switch«
geführt, glaubt der Gutachter. Wie bei einem unter Überdruck
stehenden Kessel wurde Christian C. »von seiner sexuellen Erregung überrannt. Das, was über Jahre phantasiert wurde, brach auf
und musste umgesetzt werden.« Sich das einzugestehen, das positive Selbstbild mit der grausamen Realität abzugleichen, falle
solchen Tätern schwer.

Der Psychiater diagnostiziert eine Störung der sexuellen Vorlieben, einen Sadismus, der krankhaft sei, weil er nicht auf Ein-
vernehmlichkeit beruhe. Der Angeklagte habe sich, während er
sein Opfer tötete, in einem Zustand der verminderten Schuldfähigkeit befunden. Er sei auch weiterhin gefährlich. »Die Ersttat
entwickelt einen libidinösen Sog«, sagt der Gutachter. Er schlage
vor, den Angeklagten in den Maßregelvollzug, die geschlossene
Psychiatrie für Rechtsbrecher, einzuweisen. Diese könne er nur
mit einem positiven Gutachten verlassen. Allerdings ließen sich
solche biologisch determinierten Störungen nur schlecht behandeln.

Ein letztes Mal setzt Christian C. zu einer Rede an. Er verteidigt
sich: »Ich tat nur das, was sie mir sagte.« Es sei nicht beabsichtigt
gewesen, die junge Frau so stark zu schlagen: »Ich bin über das
Ziel hinausgeschossen. Ich habe es ihr zuliebe gemacht, sie wollte
es so.« Aus seinen Unterlagen klaubt er ein Foto von Franziska F.
Er hält es hoch und klagt: »Der Mensch, den ich glücklich machen
wollte, ist tot. Ich habe solche Sehnsucht nach ihr. Ich will bei ihr
sein, ihr folgen, wenn ich könnte. Ich würde mir die Todesstrafe
geben, wenn es die noch gäbe.« Seine letzten Worte ersticken in
Tränen.

Das Gericht schickt ihn in den Maßregelvollzug. Sollte ihn jemals ein psychiatrischer Gutachter für therapiert halten, müsste Christian C. noch zehn Jahre in einem Gefängnis absitzen – wegen Mordes zur Befriedigung des Geschlechtstriebes in Verbindung mit Störung der Totenruhe.

Ausführlich begründet der Vorsitzende Richter das Urteil, zeichnet noch einmal den Lebensweg des Angeklagten nach, der in der Provinz mutterfixiert als einziges Kind eines ehrgeizigen Vaters und einer Hausfrau aufwuchs und der sowohl beim Abitur als auch bei seiner Promotion überdurchschnittliche Leistungen zeigte. Der berufliche Erfolg war die eine Seite seiner Persönlichkeit, die andere war sein Sexualleben: »Eine Seite, die er erfolgreich abschirmte und verdrängte«, so der Richter.

Christian C. habe sich seinem späteren Opfer flirtend und vorsichtig tastend genähert. Die sexuellen Phantasien der beiden ergänzten sich. »Da haben sich zwei gesucht und gefunden«, sagt der Vorsitzende. Mitnichten lockte der Sadist die junge Frau vorsätzlich in eine mörderische Falle. Das Gericht glaubt dessen Schilderungen bis zu dem Punkt, an dem er morgens erwachte und die Schlafende sah. »Aus Sicht der Kammer war das der entscheidende Moment«, so der Richter, der Moment, in dem Christian C. die Selbstkontrolle verlor, Franziska F. mit der Bratpfanne schlug und ihr mindestens zwei Minuten den Hals zudrückte. Der Vorsitzende macht es anschaulich: »Stellen Sie sich vor, es beginnt jetzt jemand, Sie kräftig zu würgen.« Im Gerichtssaal herrscht irritierendes Schweigen. Der Richter schaut auf seine Uhr, der Angeklagte mit gesenktem Blick auf seine Unterlagen – 120 endlose Sekunden lang. Dann erklärt der Vorsitzende: »Das waren jetzt zwei Minuten. Das kann nicht fahrlässig gewesen sein.«

Nach dem Tod seiner Gespielin verging sich der Sadist an ihrer Leiche. Erst Stunden später tauchte er aus seinem hemmungslosen Zustand wieder auf und begriff, was geschehen war. Reue erfasste ihn, das nimmt ihm das Gericht ab. »Er ist kein abgebrühter eiskalter Unhold, sondern ein psychisch kranker Mann«, meint der Richter.

Derjenige, über den er spricht, nimmt die Entscheidung nahezu reglos zur Kenntnis. Wie es in ihm aussieht, verrät nur sein Taschentuch, in das er sich schnäuzt. Er weiß, dass er kaum eine Chance hat, jemals wieder freigelassen zu werden.

Kindesschmerz für Mutters Wohl

Krank lag Ricardo in seinem Bettchen: Dünn, hohläugig, das aufgedunsene Gesicht grau marmoriert. Die Mediziner befürchteten das Schlimmste. »Ich kenne das ja, wenn Kinder sterben. Manchmal sah er morgens so aus«, erinnert sich die Oberschwester. Sie half damals, diesen medizinischen Kriminalfall zu lösen. Weil sie ihrer Mitarbeiterin zur richtigen Zeit die richtigen Fragen stellte, endete das Martyrium des kleinen Jungen, bevor es zu spät war.

Wochenlang waren die Ärzte zuvor im Dunkeln getappt, obwohl sie das neunzehn Monate alte Kleinkind förmlich auf den Kopf stellten. »Er wurde gepikst und gepikst«, erinnert sich seine Großmutter. »Schon die Vorbereitung zur Darmspiegelung war die blanke Viecherei.« Dennoch blieb die Herkunft der verschiedensten Bakterien im Blut des Kindes ein Rätsel. Immer wieder fieberte es und erbrach sich. Sein Körper arbeitete auf Sparflamme, durchblutete nur noch die lebensnotwendigen Organe. Dreimal musste Ricardo auf die Intensivstation verlegt werden. Dort besserte sich sein Zustand stets unerwartet schnell. Kam er dann zurück in das Stationszimmer, in dem seine Mutter Ramona R. wochenlang mit ihm lebte, dauerte es nicht lange bis zum nächsten Fieberschub.

Da beschlich den Leiter der Kinderklinik ein furchtbarer Verdacht. Ob man es hier vielleicht mit dem Münchhausen-Stellvertreter-Syndrom zu tun habe, fragte er sich und seine engsten Mitarbeiter während der Chefvisite. Dieses Syndrom ist eine extrem selten auftretende psychische Erkrankung. Die Betroffenen sind meist Mütter. Künstlich rufen sie Beschwerden an einem »Stellvertreter« – etwa an ihren kleinen Kindern – hervor, um während der ärztlichen Behandlung selbst Trost und Zuwendung zu erhalten. »Wir haben uns sehr schwergetan, den Verdacht in das Spektrum einzubeziehen«, sagt der Kinderklinik-Chef im Zeugenstand. »Aber wenn man Schwierigkeiten hat, eine Krankheit zu diagnostizieren, sollte man auch über andere Dinge nachdenken.«

So bat er damals seine engsten Mitarbeiter: »Leute, wir müssen gucken, was Frau R. macht!« Selbst die Reinigung des Krankenzimmers wurde ausgewertet. Ob sie dabei etwas Besonderes bemerkt hätte, erkundigte sich nun die Oberschwester bei einer ihrer Mitarbeiterinnen. »Eigentlich nicht«, antwortete die Befragte. Doch dann fiel ihr doch etwas ein: In der geöffneten Waschtasche der Mutter hätte sie zwei Spritzen gesehen. Dies ist nicht ungewöhnlich im Krankenhaus, wo fast alle kleinen Dauerpatienten das nachspielen, was sie täglich erleben. Aber Ricardo war dafür zu matt. Die Spritzen wurden sofort untersucht. Eine der beiden war am Ende bräunlich verfärbt. Die Ärzte fanden darin Reste von Kot, der eindeutig von Ramona R. stammte. Sie hatte ihrem Sohn ihre eigenen Exkremente gespritzt. Die Staatsanwaltschaft klagte die einunddreißigjährige Frührentnerin wegen versuchten Mordes an.

Blass, mit umschatteten Augen sitzt die schmale, kindliche Frau vor ihren beiden Verteidigerinnen. Nur ihre vorzugsweise in Rosa und Hellblau gehaltene Kleidung verleiht ihrer Erscheinung etwas Farbe. Ihre mit Kinderspangen geschmückten Haare wirken glanzlos-struppig, ihre Sitzhaltung eigentümlich starr. Ab und zu bewegen sich ihre Füße. Das Reden überlässt sie ihren Anwältinnen.

Sie ähnelt so gar nicht der jungen Frau, die Ralf R. vor sieben Jahren seiner Mutter als neue Freundin vorgestellt hat. Als fröhlich, lebhaft und sensibel wird sie von ihrer Schwiegermutter beschrieben. »Wir wussten nicht viel von ihr. Sie ist in unsere Familie hereingerutscht. Von ihrem Zuhause hat sie nichts erzählt«, sagt die Schwiegermutter. Weder sie noch ihr Sohn kannten die Vorgeschichte der jungen Frau, sie wussten nichts von ihrem früheren Aufenthalt in der Psychiatrie. »Für Ralf war sie ein weißes Blatt.« Erst als ihr ungeheuerliches Tun entdeckt wurde, berichtete Ramona von ihrem lieblosen Elternhaus in einer Kleinstadt. Der Vater habe sie und ihren älteren Bruder im Alkoholrausch willkürlich verprügelt, die Mutter ging nicht dazwischen. Die Eltern seien oft feiern gegangen. In dieser Zeit blieben die Kinder bei der Großmutter und beim Onkel. Letzterer unternahm mit dem Mädchen oft Ausflüge: »Die hat er für den sexuellen Missbrauch genutzt«, berichtet Ramonas Schwiegermutter. »Er hat sie auch geschwängert«, ergänzt der psychiatrische Gutachter. Sie habe das Kind abtreiben lassen. Als der Onkel der mittlerweile Achtzehnjährigen angekündigt habe, sich an anderen Kindern vergreifen zu wollen, habe sie mit einer Anzeige gedroht. Er nahm sich das Leben. »Daraufhin ging es mir noch schlechter«, lässt die Angeklagte von ihrer Verteidigerin vortragen. Sie fühle sich verantwortlich für den Tod des Onkels, des Mannes, der sie zwar vergewaltigt, sich aber auch als Einziger um sie gekümmert habe, so deutet es der Psychiater. Er beschreibt verschiedene Etappen, in denen die junge Frau zunehmend ihren Körper manipulierte, um die Aufmerksamkeit ihrer Mitmenschen zu erzwingen. Zunächst habe sie versucht, ihre Seele vor den Schlägen und dem sexuellen Missbrauch zu schützen. Sie spaltete diese von ihrem Körper ab. »Wenn man körperlich nicht fliehen kann, flieht man seelisch«, erklärt der Gutachter. Weil sie unter der nun entstandenen Leere und Gefühllosigkeit litt, weil sie sich spüren wollte, begann Ramona R., sich selbst zu verletzen. »Wenn ich mir etwas antat, fühlte ich mich oft viel besser und war dann sogar zufrieden«, verliest ihre Verteidigerin.

Als Sechzehnjährige fiel sie durch ihre Magersucht auf, sie

musste in Gegenwart der Eltern essen. »In ihrer Rolle als Kranke schaffte sie es, die Eltern dazu zu zwingen, sich um sie zu kümmern«, so der Psychiater. Die junge Frau litt zu dieser Zeit – ähnlich wie später ihr Sohn Ricardo – an unerklärlichen Krankheiten. Die Eltern sorgten sich, die Ärzte bemühten sich, die Patientin genoss die Aufmerksamkeit. Zu ihren Krankheitssymptomen gehörten auch Fieberschübe. Möglicherweise fand sie damals heraus, wie man diese künstlich erzeugt, glaubt ihre Verteidigerin. Monatelang wurde die mittlerweile Zwanzigjährige auf einer psychiatrischen Station behandelt, einer Psychotherapie jedoch wollte sie sich nicht unterziehen.

Sie brach ihr Abitur ab, durchlief eine Ausbildung und arbeitete in einem Hotel. Dessen Leiterin bemühte sich sehr um sie und nahm besondere Rücksicht, nachdem ihre Mitarbeiterin sie von einer »Herzerkrankung« unterrichtet hatte. Drei Jahre blieb Ramona R. dort, bis sie eines Tages an ihrem Arbeitsplatz in Ohnmacht fiel, stürzte und sich dabei im Gesicht verletzte. Es folgten Kur und Rehabilitationsmaßnahmen. Sie war fünfundzwanzig Jahre alt, als man ihr eine Frührente bewilligte.

In einem Kurheim lernte sie Ralf R. kennen, »den für sie idealen Mann«, so der Gutachter. Der chronisch kranke Frührentner habe sich stets fürsorglich und verständnisvoll gezeigt. Tatsächlich schien Ramona R. in den vier Jahren, die sie allein mit ihrem Mann verbrachte, psychisch stabil zu sein. Dann wurde die junge Frau, die davon ausgegangen war, keine Kinder bekommen zu können, überraschend schwanger. Dadurch geriet ihre mühsam gefundene seelische Balance aus dem Gleichgewicht, meint der Psychiater. Es war eine komplizierte Schwangerschaft, die werdende Mutter musste ein halbes Jahr liegen, bevor das Frühchen auf die Welt geholt werden konnte. Mit ihm trat ein kleines Geschöpf in das Leben von Ramona R., welches die Zuwendung forderte, die sie selbst brauchte. Kurz nach seiner Geburt litt das

Kind bereits an einer »Gedeihstörung«. Möglicherweise mangelte es der magersüchtigen Mutter schlicht an Einfühlungsvermögen für den Nahrungsbedarf eines Säuglings, meint ihre Verteidigerin. Als Ramona R. aus gesundheitlichen Gründen eine zweite Schwangerschaft abbrechen musste, verschlechterte sich der Ernährungszustand des knapp Einjährigen dramatisch. Er nahm drastisch ab, obwohl er ständig hungrig war und nach allem Essbaren gierte.

»Von mangelnder Ernährung kann keine Rede sein. Ich weiß, dass mein Sohn gut kochen kann«, betont Ricardos Oma. Sie habe das Paar stets unangemeldet besucht. Dennoch sah auch sie die Ärmchen ihres mittlerweile eineinhalb Jahre alten Enkels immer dünner werden. Er lernte nicht laufen und sprechen. Die Kinderärztin überwies den knapp neun Kilo wiegenden Jungen in eine Klinik. Im Rahmen des »Rooming-in« zog seine Mutter ebenfalls dort ein. Rasch freundete sie sich mit den Schwestern der Kinderstation an, schwatzte mit ihnen des Öfteren auf dem Balkon. Zwar wunderte sich das Personal, dass Ramona R. mit ihrem Sohn nicht nur das Zimmer, sondern auch das Gitterbett teilte. Das sei aber nichts Ungewöhnliches bei den Eltern von schwerkranken, kleinen Patienten. »Die lassen ihre Kinder nicht los«, sagt eine Schwester.

Vier Wochen nach seiner Einweisung hatte Ricardo erstmals über 40 Grad Körpertemperatur. Dies änderte sich auch nicht in den nächsten Tagen, so sehr die Ärzte auch nach der Ursache fahndeten. Nach einer weiteren Woche war sein Zustand lebensbedrohlich, er sollte das erste Mal auf der Intensivstation behandelt werden. An deren Eingangstür endet das »Rooming-in«, dorthin dürfen die Eltern nicht mit. Heftig protestierte Ricardos Mutter gegen die Verlegung. Als ihr Mann versuchte, sie zu beruhigen und von der medizinischen Notwendigkeit zu überzeugen, schrie sie: »Nix da, Schatzi! Kommt nicht in Frage!« Sie versuchte, ihren Sohn von der Krankentrage zu holen, und sagte sogar: »Sterben kann er auch zu Hause!«

Die Schwestern wunderten sich sehr. »Ich habe noch nie erlebt, dass ein Kind nicht auf die Intensivstation verlegt werden sollte. Die meisten Eltern sind froh und glücklich, wenn ihm geholfen wird«, sagt eine von ihnen im Zeugenstand. Sie ahnten nicht, dass sie Ramona R. damals gerade von ihrer Bühne verbannten. Erst als die Oberärztin mit dem Jugendamt drohte, lenkte die psychisch kranke Frau ein.

Neun Tage nach seinem ersten Aufenthalt auf der Intensivstation erlitt der Junge eine lebensbedrohliche Sepsis und musste erneut intensivmedizinisch behandelt werden. Wieder befremdete Ramona R. mit ihrem Verhalten: »Nächste Woche wollten wir in den Urlaub fahren. Das hat sich ja nun wohl erledigt«, sagte sie zu der Ärztin, welche die Verlegung des Kindes begleitete und die sich entsetzt jeden weiteren Kommentar verbat.

Viele Schwestern beschreiben Ramona R. als eine liebevolle, überbesorgte Mutter, die sich aufopferungsvoll um ihr schwerkrankes Kind kümmerte. Doch die Schwester, die am meisten mit Mutter und Sohn zu tun hatte, schaute offenbar genauer hin: »Je schlechter es Ricardo ging, umso besser ging es Frau R., umso agiler, umso euphorischer wurde sie.« Während andere Mütter ihre Kinder küssen und drücken, habe diese ihren Sohn demonstrativ und monoton auf dem Arm gehalten, »wie man eine Einkaufstasche trägt«. Das bemerkte auch die Stationspsychologin: »Sie streichelte ihr Kind wie von weitem.« Meist aber lag der kleine Kerl blass und matt in seinem Bettchen. »Er war kurz davor zu versterben«, sagt der Leiter der Kinderklinik.

Monatelang bestritt die Angeklagte ihre Taten. Sie behauptete, sie brauche kein krankes Kind, sie wäre selbst krank genug. So ließ sie ihre Angehörigen im Unklaren, auch die Belegschaft der Kinderklinik reagierte gespalten: Nur schwer konnten sich die Schwestern, die Tag und Nacht um das Leben kleiner Patienten kämpfen, ein Verhalten wie das von Ramona R. vorstellen. Dann aber sprach sie gegenüber einer Psychologin, die diverse Tests mit ihr durchführte, von Hoffnungslosigkeit. Wieso sie ihre Situation so empfinde, wollte ihr Gegenüber wissen. Ob es daran läge, dass etliche Leute glauben, sie habe ihr Kind geschädigt oder weil es so war? Ramona R. nickte und hauchte: »Weil es so war.« Im Prozess verliest ihre Anwältin ein detaillierteres Geständnis: »Ich habe meinem Sohn sehr geschadet. Es stimmt, dass ich ihm meinen eigenen Stuhl gespritzt habe. Diesen habe ich aus der Toilette auf eine Kanüle gezogen, so dass ein wässriges Gemisch entstand.« Über den Venenzugang an Ricardos Hals gelangten die Keime in seinen Körper. »Ich habe das zweimal, möglicherweise auch dreimal gemacht. Warum ich das gemacht habe und wie ich auf diese Idee kam, kann ich nicht erklären.« Ramona R. habe ihren Sohn als Teil des eigenen Körpers empfunden und genauso malträtiert wie vorher sich selbst, erklärt der psychiatrische Gutachter. Diese Mütter fügen ihren Opfern das zu, was ihnen selbst angetan wurde, und drücken so unbewusst ihre traumatischen Erlebnisse aus.

Die Angeklagte gibt an, sie habe ihr Kind nicht töten wollen: »Ich habe immer die Schwestern geholt, wenn Ricardo Fieber hatte. Er bekam dann noch mehr Zuwendung vom Klinikpersonal. Es ging ihm rasch besser. Von der Intensivstation kam er schnell zurück, so dass ich nie Angst um sein Leben hatte.« Sie bereue, was sie ihrem Kind angetan habe. »Es gibt keine Entschuldigung dafür. Hätte ich mich behandeln lassen, wäre es nicht so weit gekommen«, verliest die Verteidigerin. Für ihre Mandantin sei es die größte Strafe, ihren Sohn nie mehr sehen zu dürfen. Ricardo sei ihr Wunschkind gewesen, das sie geliebt habe und immer noch liebe. An dem Tag, an dem ihre Taten entdeckt wurden, verlor

Ramona R. das Sorgerecht, später auch das Umgangsrecht. Sie habe ihren Sohn seither nicht gesehen. »Es macht mich sehr unglücklich, ich vermisse ihn.«

Nachdem das Rätsel um Ricardos Krankheit gelöst war, verbrachte er noch zwei Monate auf der Kinderstation, wo er sich zur Freude der Ärzte und Schwestern rasch erholte. »Als Frau R. aus seinem Umfeld verschwand, war er ein völlig anderer Patient«, sagt der Klinik-Chef. »Er fing an zu laufen und hat die Schwestern angelacht«, erfuhr eine Kriminalbeamtin. Auch seine Haare, die ihm infolge der vielen Medikamente ausgefallen waren, wuchsen nach. Heute lebt der Kleine bei seinem Vater. Er habe sich gut entwickelt, berichtet seine Großmutter: »Wir sind sehr zufrieden.« Die Ehe der R.'s aber ist zerstört. Wegen des entzogenen Umgangsrechts musste Ramona R. die gemeinsame Wohnung verlassen, das Paar sieht sich kaum. Lange glaubte Ralf R. an die Unschuld seiner Frau, bis die Zweifel zu groß wurden. Dennoch möchte der Vierzigjährige nicht gegen sie aussagen. Statt seiner berichtet seine Mutter dem Gericht von den strapazierten Gefühlen ihres Sohnes, vom zerstörten Vertrauen und der Scheidung, die Ralf R. inzwischen eingereicht hat, auch um das Sorgerecht für seinen Sohn nicht zu verlieren.

Wie soll das Gericht nun die Angeklagte bestrafen? Deutlich spricht sich der psychiatrische Gutachter gegen die Theorie vom versuchten Mord aus. »Ricardos Tod war nicht beabsichtigt.« Die Angeklagte brauchte ihn schließlich, um ihre Krankheit auszuleben. Sie habe wohl nicht geahnt, wie knapp sein Überleben zuweilen war. Sie ist nach Meinung des Gutachters vermindert schuldfähig, aber kein Fall für den Maßregelvollzug, wie man die geschlossene Psychiatrie für Rechtsbrecher nennt. Dennoch befürchten die beiden Verteidigerinnen eine Verurteilung zu einer

Haftstrafe, die nicht mehr zur Bewährung ausgesetzt werden kann, also von mehr als zwei Jahren. Sie »befürchten« es, weil sie die psychisch Kranke für haftunfähig halten. Schon in der Untersuchungshaft hatte sie jegliche Nahrung verweigert und musste nach sechs Wochen wieder entlassen werden. Freiwillig begab sie sich in eine psychiatrische Klinik.

Das Gericht stellt diese Überlegungen nicht an. Es verurteilt Ramona R. wegen der Verletzung der Fürsorge- und Erziehungspflicht und Misshandlung von Schutzbefohlenen, die sich in drei Fällen der gefährlichen Körperverletzung ausdrückten, zu vier Jahren und sechs Monaten Haft. Das ist keine milde Strafe angesichts der maximal möglichen sieben Jahre und sechs Monate, wegen der verminderten Schuldfähigkeit verringerte sich die Höchststrafe von zehn Jahren um ein Viertel.

»Sie haben Ihrem Sohn großes Leid zugefügt«, sagt der Vorsitzende Richter zu der starr vor ihm Sitzenden. Positiv bewertet er das Geständnis, welches ihr – wie übrigens allen Frauen mit Münchhausen-Stellvertreter-Syndrom – sehr schwerfiel. Eine Behandlung der psychischen Störung sei aber »nur möglich, wenn Sie selbst dazu stehen«, gibt er Ramona R. mit auf den Weg. Noch lange werde ihr Sohn, obwohl körperlich wieder gesund, an den Folgen der Tat zu leiden haben. »Ihm wurde die Mutter genommen, und eines Tages wird er erfahren, dass Sie ihn fast getötet hätten. Damit muss er psychisch fertig werden«, so der Richter.

Ein Jahr nach dem Urteil tritt Ramona R. ihre Haft an. Ihre Anwältinnen behalten recht: Wieder verweigert sie die Nahrung, wieder benutzt sie ihren Körper, um die Fürsorge und Aufmerksamkeit ihrer Umwelt zu erzwingen. Im Haftkrankenhaus muss man sie über eine Nasensonde zwangsernähren. Dabei werden ihre Hände fixiert, um zu verhindern, dass sich die Gefangene die Sonde herauszieht. Es ist eine äußerst langwierige Prozedur, denn die Sondenkost kann nur in geringen Mengen verabreicht werden, andernfalls könnte Ramona R. sie erbrechen. Wer aber will die Folgen von über vier Jahren Zwangsernährung nebst anhaltender Fixierung verantworten? Einen Ausweg verspräche nur eine erfolgreiche Therapie, die man im Gefängnis nicht bieten kann. So verstreichen sieben Monate, dann wird die Haft von Ramona R. auf unbestimmte Dauer unterbrochen. Sie ist derzeit Patientin in einer psychiatrischen Klinik.

Der Junior-Terrorist

Hoch und schrill klingt die Stimme des jungen Mannes: »Mein zweiter Brandanschlag! Siehste! Der zweite!« »Dritter schon«, korrigiert eine weibliche Stimme, sie klingt mürrisch. Auf dem Monitor, der in den Gerichtssaal geschoben wurde, läuft ein verwackelter Film. Er zeigt ein brennendes Restaurant. Die hohe Stimme meldet sich wieder zu Wort: »Da sehen sie, wie machtlos sie sind!« Als die Fensterscheiben bersten, schnauft der junge Mann vor Erregung. »Das Finale, das Finale!«

Es war Dustin D., der sich gemeinsam mit seiner Mutter am Anblick der Flammen ergötzte. Zur Gerichtsverhandlung hat er einen schwarzen Anzug angezogen. Auch sonst tritt der Auszubildende ausnehmend höflich auf, sagt: »Ja, tut mir leid« und »Ich weiß, das war nicht in Ordnung von mir.« Vier Brandanschläge soll er in seiner Nachbarschaft verübt haben, es geht um bis zu zehn Jahre Haft. Der Zweiundzwanzigjährige ist aufgeregt, ständig zuckt die Augenpartie in seinem kindlichen Gesicht. Das ist hübsch, mit vollen Lippen, die wie geschminkt aussehen. Die dünnen Haare hat er von seiner Mutter geerbt. Wenn sein Blick zu ihr hinübergleitet, verfinstert sich seine Miene. Doris D. ist ebenfalls angeklagt. Die arbeitslose Neunundvierzigjährige ist eine kleine Gestalt auf dicken, krummen Beinen. »Ja« und »Nein« sind ihre Lieblingsantworten. Ihre Jacke will sie nicht ausziehen, ihre Tasche nicht aus der Hand legen, so als wolle sie nur für Minuten auf ihrem Stuhl verweilen.

Die erste Tat beging ihr Sohn allein. Er befestigte einen Saugnapf am Fenster einer Grundschule, daran wiederum eine Literflasche mit Benzin, das er entzündete. Die Flammen brachten das

Fenster zum Bersten, etwas Rauch quoll in den Raum, dann erlosch das Feuer. Ein jämmerlicher Auftakt für eine ernstgemeinte Anschlagsserie. Das sehen die Richter genauso und streichen diesen Anklagepunkt.

Für die nächste Tat suchte sich der Jugendliche Unterstützung. Freunde hatte er keine. Nur seine Mutter, mit der er in einer kleinen Zwei-Zimmer-Wohnung lebte, kam in Frage. Er bastelte ihr ein Ratespiel. Buchstabenweise hatte er den Satz »Dustin hat Knut, den Eisbären, mit dem Tode bedroht« in ein Video montiert. »Ich sollte die passenden Wörter finden, aber das konnte ich nicht«, sagt Doris D. »Da hat er gesagt, zur Strafe muss ich ihm zehnmal helfen. Ich hätte da nie freiwillig mitgemacht! Aber er sagte, wenn ich das nicht tue, nimmt er mir das Telefon und meine Post weg. Er wollte auch meinen Hund und meine Katze umbringen. Die armen Tiere, die haben doch nichts getan!« Der Richter wundert sich: »Finden Sie, dass das Drohungen sind, mit denen er Sie zu einer Straftat zwingen konnte?« Die Angeklagte überlegt, dann fällt ihr ein: »Na, er hat mir ein Feuerzeug an die Haare gehalten, er hat mich gewürgt und mit der Schere in den Hals geritzt. Und der Oma wollte er auch was antun. Ich hatte Angst vor ihm.«

Deswegen habe sie mit ihm im Park geübt, wie man ein Walkie-Talkie bedient, und ihn zu dem Restaurant begleitet. Während sie die Umgebung des Gebäudes beobachtete, begab sich ihr Sohn unter dessen Vordach. Dort stellte er mehrere benzingefüllte Plastikflaschen ab, stach sie mit einem Messer ein und entzündete die auslaufende Flüssigkeit. Den Wirt, der die Nacht auf einer Matratze im Lager verbringen wollte, hätten sie nicht bemerkt. Wäre dieser nicht rechtzeitig vom Geräusch des krachenden Holzes erwacht und wäre in jener Nacht nicht zufällig die Hintertür unverschlossen geblieben, hätte er das Inferno kaum überlebt. Auf über 200 000 Euro schätzt er die Kosten für den Wiederaufbau seines

Restaurants, bis dato Arbeitsplatz seiner ganzen Familie. Tage später fand die Polizei dort einen Briefumschlag, darin eine DVD und ein Bekennerschreiben mit dem Logo der »Roten-Armee-Fraktion«. Darauf stand: »Wir wissen, was Sie jetzt denken: Die RAF gibt es nicht. Da liegen Sie aber gründlich daneben. Wir sind wieder da. Das wird nicht der letzte Brandanschlag sein. Wir werden Deutschland zeigen, was Vernichtung bedeutet.«

Dustin D. hielt Wort. Erneut erklomm er die Hauswand der Grundschule. Diesmal zerschlug er ein Fenster. Durch das Loch warf er mehrere Flaschen Benzin. Die letzte öffnete er, setzte sie in Brand und warf sie zu den übrigen. Glücklicherweise fand das Feuer kaum Nahrung und erlosch, bevor es sich auf andere Räume ausbreiten konnte. So blieb es bei einem Sachschaden von 21 000 Euro.

Zwei Wochen später knöpfte sich der junge Mann das Haus vor, in dem er sechs Jahre lang mit seiner Mutter gewohnt hatte. Die Schlüssel befanden sich noch in seinem Besitz. Vor dem Haus übergab Doris D. ihrem Sohn den Rucksack mit den Benzinflaschen, die sie bis dorthin transportiert hatte. Sie musste jetzt Schmiere stehen, während ihr Sohn den Keller betrat und den Treibstoff über dem Boden sowie über einer alten Couch entleerte. »In dem Moment, als ich zündete, kam eine Stichflamme aus der Couch. Ich bekam einen Riesenschreck und lief aus dem Haus«, erklärte er später der Polizei. Der Brandstifter hatte Glück: Weil er sich im Zentrum der Verpuffung befand, wurde er vom Explosionsdruck nicht erfasst. Der drückte mit lautem Knall die metallene Kellerzugangstür und die Wohnungstüren aus den Angeln, im Treppenhaus zerbarsten die Fensterscheiben. Etwa 230 000 Euro Sachschaden und fünf Mietparteien, die tagelang ihre verrußten Wohnungen nicht betreten durften, resultierten aus diesem Anschlag.

Stunden nach der Explosion rief der Brandstifter den Notarzt.

Ihn schmerzten seine Verbrennungen im Gesicht und an der Hand. Er behauptete, jemand habe ihn aus einem fahrenden Auto heraus mit einem brennenden Molotowcocktail beworfen. Schnell erkannten die vom Notarzt verständigten Polizisten die Verbindung zwischen dem Verletzten und dem zerstörten Haus. In D.'s Zimmer fanden sie mehrere Aktenordner mit »Google-Earth«-Ausdrucken, auf denen Punkte markiert und mit Anmerkungen versehen waren. »Er hatte noch 'ne Menge vor«, sagt ein Ermittler dem Gericht. Er und seine Kollegen entdeckten Notizbücher mit Zeitungsausschnitten zum 11. September 2001 und eine Aufstellung der Kosten, die dem Brandstifter durch seine Aktionen entstanden waren. Auf dem Rechner von Dustin D. fanden sie etliche Flugblatt-Entwürfe, dort las man Drohungen wie »Der 11. September wird bald nach Deutschland kommen« oder »Der Krieg gegen die BRD ist eröffnet«. Der Stapel mit den ausgedruckten, unterschiedlichen Bekennerschreiben sei einen Zentimeter dick gewesen, berichtet der Zeuge. Ebenfalls gespeichert war eine Notiz über die Gründung der »Nationalen Terrorgruppe«, Mitgliederzahl: 1. Mit ihr plante der bekennende Lesben- und Schwulenhasser unter anderem einen Anschlag auf den Regierenden Bürgermeister von Berlin.

In der Wohnung lag auch die Bekenner-DVD zum Anschlag auf das Restaurant. Das Gericht schaut sich die von der Mutter gedrehte, verwackelte Filmsequenz an, sieht, wie aus einem kleinen Brand ein Feuermeer wird. In der nächsten Szene sitzt eine vermummte Gestalt vor einer grünen Wand und faselt mit emporgerecktem Mittelfinger: »Fordern Sie uns nicht heraus, Sie könnten es bereuen« und »Wir werden zeigen, dass die RAF nicht zu bekämpfen ist. Jetzt kommt die vierte Generation der RAF und wird das zu Ende bringen, was die dritte Generation nicht mehr geschafft hat.« Dann regnet es zu den leisen Klängen von Tanita Tikarams »Twist in my sobriety« blutrote Buchstaben. Sie formen sich zu gigantischen Drohungen wie: »Wir werden Deutschland vernichten, vielleicht mit einer Atombombe.«

Verfolgte Dustin D. politische Ziele? Doch welche Verbindung besteht zwischen Knut, dem Eisbären, und der Gewerkschaft der Lokführer, die er ebenfalls mit einem Anschlag treffen wollte, wie einem der gespeicherten Bekenner-Flugblätter zu entnehmen war? Dustin D. sagt: »Knut ist mir auf den Sack gegangen, weil er sehr oft im Fernsehen kam.« Und der Streik der Lokführer sei anstrengend gewesen, weil er für die Fahrt zu seiner Berufsschule auf die Regionalbahn angewiesen war. – Politische Ideen hören sich anders an.

Er habe die Grundschule in Brand stecken wollen, weil er von deren Schülern gehänselt worden sei, als er früher auf dem Weg zu seiner Sonderschule an ihnen vorbeigehen musste. Was ihm denn hinterhergerufen wurde, möchte der Vorsitzende Richter wissen. Er erntet ein Schulterzucken und ein »Habe ich vergessen«. Im Restaurant hätte der Wirt dem kindlich wirkenden jungen Mann kein Bier ausschenken wollen, ermittelte die Polizei. Dagegen behauptet der Angeklagte, vor dem Anschlag nie dort gewesen zu sein. Er habe gezündelt, weil er »nicht wahrgenommen wurde«. An den Mietern seines früheren Wohnhauses habe er sich rächen wollen, »weil ich da jahrelang Psychoterror erlebt habe«. Dieser bestand aus Böllern, die auf seinen Balkon geworfen wurden, und einem versehentlichen Zusammenstoß mit einem Nachbarn, der gelacht habe, als er ihn deswegen zur Rede gestellt hatte. Vor zwei Jahren war er dort weggezogen, aber einen Tag vor der Tat sei er diesem Nachbarn begegnet, der habe ihn so komisch angeschaut.

So nichtig diese Begründungen klingen, so typisch sind die dahintersteckenden Probleme, die im Zündeln ein klassisches Ventil fanden: Rache, Frust, Neid, aber auch die Unfähigkeit, Gefühle anders auszudrücken, Konflikte anders zu lösen.

Doch warum macht eine Mutter dabei mit? Sie sollte ihren Sohn »bestenfalls von so einem Plan abhalten, ihm Stubenarrest geben«, meint der Richter. Zwei forensische Psychiater versuchen, die emotional eher kühle Beziehung dieser zwei »Minderbegabten« zu erklären. Früh trennte sich Doris D. vom Vater ihres Sohnes, er soll die Schwangere im Alkoholrausch geschlagen haben. Danach habe sie sich nie wieder um einen Partner bemüht. »Meine Mutter interessiert sich nicht für Männer«, sagt Dustin D. »Sie ist dafür extrem tierlieb.« Als er klein war, wurde bei ihm eine Sprach- und Sprechstörung festgestellt. Er stotterte und vermied es zu reden. Seine Mitschüler ignorierten ihn, auch die Lehrer nahmen ihn kaum wahr. Obwohl er später eine Lernbehindertenschule besuchte, blieb die Mutter seine Hauptbezugsperson, eine sozial isolierte, extrem misstrauische Frau, die ebenfalls nach dem Prinzip »Von außen kommt nichts Gutes« erzogen worden war. »Wie eingesponnen« hätten Doris und Dustin D. miteinander in einer »symbiotischen Beziehung« gelebt, erklärt der Gutachter.

Als der Junge seine Mutter um zwei Köpfe überragte, kippte das Machtverhältnis: Während er früher Ohrfeigen oder »den Hintern voll« bekam – so massiv, dass Nachbarn die Polizei holten –, beanspruchte er nun das größere Zimmer und ließ sich auch sonst nichts mehr von seiner Mutter sagen. Sie behandelten einander wie Geschwister, provozierten sich gegenseitig mit lauter Musik und stritten um vieles, etwa um die gegenseitige Anrede. Doris D. wollte von ihrem Sohn nicht beim Vornamen, sondern »Mama« genannt werden. Im Gegenzug wehrte sich Dustin D. gegen seinen ursprünglichen Rufnamen »Steve«: Er wollte nicht mehr so heißen wie sein tollpatschiger Namensvetter aus der Serie »Alle unter einem Dach«.

Die beiden stritten sich auch um Geld. In einer Liste vermerkte der Junior diverse Summen, die ihm seine Mutter schulden würde. So stand dort: »Wegen dem Namen keinen Streit mehr,

150

einmalig 2500 Euro.« Mit Unterschrift und Fingerabdruck hätte Doris D. ihre Zahlungspflicht anerkannt. Der Verkauf einer Katze schlug mit 600 Euro zu Buche. »Er wollte sie sonst ins Tierheim bringen«, schildert die Angeklagte den Druck, dem sie nachgab. Eigentlich habe sie schon lange nicht mehr mit ihrem Sohn zusammenwohnen wollen. Doch das Sozialamt habe sie dazu gezwungen. Möglicherweise prallte ihr legitimer Wunsch am zuständigen Sachbearbeiter ab.

Auch Dustin D. war nicht glücklich mit dieser Situation, noch mehr aber kümmerte ihn die eigene Bedeutungslosigkeit. Als sie vor vier Jahren überfallen wurde und sogar eine Zeitung darüber berichtete, sei er »neidisch« gewesen, meint seine Mutter. Er wollte auch gern »in irgendeiner Form Aufmerksamkeit erringen«, wie sein Anwalt erklärt. An dieses Motiv glaubt auch der psychiatrische Gutachter – eher als an die vorgetragenen Rachegelüste. »Er wollte Angst erzeugen, um Macht zu haben. Die Polizei in Arbeit zu versetzen hat ja auch was mit Macht zu tun.« Seiner Meinung nach habe der Angeklagte versucht, »den Kick« zu steigern, indem er mit seinen Taten immer mehr Menschen in Gefahr brachte. Dustin D.'s gestörte Persönlichkeit trage paranoide und schizoide Züge. Eine verminderte Schuldfähigkeit gestehen die Psychiater jedoch weder der Mutter noch dem Sohn zu.

»Sie haben schwerste Straftaten verübt«, sagt der Vorsitzende zu dem Angeklagten. Der gibt sich reumütig: »Ich weiß, das war ein Fehler von mir.« Zum Prozessende entschuldigen sich Mutter und Sohn förmlich unisono, indem sie den gleichen »Es tut mir einfach leid«-Satz vortragen. Die Staatsanwältin spricht in ihrem Plädoyer vom »Beginn einer Serie, die noch rechtzeitig gestoppt werden konnte« – immerhin schuldete Doris D. ihrem Sohn noch vier weitere Gefälligkeiten. Für fünf Jahre schicken ihn die Richter ins Gefängnis. Der Vorsitzende rechnet Dustin D. seine Kooperationsbereitschaft mit der Polizei an: »Die Teilnahme seiner Mutter war den Ermittlungsbehörden zuvor nicht bekannt.« Er will in seinem Urteil die Aufnahme in die sozialtherapeutische Haftanstalt empfehlen. Ohne eine solche Hilfe bliebe der Brandstifter »eine tickende Zeitbombe«.

Seine Mutter kommt mit zwei Jahren Haft zur Bewährung und 90 Stunden gemeinnütziger Arbeit davon. »Die Abgrenzung zu Ihrem Sohn könnte problematisch werden«, glaubt der Richter. Ein Bewährungshelfer soll sie dabei unterstützen.

Doris D. hat es geschafft. Jetzt rentieren sich die angezogene Jacke, die griffbereite Tasche. Sie steht auf und verlässt das Gerichtsgebäude, so schnell ihre krummen Beine sie tragen.

Horst H., seit 50 Jahren Exhibitionist

Er wollte umziehen und renovierte seine alte Wohnung. Als er glaubte, alles erledigt zu haben, traf er sich mit dem Hauseigentümer. »Der stand da, braungebrannt, zuppelte an der Tapete und sagte zu mir: ›Das können Sie so nicht machen!‹« Horst H. fühlte sich gedemütigt, wie so oft in seinem vierundsechzigjährigen Leben. Er fuhr zum Baumarkt, um eine neue Tapete zu kaufen. Auf dem Rückweg bemerkte er eine Gruppe junger Umschülerinnen: »Ich bin da hingegangen und hab dis da gemacht.« »Dis da« sind seine Worte dafür, in aller Öffentlichkeit sein Genital zu entblößen, seine Sexualität zu demonstrieren. Seit fünfzig Jahren ist Horst H. ein Exhibitionist.

Zweimal war er deswegen schon im Gefängnis. Vor zwei Jahren wurden ihm erneut sechs Monate Haft angedroht. Als er sich dann später wenige Meter vor den Umschülerinnen postierte, stand er unter Bewährung. Die Frauen belustigten sich zunächst, dann ekelten und schließlich sorgten sie sich bei dem Gedanken an die im Umkreis befindlichen Kindertagesstätten und Schulen. Sie beschlossen, den Mann anzuzeigen – falls sie ihn noch einmal erwischen sollten. Tatsächlich kam er eine Woche später wieder. Die Umschülerinnen folgten ihm und notierten sein Auto-Kennzeichen.

Nun nimmt er das achtundzwanzigste Mal vor einem Richter Platz, ein schlanker Mann mit Bürstenhaarschnitt. Er trägt eine braune Wildlederjacke, Turnschuh-Sneaker, und im Ohrläppchen einen kleinen Ring. »Er ist eine sehr gepflegte Erscheinung«, schreibt die psychiatrische Gutachterin über ihn. Sie erwähnt ebenfalls die Ängste und Kränkungen, die der Proband mit demonstrativer Potenz zu kompensieren suche. Der Angeklagte erklärt das so: »In Stresssituationen mache ich so etwas, wenn ich mich ganz unten fühle. Würde ich mir stattdessen in der Nase bohren, wäre das auch nicht schön, aber es würde eher toleriert werden.«

Horst H. kennt die Ursachen seines krankhaften Verhaltens wie nur wenige seiner bundesweit etwa 10 000 Leidensgenossen. Diesem Wissen gingen jahrelange therapeutische Sitzungen voraus, in denen er oft seine Kindheit sezierte. Er wuchs in der Nachkriegszeit auf. Sein Vater starb früh, die Mutter war kaum zu Hause, sie musste Geld verdienen. In der Erziehung dominierte die strenggläubige Großmutter, die Mutter seiner Mutter. Für die zählten Männer nicht, schon gar nicht deren Sexualität. Wer onaniert, bekäme Schwindsucht, drohte Oma. Der Teenager glaubte daran, schließlich war sein Vater dieser Krankheit erlegen. Oma hielt auch nichts von Jeans und weißen Turnschuhen, das war »Besatzermode«, die man sich ohnehin nicht leisten konnte. Der Besuch eines Gymnasiums scheiterte ebenfalls am Geld. Arm, klein, schmächtig und obendrein unmodern gekleidet, fühlte sich Horst H. als »der mit der A-Karte«.

Da machte er eine Entdeckung. Im Unterricht saß er zurückgelehnt auf seinem Stuhl und spielte gelangweilt durch die Hosentasche an sich herum, als eine Mitschülerin seine Erektion bemerkte und deswegen kicherte. »Ich bin wahrgenommen worden«, erinnert sich Horst H. Bislang hatte er das bei seinen Mitschülern als Klassenclown erreicht. »Das war mit fortschreitendem Alter aber immer weniger angesagt.« Die Erektion und das kichernde Mädchen eröffneten seinem Wunsch nach Aufmerksamkeit und nach Steigerung seines Selbstwertgefühls ein neues Feld. Es entstand eine kausale Beziehung zwischen Kränkung und Exhibitionismus – wie bei der Auseinandersetzung mit dem Hausbesitzer.

Fünfzig Jahre sind seit H.'s Schlüsselerlebnis in der Schule vergangen. 46 Anzeigen hat er seitdem kassiert, wobei nicht jeder, der ihn beim verbotenen Treiben erwischt hatte, die Polizei gerufen habe, wie der Exhibitionist gesteht. Als Einundzwanzigjähriger kam er für sechs Monate ins Gefängnis, fünf Jahre später für siebenundzwanzig Monate. Gut kann sich der Rentner daran erinnern, wie er als Jugendlicher vor grauhaarigen, respekteinflößenden Richtern zitterte, und daran, wie ihm die damaligen Experten rieten, öfter mal kalt zu duschen. Diesmal wird er von einem einfühlsamen Richter gefragt: »Wir alle haben den Trieb, uns sexuell auszuleben. Wir können aber nicht einfach übereinander herfallen. Da gilt für Sie das Gleiche. Oder haben Sie eine andere Perspektive?« »Aus meiner Perspektive ist das genauso«, erklärt der Angeklagte. »Es wird mir immer unterstellt, ich mache das zur Befriedigung, doch die erlange ich dadurch nicht. Im Gegenteil, hinterher fühle ich mich noch beschissener. Mir geht es um Anerkennung, die keine ist.«

Die Suche nach Anerkennung machte ihn nicht nur zum Exhibitionisten, sondern auch zum Alkoholiker. Während seiner Lehre seien die trinkfesten Burschen gut angesehen gewesen. »So wollte ich auch sein«, sagt H. »Aber vom Alkohol wurde mir immer schlecht, ich musste kotzen. Ich habe dann so lange getrunken, bis sich das gab.« Da war es bis zur Abhängigkeit nicht mehr weit.

Jahrzehntelang soff er, auf Partys und bereits davor, um in Stimmung zu kommen. In den Achtzigern wurde er trocken, er schien den Absprung zu schaffen. Beruflich war er viel unterwegs. Im Osten des gerade vereinigten Deutschlands lernte er eine Frau kennen. H., mittlerweile Mitte vierzig, hielt sich für zeugungsunfähig. Doch nach sechs Wochen war seine neue Freundin schwanger. Der werdende Vater – »ich bin ein oller Esoteriker« – überzeugte sie, das Kind zu bekommen. »Früher habe ich gedacht,

Babypopos sauber putzen – bäh. Aber meinen Sohn habe ich gar nicht mehr aus der Hand gegeben. Da hatte ich Erfüllung und Anerkennung.«

Zum familiären Glück gesellten sich jedoch geschäftliche Probleme. Seine neue Firma lief schlecht, hinzu kam Ärger mit Banken und Kunden. Der Pleite folgten die Schulden und das schlechte Gewissen, dem Kind nichts bieten zu können, genug Anlässe jedenfalls, sich zu exhibitionieren. Es gab zwar eine Bekannte, die ihre Freundinnen zum Zuschauen rief, während sich Horst H. nackt in ihrem Haushalt nützlich machte, dennoch belästigte er in dieser Zeit auch Unbekannte. Die anschließenden Schreiben von Polizei und Staatsanwaltschaft entgingen der Mutter seines Sohnes nicht. Sie war schockiert und musste obendrein das Getuschel der Dorfnachbarn ertragen. Noch verbanden Schulden und das gemeinsame Kind. »Sie wird sich gesagt haben, lieber so was an der Backe, als gar keinen Mann«, glaubt Horst H.

Zwölf Jahre lang war er trocken gewesen. Am Tag der Einschulung seines Sohnes griff er wieder zum Alkohol. Warum er rückfällig wurde, weiß er bis heute nicht. Vielleicht, weil er noch nicht begriffen hatte, dass Alkohol ihm schadet. Damals hätte er immer das Gefühl gehabt, auf etwas Schönes zu verzichten. Sechs Jahre blieb die Familie noch zusammen, dann verließ ihn seine Lebensgefährtin für ihren Kurschatten. Im Krankenhaus schaffte H. erneut den Entzug. Heute besucht er zweimal in der Woche eine Selbsthilfegruppe für Alkoholiker, er engagiert sich im Verein für alkoholfreies Leben, geht auf Entgiftungsstationen und redet dort mit Leidensgenossen.

Den größten Halt gibt ihm seine neue Lebensgefährtin. Vor fünf Jahren lernte er die rundliche, bodenständige Frau kennen. An Horst H. schätze sie seine liebevolle Fürsorglichkeit, mit der er auf ihre Bedürfnisse eingehe. »Das setzt sich bis heute fort, er hält mir den Rücken frei, macht alles im Haushalt, nimmt an meinen

Problemen Anteil.« Gleich zu Beginn der Beziehung habe er ihr seine Alkoholsucht gebeichtet. »So etwas schreckt mich nicht ab«, sagt die Sechsundvierzigjährige. Schwerer war es dann mit dem Geständnis über seinen Exhibitionismus. »Das ist für mich ein fremdes Gebiet, damit hatte ich noch nie etwas zu tun.« Sie sagt das bei einem Gespräch außerhalb der Gerichtsverhandlung, deren Termin sie gar nicht wissen wollte. Zunächst habe sie gedacht, wenn man sich liebe, schaffe man das. Horst H. habe ihr auch angeboten, Fragen zu stellen. »Aber das Reden darüber fiel ihm schwer, er hat sich so geschämt.« Sie suchte Informationen im Internet und fragte ihren Psychotherapeuten. »Der sagte mir, ich solle mir überlegen, ob ich zulasse, dass mein Partner sexuelle Kontakte zu anderen Frauen aufnimmt.«

Es belaste sie, mit keinem darüber sprechen zu können. Niemand wisse davon, weder sein Sohn noch ihre erwachsenen Kinder. Mit wem soll sie die Sorge über den drohenden Gefängnisaufenthalt ihres Partners teilen? »Diese Gefahr, dass er mir weggenommen wird. Was erzähle ich dann der Außenwelt? Anderthalb Jahre Therapie?«

Horst H. geht es ähnlich. »Wenn ich in meiner Selbsthilfegruppe für Alkoholiker sage, da war der Saufdruck da, weiß jeder, was gemeint ist. Aber ich kann nirgendwo sagen, am liebsten hätte ich meinen Schwanz herausgehängt.« Außer im weit entfernten Dortmund kenne er keine Selbsthilfegruppe für Exhibitionisten. »Wir stehen allein. Man kann mit niemandem darüber reden.« Gern möchte Horst H. in seiner Heimatstadt eine solche Gruppe gründen. Doch wie soll er die Betroffenen finden? Mehrmals habe er bei der Präventionsabteilung der Kriminalpolizei angerufen, seine Telefonnummer hinterlassen, um Leidensgenossen zu treffen. Niemand rief zurück.

Es sei für Exhibitionisten sogar schwer, einen Therapeuten zu finden. Vor sechs Jahren begab sich H. erstmals für längere Zeit zu einem Psychologen. Der stocherte in den Kindheitserlebnissen herum. »Aber es nützt mir nichts zu wissen, woher das kommt«, sagt der Angeklagte. Später habe er bei einer anderen Therapeutin drei, vier, fünf Stunden Sitzung gehabt. »Dann stellte sie fest, das kann und will sie nicht.« Seit einem halben Jahr arbeitet er mit einer Psychologin daran, das eingefahrene Muster aus depressiver Verstimmung und Exhibitionismus zu verlassen. Wenn ihn jemand demütige, ziehe er sich zurück und analysiere die Situation. Häufig stelle er dabei fest, wie nichtig die Kränkung war. »Zu fünfzig Prozent funktioniert das.«

»Ich hab die Schnauze voll«, sagt der Angeklagte dem Richter. »Es ist mir unangenehm, mit 64 Jahren vor dem Kadi zu stehen. An meinem Lebensabend will ich nicht saufen oder exhibitionistische Handlungen machen. Ich will Ihnen auch nicht erzählen, neue Therapeutin und alles wird schön. Das wird längere Zeit brauchen. Aber ich habe ein gutes Gefühl.«

Zwölf Monate Haft sind die Höchststrafe für dieses Delikt. Der Referendar der Staatsanwaltschaft soll zehn Monate für den Bewährungsbrecher fordern, so hat er es mit seinem Vorgesetzten besprochen. Die Verteidigerin bittet darum, »mehr auf die strafmildernden Aspekte zu sehen« und »die Bewährung stehenzulassen.«

»Es ist schwer, das richtige Urteil zu finden«, sagt der Richter. »Wir haben hier wesentlich schlimmere Fälle, Körperverletzung und anderes. Da ist man der Meinung, diese Leute gehören ins Gefängnis. Doch bei Ihnen habe ich das Gefühl, das bringt nichts.« Er glaube dem Angeklagten seinen Leidensdruck: »Mir kann keiner erzählen, dass er wiederholt Gefängnis in Kauf nimmt, um weiterzumachen, ohne dass es Gründe dafür gibt.«

Der Vorsitzende verurteilt H. zu 1200 Euro Geldstrafe (80 Tagessätze): »Ob das die richtige Entscheidung ist, weiß ich nicht.

Solange es gestandene Frauen betrifft, mag das gehen. Aber sobald
es Kinder betrifft, ist es nicht gut.« Der Angeklagte habe genügend
Anlass, sich vor einer Wiederholung zu hüten: »Die Bewährung
läuft, und auch durch dieses Urteil gibt es Druck. Sie sollten Ihre
Therapie machen und die Hände im wahrsten Sinne still halten.«
Allerdings wolle die Staatsanwaltschaft in Berufung gehen: »Mein
Wort wird noch einmal überstimmt werden«, sagt der Richter.
Der Rentner befürchtet nun, die nächste Instanz könnte seine Bewährung widerrufen und ihn für mehr als ein Jahr ins Gefängnis
stecken. Ob die Lebensgefährtin dann noch zu ihm steht, wenn sie
ihren erwachsenen Kindern erklären muss, dass sie mit einem
inhaftierten Exhibitionisten liiert ist? Ob sein achtzehnjähriger
Sohn den Kontakt zu seinem Vater halten wird? H. gibt sich pes-
simistisch: »Dann kann ich mein ganzes soziales Umfeld kni-
cken.« Sein Selbstwertgefühl ist wieder ganz unten.

Doch er hat Glück: Die Staatsanwaltschaft zieht ihre Berufung
zurück, das Urteil des Richters bleibt bestehen. Horst H. ist erleichtert. Er hofft, dass die Zeit für ihn arbeitet, der Sexualtrieb
lasse allmählich nach. Dennoch wage er keine Prognose. »Das ist
wie mit dem Alkohol. Ich muss mich täglich damit auseinander-
setzen.«

Abgründe einer Liebe

Reich und schön waren sie einst, Michael M. und seine vier Jahre ältere Frau. Drei Kinder haben sie großgezogen, einen Sohn und zwei Töchter. Am Ende ihrer zwanzigjährigen Ehe gehörte ihnen ein 200-Quadratmeter-Haus in bester Lage, eine Arztpraxis, mehrere Eigentumswohnungen und zwei Autos. »Wenn der Gärtner und die Haushälterin bezahlt waren, hatten wir noch 4000 Euro übrig«, sagt der Oberstudienrat. Dann aber zerbrach die Idylle, die schon lange nur noch eine äußerliche gewesen war. Für den anschließenden Rosenkrieg interessiert sich die Justiz.

Tief hat der hagere, schmallippige Dreiundfünfzigjährige seinen schwarzen Hut ins Gesicht gezogen und schützt sich so leidlich vor den Blicken der Prozesszuschauer und den Kameras der Presseleute. Auch seine Ex-Frau Magdalena M., zunächst lediglich als Zeugin für die schwere Untreue zu Lasten einer alten Dame geladen, kommt verkleidet ins Amtsgericht. Die Ärztin hat ihren Kopf in edles Chiffon gehüllt, eine Sonnenbrille bedeckt ihre Augen.

Zunächst sitzt nur Michael M. auf der Anklagebank, schließlich besaß er die Vollmachten, hatte er das Geld bewegt. Dr. Magdalena M. dagegen sollte es erben und hatte dessen Veruntreuung sogar angezeigt. Doch während der Staatsanwalt gegen Herrn M. prozessiert, beschleicht ihn der Verdacht, dass auch Frau M. am Verschwinden des Geldes beteiligt gewesen sein könnte. Zwei Jahre später muss sich dann die elegant und teuer gekleidete Frau wegen Anstiftung zur schweren Untreue verantworten.

Zwanzig Jahre lang betreute sie die verwitwete Ruth R. Die konnte immer schlechter gehen und sehen. Jede Woche kam »Frau Doktor« zu Besuch, anschließend plauderten die Frauen immer ein halbes Stündchen. Es sei von ihrer Seite aber kein besonderes Verhältnis gewesen, erklärt Magdalena M. dem Staatsanwalt: »Das war nicht anders als zu anderen Patienten.« Dann fügt sie hinzu: »Frau R. hatte niemanden.«

Eines Tages erkundigte sich die mittlerweile Vierundneunzigjährige, ob die Ärztin jemanden kenne, der sich um ihre finanziellen Angelegenheiten kümmern könnte? Ob das nicht Frau Doktor machen wolle, die ohnehin einmal alles von ihr erbe? Die Befragte fürchtete, man werde ihr die Ausnutzung eines berufsbedingten Vertrauensverhältnisses nachsagen, und schlug ihren Mann als Vermögensverwalter vor. Ruth R. war einverstanden.

Fünf Jahre später ist sie im Prozess gegen Michael M. als Zeugin geladen. Die zierliche Seniorin wird im Rollstuhl in den Verhandlungssaal geschoben. Sie ist so aufgeregt, dass sie nicht mehr genau sagen kann, wie alt sie ist. Eine Krankenschwester überwacht ihren Blutdruck. Und weil sie nicht mehr so gut hört, verlässt der Vorsitzende seinen Platz hinter dem Richtertisch und setzt sich ganz dicht vor sie. Die alte Dame bestätigt nun, den Angeklagten zum Vermögensverwalter eingesetzt zu haben: »Er ist doch der Mann von Frau Doktor, und Studienrat, zudem Lehrer an einer höheren Schule – da hatte ich kein Misstrauen.«

Im Beisein eines Notars unterschrieb sie damals die nötigen Vollmachten und übergab ihrer Ärztin ein gutes Dutzend Sparbücher. Ruth R. verfügte über mehr als 500 000 Euro, teils von ihrer Schwester geerbt, teils in einem langen Leben ohne Luxus und von einer auskömmlichen Rente gespart. Bereits drei Tage nach dem Notartermin transferierte Michael M. 2000 Euro auf das Geschäftskonto seiner Frau: »Weil es stark im Minus war.« Später tilgte er die bestehenden Kredite für ihre Praxis, für das gemeinsame Haus und die gemeinsamen Eigentumswohnungen, bezahlte Familienreisen, Aktien sowie einen Sprachkurs für den Sohn. Seine Frau kaufte sich eine neue Praxis in einer Gegend, in der mehr Privatpatienten wohnen. Für sie seien außerdem ein italienischer Sportwagen mit Ledersitzen, edle Möbel, zwei teure China-Teppiche und viele Kleidungsstücke angeschafft worden. Etwa ein Drittel des Geldes sei zur Tilgung gemeinsamer Verbindlichkeiten verwendet worden, zwei Drittel habe seine Ex-Frau ausgegeben, listet der Beamte auf. Er beglich auch einige Rechnungen für Ruth R.: so für ein Probewohnen in einem Seniorenstift, für eine Fernsehreparatur und auch einmal das Honorar für die Pflegekraft der alten Dame. Alle drei Wochen will er seiner Vollmachtgeberin 500 Euro Bargeld vorbeigebracht, ihr Gedichte vorgelesen oder bei Kaffee und Mohnkuchen zugehört haben, wenn sie aus ihrem Leben erzählte. Knapp zwei Jahre dauerte es, dann war das Vermögen ausgegeben. Es hatte die Stimmung im Hause M. nicht gehoben. Seit Jahren soll sich die Ärztin mit Trennungsabsichten getragen haben, berichtet ihre ehemals beste Freundin Sieglinde dem Gericht. Sie hätte aber nicht mit ihrem Mann teilen wollen. Einer anderen Freundin erklärte Magdalena M., sie wolle das ihren Kindern nicht antun. Sie selbst habe in diesem Alter »Zerrissenheit und Kluft erlebt«. Kurz vor dem Mauerbau flüchtete sie mit ihrem Vater von Osteuropa in den Westen, berichtet Michael M. Diese Zeit muss für das Mädchen traumatisch gewesen sein: Oft sei sie, der deutschen Sprache noch nicht mächtig, über Stunden vom alkoholkranken Vater allein gelassen worden, einmal sogar auf einem Bahnhof, wie sie Sieglinde unter Tränen erzählt habe. Sie und ihr Vater hätten in ärmlichen Kellerwohnungen gehaust, bis die Minderjährige zur Polizei gegangen sei und zu Pflegeeltern kam.

Das Geld von Ruth R. war nun verbraucht, da zog Sieglinde um. Eigentlich wollte die Ärztin ihr dabei helfen, schickte stattdessen aber ihren Mann. Beim Kistenpacken und -schleppen entdeckten der Umzugshelfer und die beste Freundin seiner Frau ihre Liebe zueinander. »Es klingt wie eine Seifenoper«, sagt Sieglinde, die neue Frau M. »Er war der Mann meiner Freundin, er war immer eine Unperson für mich. Ich habe nie einen Blick auf ihn geworfen.« Schon bald hielt es Michael M. nicht mehr bei seiner Frau aus. Mit einem kleinen Koffer zog er zu seiner Freundin. Fort war der harmoniebedürftige Mann, der offenbar stets das getan hatte, was Magdalena M. wollte.

Als die beiden frisch Verliebten dann an der Ostsee Urlaub machten, begab sich die Verlassene, die sich nach eigener Aussage bis dato nie für ihre Kontoauszüge interessiert hatte – »ich konnte ja nicht mal lesen, was Gewinn und was Verlust ist« – in das Arbeitszimmer ihres Mannes. Dort habe sie in zwei Ordnern Hinweise auf das von ihrem Mann veruntreute Geld entdeckt. Umgehend habe sie ihrer Patientin davon berichtet. Die glaubte der von ihr verehrten »Frau Doktor« jedes Wort. Ruth R. habe sie damals gebeten, zur Polizei zu gehen, erklärt Magdalena M. dem Gericht: »Das habe ich gemacht.« Sie zeigte ihren Mann an, außerdem teilte sie den Beamten mit, sie habe in dessen Unterlagen einen Zettel mit Sieglindes Kontonummer gefunden. Sie bot dafür auch eine Erklärung an: Die Ehebrecherin könnte geholfen haben, das Geld ins Ausland zu bringen.

Dabei habe ihre Vorgängerin genau gewusst, wie dieser Zettel in ihr Haus gekommen sei, erklärt Sieglinde M. dem Gericht. Die Ärztin schulde ihr nämlich noch Geld für einen Jugendstil-Vertiko und zwei Ölgemälde. Magdalena M. wollte es überweisen, zu diesem Zweck notierte Sieglinde ihre Kontoverbindung auf jenem Zettel.

Vor dem Amtsgericht beteuert Michael M., das Geld sei ihm und seiner Familie geschenkt worden. Frau R. habe ihm erklärt, »sie gebe lieber mit warmen als mit kalten Händen«. Darum enthielt die Vollmacht einen Passus, der ihm erlaubte, Geschäfte mit sich selbst abzuschließen. Der Notar hätte ihm damals erklärt, auf diese Weise könne er das Vermögen auch für sich nutzen.

Eine Schenkungsurkunde gäbe es nicht, weil niemand von den Transaktionen erfahren sollte und die dem Staat nicht so wohlgesonnene Seniorin »absolut die Steuer vermeiden wollte«. Nach der Auskunft des Notars sei für ihn »die Sache dann klar« gewesen, sagt der Angeklagte. »Ich hatte keine rechtlichen Bedenken mehr und habe das Geld abgehoben.«

Ruth R. bestätigt das nicht: »Ich habe nur unterschrieben, dass er berechtigt ist, Geld für mich abzuheben.« Und Steuern habe sie immer gezahlt, »auf Heller und Pfennig!« Der Notar will ebenfalls von einer geplanten Schenkung nichts mitbekommen haben.

Am Ende seines Prozesses sagt Michael M. unter Tränen: »Das, was man mir vorwirft, habe ich nicht begangen. Ich bin unschuldig!« Der Amtsrichter meint zwar, die Angaben von Ruth R. seien »mit Vorsicht zu genießen«. Er glaubt auch, dass »Frau Dr. M. möglicherweise die treibende Kraft beim Geldausgeben war«, das müsse jedoch in einem anderen Prozess geklärt werden. Letztlich bescheinigt er dem Angeklagten, sich zwar nicht selbst bereichert, jedoch vom Begleichen gemeinsamer Schulden profitiert zu haben. Der Passus in der Vollmacht entlaste ihn nicht: Das sei etwas absolut Übliches, »ein Textbaustein«, wie der Notar als Zeuge angab. »Aber jemand, der etwas rechtlich kann, darf es nicht immer«, erklärt der Vorsitzende. Es hätte einer Schenkungsurkunde bedurft. Er verurteilt den Oberstudienrat wegen besonders schwerer Untreue zu dreieinhalb Jahren Haft. Das Landgericht schließt sich dem Urteil später an.

Danach beginnt der Prozess gegen Magdalena M. Ihre Sonnenbrille hat sie jetzt gegen ein randloses Modell mit blaugetönten Gläsern vertauscht, ihr glattes Haar ist nachlässig hochgesteckt.

Ein Schmollmund im puppenhaften Gesicht zeugt von früherer Schönheit, ihre Stimme klingt schleppend und nörgelig. Ruth R. ist zu diesem Zeitpunkt seit zehn Monaten tot. Ihre Erbin beruft sich vor dem Amtsgericht auf komplette Ahnungslosigkeit in finanziellen Angelegenheiten. So etwa habe sie angenommen, »wir hätten nur zwei Eigentumswohnungen, dabei waren es vier«. Um Geld habe sich ausschließlich ihr Mann gekümmert. Sie habe nicht gewusst, wie viel sie verdient hätten: »Wozu auch?« Sie könne keinen Computer bedienen und keine Kontoauszüge lesen. Sie habe Michael M. blind vertraut und angenommen, ihre neue Praxis sei von dem Erbe seines Vaters bezahlt worden. Wie üppig dieses ausgefallen war, will sie nicht gewusst haben. Über ihre finanziellen Verhältnisse könne sie nur sagen: »Ich hatte immer Geld oder bin an den Automaten gegangen. Wenn der 40 000-Euro-Dispo-Kredit ausgeschöpft war, kam kein Geld aus dem Automaten.«

Zeugen können ihre Angaben nicht bestätigen. »Jemand, der seine Praxis mit Computern ausrüstet, kann auch mit Computern umgehen«, sagt ihr Ex-Mann. Er wirkt ausgemergelt und krank. Magdalena M. habe zumindest ungefähr gewusst, wie viel Geld vorhanden sei, sagt die Kundenbetreuerin ihrer Hausbank. Der einstmals mit dem Paar befreundete Notar bezeugt: »Die beiden waren immer ein Team.« Die Schwägerin der Angeklagten berichtet, die Ärztin habe mitbekommen, dass Michael M. etwa 25 000 Euro von seinem Vater geerbt hatte – die neue Praxis soll fast das Zehnfache gekostet haben.

Dennoch beharrt die Angeklagte auf ihrem Unwissen. Schließlich habe sich ihr Lebensstandard durch das Vermögen von Frau R. nicht wesentlich erhöht: »Es wurden zwei neue Autos für Herrn M. gekauft. Ich habe immer die abgelegten gefahren«, behauptet sie und ergänzt: »Gut, ich bin auch nicht in Sack und Asche in die Praxis gegangen.« Schmuck aber hätte sie sich nicht angeschafft. Ihre ehemals beste Freundin will im Keller der M.'s 35 Damenmäntel gesichtet haben, »keiner unter 3000 Euro«. »Maßlos« sei der Umgang der Ärztin mit Geld gewesen, meint Sieglinde M. Ihr fällt ein, dass die Angeklagte vor etwa fünfzehn Jahren schon einmal ein beträchtliches Erbe von einer Patientin eingestrichen habe – damals seien es rund 100 000 Euro gewesen. »Sie ist in die Heime gegangen, hat die alten Leute behandelt und sich Geld zustecken lassen. Es ging bei ihr immer ums Geld.«

Man fragt sich, warum? Musste Magdalena M. permanent Geld ausgeben, um sich zu versichern, die wohl ärmliche und traumatische Kindheit endgültig hinter sich gelassen zu haben? Bemisst sich die Stärke ihres seelischen Schutzwalls in Euro? Das Gericht hat in diesem Strafverfahren keinen psychiatrischen Gutachter beauftragt, es verurteilt die Angeklagte ohne fachkundigen Blick auf ihren seelischen Zustand.

Hemmungslos seien die Konten einer hilflosen Frau abgeräumt worden, resümiert der Staatsanwalt: »Sie sollten erben, aber Sie wollten nicht warten, da war die Gier zu groß. Das ist moralisch auf unterster Ebene!« Als ihr Mann sie verließ, habe die erboste Magdalena M. in die Welt posaunt, was für schlimme Konto-Transaktionen sie entdeckt habe. Sie beschuldigte ihren Ex-Mann und stellte sich selbst als Opfer dar. »Ich war der Anklageverfasser, ich habe die Verdachtsmomente gegen Sie zunächst auch nicht bemerkt«, gesteht der Staatsanwalt. Inzwischen glaube er nicht mehr an die Ahnungslosigkeit der promovierten Akademikerin. Für ihn stehe fest: »Ich weiß nicht, ob Sie eine gute Ärztin sind – eine gute Lügnerin sind Sie nicht!«

Die beiden Verteidigerinnen pochen auf das fehlende Motiv der Erbin. Nur Michael M. habe eines, weil er nach der Trennung kein Geld mehr bekommen hätte. »Er führt einen Vernichtungsfeldzug gegen meine Mandantin«, erklärt eine der Anwältinnen. Mit fünf

Strafanzeigen habe er seine Ex-Frau überzogen, diese habe lediglich zwei gestellt.

Das Amtsgericht verurteilt die Angeklagte zu drei Jahren Haft. Beispiellos sei dieser Prozess von Lügen und Intrigen geprägt gewesen, sagt der Richter zu der gefasst wirkenden Magdalena M. Dennoch habe man »Sie nicht als so unbedarft wahrgenommen, wie Sie uns das weismachen wollten«.

Die Ärztin zieht vor das Landgericht. Noch einmal soll ihr Ex-Mann als Zeuge gehört werden. Doch der ist mittlerweile gesundheitlich schwer beeinträchtigt, er ist nicht einmal haftfähig. Seine Krebs-Erkrankung führt Michael M. auch auf das Martyrium seiner letzten Ehejahre zurück, sagt er in einem Gespräch außerhalb des Prozesses. Es sei ein Fehler gewesen, sich aus Rücksicht auf die Kinder nicht eher zu trennen. Er sei aber nun mal so erzogen worden, Probleme nicht nach außen zu tragen. »Das ist mir zum Verhängnis geworden.« Als die Berufungsverhandlung gegen seine Ex-Frau stattfindet, geht es ihm so schlecht, dass seine behandelnde Ärztin ihm zum »Loslassen« rät, andernfalls würde er sterben. Also verweigert er seine Zeugenaussage, was ihm als früheren Angehörigen erlaubt ist. Statt seiner könnte das Landgericht nun den Amtsrichter hören, der Michael M. als Zeugen vernommen und die Haftstrafe gegen Magdalena M. ausgesprochen hatte. Doch die Richter wollen die Angeklagte nicht verurteilen, ohne den Hauptbelastungszeugen persönlich gesehen zu haben. Obendrein ist der Staatsanwalt verhindert, der die Anklage gegen die M.'s engagiert betrieben hatte. Ein Kollege vertritt ihn. So kommt es, dass Richter, Staatsanwalt und Verteidigerinnen einvernehmlich beschließen, die Angeklagte mangels Beweisen freizusprechen.

Ihr Ex-Mann ist fassungslos. Er muss an das Fax denken, das ihm Magdalena M. noch vor seinem ersten Prozess an einem Neujahrstag geschickt hatte: »Ansonsten – und das schwöre ich dir – werde ich dich 30 Jahre lang jagen. Und falls ich es nicht mehr kann, werden das die Kinder übernehmen.«

»Ich habe alles verloren«, sagt der mittlerweile Siebenundfünfzigjährige, »meine Arbeit, mein Vermögen, meine Kinder, meine Ehre und meine Gesundheit.« Er wurde entlasssen, seine Pension wurde ihm gestrichen. Ein Zivilgericht verurteilte ihn zur Rückzahlung von 150 000 Euro an seine Ex-Frau, der Erbin von Ruth R. Seine Kinder haben sich von ihm abgewandt. Obendrein beschrieb ihn die Boulevard-Presse als den Lehrer, der eine alte Dame um ihr Vermögen geprellt hat. Vor zwei Jahren erklärte ihm ein Arzt, seine statistische Fünf-Jahre-Überlebens-Chance betrage weniger als siebzig Prozent. Falls er das schafft, schweben noch immer dreieinhalb Jahre Haft über ihm.

»Wenn ich meine jetzige Frau nicht hätte«, sagt Michael M., »wäre ich längst nicht mehr am Leben.«

Liebe in Zeiten der Demenz

Sie sah schlimm aus, ihr Gesicht schien ein einziger blauer Fleck zu sein. Die Rechtsmedizinerin, die Gisela G. untersuchte, fand kaum eine unverletzte Körperstelle – überall Einblutungen und Abschürfungen. Der Schädel wies eine handtellergroße Schwellung auf, unter der Hirnhaut diagnostizierte die Ärztin eine Blutung. Rippen und Wirbel waren gebrochen, ein Schulterblatt abgerissen. Wie konnte sich die demente Parkinson-Patientin so verletzen? Ihr Mann hat sie geschlagen – dieser Ansicht ist die Staatsanwaltschaft.

Günther G. ist ein massiger, rotgesichtiger Mann. Das weiße Haar ordentlich frisiert, sitzt er kerzengerade auf seinem Stuhl. Vor Gericht bewahrt man Haltung.

»Wie geht es Ihrer Frau?«, fragt ihn die Amtsrichterin. »Nicht gut«, antwortet der Rentner. »Sie siecht vor sich hin.« Ihm gehe es ebenfalls schlecht. Er mache sich Sorgen um seine Gisela und habe Angst vor der Zukunft. Jeden Tag fahre er zu ihr ins Heim, in dem sie nun seit fast einem Jahr lebt. Manchmal erkenne sie ihn, manchmal auch nicht.

Fünf, sechs Jahre ist es her, da sei ihm erstmals die Vergesslichkeit seiner Gattin aufgefallen. Vor einer Urlaubsreise packte sie ihre Sachen ein und wieder aus, weil sie nicht mehr wusste, was sich bereits im Koffer befand. Kurze Zeit später trat er vorzeitig in den Ruhestand, um die Pflegebedürftige zu betreuen.

Tag für Tag wusch, bekochte und fütterte er die ihm Angetraute, zog sie an und stützte sie auf allen Wegen. Er schlief noch mit ihr, sinnvolle Gespräche aber waren nicht mehr möglich. Vier

Jahre lang übte der Rentner diesen 24-Stunden-Job aus, der ihn seelisch und körperlich allmählich überforderte. Immer wieder sprang die kleine, zierliche Frau unvermittelt auf. Einmal fiel sie vor der Abfahrt aus dem Auto, ein anderes Mal beim Schuhanziehen in den hölzernen Garderobenständer; der büßte dabei ein Bein ein.

»Ich kann sie nicht mehr halten«, erklärt der Achtundsechzigjährige. Als er sie einmal gebadet hatte, habe er sie »nicht richtig herausgekriegt«. Die kleine Zierliche sei auf den Wannenrand gegrätscht. »Wie ein Stück hilfloses Fleisch«, sagt der Angeklagte. In seiner Stimme schwingen Tränen.

Drei Tage später habe er seine Frau eine Treppe mit neun Stufen heruntergeführt. »Ich bin rückwärts gegangen, beide Hände an ihr. Dann habe ich irgendwie einen zu langen Schritt gemacht ...« Er sei gestürzt und seine Frau über ihn hinweg an die Wand gefallen. Dabei hätte sie sich am Schädel verletzt. »Ich habe keinen Arzt geholt, weil ich annahm, dass nichts Wesentliches passiert war«, gibt der Rentner zu.

Gisela G. musste sich noch ein weiteres Mal verletzen, bevor er Hilfe holte. In den frühen Morgenstunden des übernächsten Tages sei sie aus dem Bett gefallen. »Die wollte wahrscheinlich aufstehen, was sie nicht mehr konnte.« Er habe sie wieder ins Bett legen wollen, es aber nicht mehr geschafft. Darum habe er sie auf dem Teppichboden liegen lassen und zugedeckt. »Dann ging das Grübeln los.«

Seine Frau habe nicht in ein Heim gewollt, auch er wollte sie nicht dorthin geben. »Ich habe mich festgeklammert an ihr. Ich wollte nicht allein sein. Ich hatte gedacht, dass wir es schaffen, dass wir so weiterleben können«, erklärt er der Richterin. Seine Tränen kann er nicht mehr zurückhalten.

Fünf Stunden lag die lebensgefährlich Verletzte auf der Erde, bis er endlich »112« wählte. »Warum haben Sie den Arzt gerufen?«, fragt die Richterin. »Weil ich gesehen hab, dass sie ein mächtiges Hämatom am Kopf hatte.« Er fühle sich schuldig. »Ich sehe ein, dass ich zu spät reagiert habe.« Geschlagen habe er sie nicht. »Das kann ich ausschließen.«

Kann man dem Angeklagten glauben? Die Rechtsmedizinerin vermag nicht zu beurteilen, ob die Verletzungen durch Schläge entstanden oder durch parkinsontypische Stürze. Sie spricht von »massiver, stumpfer und breitflächiger Gewalt«, die sie so ausgeprägt noch nie gesehen habe. Die Patientin habe damals schreiende Laute von sich gegeben, erinnert sich die behandelnde Unfallchirurgin. Diese müsse Günther G. gehört haben. Oder wollte er sie nicht wahrnehmen?

Das Schöffengericht lässt sich von einer Psychiaterin beraten. Die unterhielt sich mit dem Rentner über seine Ehe mit der lebenslustigen, allseits beliebten Frau. Als Gisela G. kurz vor Erreichen des Rentenalters erkrankte, sei es für ihn eine Frage der Moral gewesen, die Pflege zu übernehmen. Mit seinen Gefühlen, seiner Wut und Enttäuschung über den zerstörten Lebensabend setzte er sich nie auseinander. »Das hat seine Generation nicht gelernt«, sagt die Gutachterin.

Günther G. hoffte auf ein irreales Wunder, alle Zweifel unterdrückte er. In der permanenten Überforderungssituation könnten sich diese aggressiv entladen haben, meint die Psychiaterin. Sie geht von einem Affekt und verminderter Schuldfähigkeit aus. Allerdings müsse er seine Frau nicht geschlagen haben, auch das Ignorieren der Schmerzenslaute und Verletzungen sei eine Form von Aggression.

Ob er schlug oder nicht, mag schlussendlich auch die Staatsanwältin nicht entscheiden. »Es war eine Quälerei. Sie haben genau gewusst, dass Ihre Frau nicht mehr nach Hause kommt, wenn Sie zum Arzt gehen. Seien Sie bloß froh, dass Sie nicht ihren Tod verursacht haben. Das würden Sie sich nie verzeihen!« Für die Misshandlung von Schutzbefohlenen soll Günther G. fünf Monate Haft zur Bewährung bekommen. »Damit kann man das bewenden lassen«, sagt die Anklägerin mit Blick auf den weinenden Mann. »Ist ja gleich vorbei«, tröstet die Verteidigerin.

Die Richterin schließt sich der Staatsanwältin an. Der reuige, geständige und vermindert schuldfähige Angeklagte habe so lange wie möglich sein gewohntes Leben fortsetzen wollen, viel zu lange. Einige der gefundenen Verletzungen waren sieben Tage alt. »So lange musste Ihre Frau Schmerzen aushalten«, sagt die Richterin. Sie ist sicher, dass sich Gisela G. entsprechend artikuliert hatte. Der Angeklagte habe dies aus egoistischen Motiven ignoriert. Am Ende ihrer Rede lobt sie ihn aber – für die Übernahme der Pflege. »Eine Verpflichtung, die heutzutage nicht von jedem empfunden wird.«

Sie empfiehlt Günther G. eine Psychotherapie, immerhin habe er den Tod seines Sohnes, der sich vor über zehn Jahren das Leben nahm, auch nie verarbeitet. Doch der Angesprochene meint, er habe dafür keine Zeit. Er müsse jeden Tag zu seiner Gisela gehen. Die Richterin lässt nicht locker. »Wenn es Ihnen gutgeht, spürt das Ihre Frau! Sie können ihr Energie und Kraft geben!« »Nein«, wehrt der Mann erneut ab. »Bei meiner Frau fühle ich mich am wohlsten.«

Die Rache des Voyeurs

Ein Duft nach Duschgel drang in den Garten. Er klebte an der schwülen Sommernachtsluft. Der Spanner linste durch einen kleinen Jalousieschlitz ins Bad. Er war entzückt: eine mädchenhafte Frau mit kleinen Brüsten, dunkelhaarig, rasiert – genau sein Typ! Etwa zwei Stunden später schlug Andreas A. mit einem schweren, gusseisernen Kerzenständer auf das Haupt seiner Traumfrau.

Der Achtunddreißigjährige ist keine Schönheit: Die Nase des großen Mannes ist spitz, seine Augen sind klein, Kinn und Hals fließen ohne Übergang ineinander. Mit seiner eigentümlich gequetscht klingenden Stimme beteuert er, niemanden verletzen, schon gar nicht habe töten wollen. Er könne sich seine Tat nicht erklären. »Ich bin Voyeur«, erklärt er vor Gericht. Regelmäßig zog er im Dunkeln um die Häuser seiner Kleinstadt, süchtig nach dem Anblick nackter Frauen.

In jener Sommernacht konnte der Arbeitslose nicht schlafen. Er habe an die junge Frau gedacht, welche er Wochen zuvor halbnackt durch ein erleuchtetes Fenster ihres Einfamilienhauses gesehen hatte. Später einmal war er in ihrem Garten gewesen und hatte sie beobachtet. Bei diesem Besuch zog sie sich zwar nicht aus, dafür entdeckte er ihren Bikini auf der Wäschespinne und nahm ihn mit. Er tat so etwas nicht zum ersten Mal: Der Gedanke, eine bestimmte Frau habe diesen Schlüpfer zuvor getragen, errege ihn, gesteht der Angeklagte.

Von der jungen Frau im Einfamilienhaus wusste er mittlerweile, dass sie abends lange wach ist. Er beschloss, bei ihr vorbeizuschauen. Tatsächlich brannte Licht in ihrem Wohnzimmer. Geduldig wartete der Spanner auf seinen Moment, der sich mit dem Seifenduft ankündigte. »Ich sah die Frau unter der Dusche – eine Szene, wie ich sie mir erträumt hatte«, sagt Andreas A. Als sie die Dusche verließ, begab er sich zur Wäschespinne. Diesmal ertastete er zwei Tangas, die er in seine Hosentasche steckte.

Das Licht im Haus erlosch. Der Blick des ungebetenen Besuchers fiel auf ein gekipptes Küchenfenster. Er holte seine Gartenhandschuhe aus der Arbeitshose. Die trage er immer bei solchen Gelegenheiten: »Bei einer voyeuristischen Aktion habe ich mal meinen Schlüssel verloren. In meiner Arbeitshose habe ich ein Reißverschlussfach vorn im Latz.« Er zog sich also die Handschuhe über, fasste durch den offenen Spalt und drehte den Griff des Nachbarfensters auf. Vorsichtig schob er einige Gegenstände beiseite, die auf dem Fensterbrett standen und beim Öffnen nicht herunterfallen sollten. Dann stieg er ins Haus. Der Fußboden quietschte unter seinen vorsichtigen Schritten. Im Flur entdeckte er eine Handtasche. Vielleicht ist da was drin, was dich glücklich macht, will er gedacht haben. Plötzlich hörte er, wie die junge Frau im Schlafzimmer hustete. Hastig verließ er das Haus – mit der Tasche in der Hand. Auf der Straße durchwühlte er seinen Fund: nur Bonbons und Visitenkarten der selbstständigen Tagesmutter, kein Foto wie erhofft.

Erneut drang er in das Haus ein, in dem Jana J. und ihre drei kleinen Kinder schliefen. Auf einem Sideboard im Wohnzimmer entdeckte er einen gusseisernen, weinflaschenförmigen Kerzenständer. Mit dieser fast zwei Kilogramm schweren Waffe schlich er ins Schlafzimmer der jungen Frau, tastete nach ihrem Kopf und hieb sie der bäuchlings Schlafenden mit voller Wucht über den Schädel. Sein Opfer erwachte, sagte im Halbschlaf leise »Scheiße!«, während Andreas A. nach dem Kerzenständer tastete, der ihm aus der Hand gerutscht war. Er fand nur eine Müslischale. Damit drosch er weiter auf den Kopf der jungen Frau, bis das Porzellan zerbrach. Jana J. schrie immer lauter um Hilfe. Angst und Panik hätten ihn nun befallen, erklärt der Angeklagte. Er flüchtete.

Stunden später erwachte die Schwerverletzte aus ihrer Bewusstlosigkeit. Sie spürte Blut im Nacken, stand auf und torkelte über den Flur ins Bad. Sie duschte, doch noch immer floss Blut an ihr herunter. Jana J. schleppte sich in den Flur. Mit letzter Kraft telefonierte sie mit ihrem Mann, der unterwegs und noch 100 Kilometer entfernt war. Er alarmierte die Rettungskräfte. Im Krankenhaus diagnostizierte man lebensbedrohliche Verletzungen, unter anderem einen offenen Schädel-Basis-Bruch. Die junge Frau hatte großes Glück, dass die Schläge sie nicht töteten und keine Komplikationen wie Hirnblutungen, -schwellungen oder -infektionen eintraten.

Vorsorglich gaben ihr die Ärzte auch die »Pille danach« – »weil keiner sagen konnte, ob ich vergewaltigt wurde«, erklärt die Neunundzwanzigjährige dem Gericht. Ein Chirurg nähte die Verletzungen an Kopf, Hals und Fingerkuppe. Die äußeren Wunden sind inzwischen verheilt. Doch Jana J. hat ihr Gehör verloren: Auf dem rechten Ohr ist sie völlig taub, auf dem linken nimmt sie einen neben ihr startenden Lastkraftwagen so laut wahr, wie andere Menschen eine zu Boden fallende Stecknadel. Sie kann nur mit einem Hörgerät kommunizieren, falls ihr Gegenüber laut und deutlich spricht.

Tapfer schildert die Tagesmutter dem Gericht, was das für sie bedeutet: »Ich kann nicht telefonieren und bemerke es nicht, wenn mich die Kinder von hinten ansprechen. Ich brauche meine Ohren für meine Arbeit, die mir viel Spaß macht.« Sie sei die Hauptverdienerin ihrer fünfköpfigen Familie gewesen. Als das Jugendamt von ihrem Schicksal erfuhr, kündigte man ihr die Betreuungsverträge – wegen möglicher Gefahren für die anvertrauten Kinder. Ein Jahr nach der Tat musste sie ihren Betrieb schließen.

Während sich für sein Opfer das ganze Leben änderte, tat Andreas A. so, als sei nichts geschehen. Am nächsten Tag ging er zu seiner Mutter, mistete Kaninchenställe aus, holte Futter, hackte Erde – und fürchtete die Entdeckung. »Bei jeder Sirene bin ich aufgeschreckt, aber ich war zu feige, mich der Polizei zu stellen.« Aus Angst ließ er sogar das Spannen sein – jedenfalls für ein paar Wochen. Kurz vor Weihnachten wurde er verhaftet: Kriminalbeamte hatten sich über den Tanga-Slip auf dem Küchenboden gewundert. Der passte nicht zu der aufgeräumten Wohnung der J.'s. Er musste dem Täter bei seiner Flucht aus der Hose gerutscht sein. Tatsächlich fand man daran die DNA eines Mannes, der zwei Jahre zuvor eine Speichelprobe abgegeben hatte. Er wurde damals verdächtigt, ein Stalker zu sein.

Warum aber schlägt einer, der sonst nur beobachtet, plötzlich zu? »Das frage ich mich auch«, sagt der Angeklagte. »Das war völlig spontan.« Er zeigt sich erschrocken über das Geschehene und beteuert glaubhaft: »Ich bin bereit, die Schadensersatzforderung zu bedienen. Frau J. ist mir nicht egal.« Vor dem Prozess hat er rund 4500 Euro gezahlt. Nun überweist er monatlich 135 Euro, das ist sein Lohn, den er als Hausarbeiter in der Justizvollzugsanstalt verdient. »Es wird mir mein Gehör nicht wiederbringen«, sagt Jana J. »Aber jeder Cent hilft mir.«

Mit der Warum-Frage hat sich auch ein Gerichtspsychiater beschäftigt. Andreas A. sei in eine Familie mit einer großen Landwirtschaft geboren worden. »Da gab es viel Arbeit, in die alle eingespannt wurden«, meint der Gutachter. Für Beziehungen sei wenig Raum geblieben. Der junge Mann entwickelte sich zum einzelgängerischen Sonderling, der nur zu Mutter, Schwester und Schwager Kontakt hatte. Erst als er knapp dreißig Jahre alt war, zog er bei seinen Eltern aus. In seiner Wohnung besuchte ihn niemand.

Eine feste Freundin hatte er nur einmal in seinem Leben, das ist fast zwanzig Jahre her. »Die weiblichen Kollegen haben die Initiative ergriffen, und ich durfte sie mit nach Hause nehmen«, so schildert der Angeklagte das Kennenlernen. Diese Frau habe ihn nach einem halben Jahr verlassen – für einen anderen. Beharrlich, aber erfolglos suchte er eine Nachfolgerin – über Annoncen und Discobesuche. Er versuchte es auch mit einer Partnervermittlung, die ihm lediglich 4000 Euro abnahm.

Den Psychiater wundert das nicht: »Er agiert linkisch und hat kaum soziale Kompetenz. Es fällt ihm schwer, sich in andere Menschen einzufühlen.« Darum sei er oft zurückgewiesen worden. Im Laufe der Jahre reagierte er auf solche Enttäuschungen immer aggressiver. Der Angeklagte sei selbstunsicher, egozentrisch und leicht reizbar, aber nicht psychisch krank. Neben der »Armut an Beziehungen« bescheinigt ihm der Gutachter eine Armut an Interessen. Es sei in seinem Leben nur um »Arbeit, Fernsehen und Sex« gegangen. Letzterer bestand aus lauter Ersatzhandlungen: Er lebte ihn mit Prostituierten aus, als Voyeur, bei der Beschäftigung mit gestohlener Frauenunterwäsche sowie beim Betrachten pornographischer Filme und Fotos. Letztere bewahrte er in 15 Ordnern auf, penibel sortiert nach »Frauenhintern«, »Minibrüste« und »Oralverkehr«.

Freimütig berichtet Andreas A. dem Gericht von seinen Erfahrungen mit dem Spannen, er bezeichnet es als »sich ein Auge holen«. Es sei anstrengend und würde »schlauchen«. Als Berufstätiger wäre er nur alle zwei Wochen dazu gekommen, bis er vor zwei Jahren arbeitslos wurde. Da konnte er sich tagsüber ausruhen und zog nun öfter los. Weil der Sprit so teuer sei, habe er sich dann von der Großstadt auf die unmittelbare, kleinstädtische Nachbarschaft verlegt. Als Voyeur sei er immer auf der Hut gewesen und nie über hohe Zäune oder auf Grundstücke mit ›Achtung, Hund!‹-Schildern gegangen. Er habe weder fotografiert noch onaniert und sei nicht auf Gerüste gestiegen. Bei Regen oder in Vollmondnächten sei er zu Hause geblieben, ebenso an den Wochenenden. »Ich wollte nicht mit Jugendlichen zusammenstoßen, die darüber anders denken.« Aus diesem Grund habe er auch Arbeitsschuhe mit Stahlkappen getragen. »Man weiß nie, wo man hintritt, und vielleicht muss man sich doch mal wehren.« Für eine Partnerin wollte er sein heimliches Treiben aufgeben, gestand der Angeklagte dem Psychiater. Nur habe er kaum noch auf eine solche gehofft.

Für das Tatmotiv bietet der Gutachter folgende Erklärung: Andreas A. hatte die junge Frau nackt gesehen und ihre Slips erbeutet, jetzt wollte er Nähe zu ihr herstellen. Dazu fehlte ihm ein Foto von ihr. Das hätte er in seinem Ordner »Oralsex« ablegen und beim Onanieren betrachten wollen. »Ich hätte mir vorgestellt, dass Frau J. das bei mir macht«, bekennt der Angeklagte. Als er diese Trophäe nicht fand, schlug seine Enttäuschung in Wut um, wie so oft in seinem Leben: Mit Anfang zwanzig hatte er einen Brandsatz an die Hauswand eines Bordells geworfen, weil er sich von einer Prostituierten, in die er sich verliebt hatte, ausgenommen fühlte. Sie hatte 300 Euro für eine Stunde Reden kassiert. Drei Jahre später hatte er die Autoreifen von einer Sozialpädagogin zerstochen. Die betreute eine Gruppe Umschüler, zu denen Andreas A. gehörte. Er hatte die Frau während einer Krankheitsphase beschenkt und deren Blumen gepflegt. Sie bedankte sich auch, fälschlicherweise aber nicht bei ihm allein, sondern beim gesamten Umschüler-Kollektiv. Vor drei Jahren verfolgte er dann eine Kollegin. Die hätte ihn zu wenig beachtet, er habe sich darum wie ein »bepisster Pudel« gefühlt, gestand er dem Psychiater. Er befestigte daraufhin Brennnesseln am Auto der begehrten Frau, obendrein zerstach er deren Reifen.

In jener Sommernacht setzte nun die Mischung aus Enttäuschung, Groll und Ratlosigkeit ein Spannungsgefühl in Andreas A. frei, meint der Gutachter. »Für die Tat musste er in emotionaler Hinsicht keine großen Hemmschwellen übersteigen. Er ist nicht empathisch genug, ethische Normen sind in ihm nicht fest verwurzelt.« Wut und Hass auf alle, die es besser hatten als er, ließen ihn auf Jana J. einschlagen. Der Angeklagte sollte eine Therapie machen, schlägt der Psychiater vor: »Es geht darum, wie man sich Frauen nähert, wenn man Erfolg haben will. Er braucht Handlungsrezepte für die Zukunft.«

Andreas A. hat viel Zeit, um das zu lernen: Zwölf Jahre schickt ihn das Gericht in Haft, wegen versuchten Mordes, heimtückisch und aus niederen Beweggründen begangen. Außerdem soll er seinem Opfer 60 000 Euro Schmerzensgeld zahlen. Mit der Tat habe er eine Grenze überschritten, sagt der Vorsitzende Richter. Statt wie bislang an Gegenständen habe er diesmal seine Wut an einer ahnungslosen, jungen Frau ausgelassen. Er habe sie vernichten wollen, beinahe hätte er es geschafft. Und das alles wegen eines Fotos, das sie ihm in seinen Augen schuldete.

Ein Baby muss her

Sie brauchte ein Baby, sofort. Jeden Moment konnten Tante und Onkel hier aufkreuzen. Sie hatte die beiden um 19 Uhr in die Entbindungsstation bestellt, um sie abzuholen, sie und Max Luca. Jennifer J. musste handeln. Sie klopfte. Im Zimmer befand sich eine Kurdin mit ihrem Neugeborenen – dem zukünftigen Max Luca.

Sie bringe etwas für das Baby, flötete Jennifer J. und packte Shampoo, Creme und Öl auf einen Tisch. Ob sie den Kleinen mal in den Arm nehmen dürfe? Nein, bedeutete Aila A. Er schlafe. Die ungebetene Besucherin wandte sich zum Gehen. »Sie sagte ›Tschüs‹«, erinnert sich die Zeugin, die damals mit dem Rücken zur Tür saß. »Ich dachte, sie ist raus.« Doch Jennifer J. hatte das Zimmer nicht verlassen. Sie nestelte stattdessen eine spitze Friseurschere aus ihrer Hose und schlich sich an ihr Opfer. Sie hielt ihm den Mund zu, stach es in Nacken, Ohr, Oberkörper, Arme und Hände.

Sie hatte nicht damit gerechnet, dass sich die Wöchnerin so heftig zur Wehr setzen, sie schlussendlich am Kragen packen und auf den Gang schieben würde, direkt in die Arme einer herbeigeeilten Hebamme. Hilflos fügte sich Jennifer J. in ihr Schicksal. Nun hatte sie ihren Ex-Freund endgültig verloren, außerdem blühte ihr der Spott des ganzen Dorfes. An die strafrechtlichen Konsequenzen des Vorfalls dachte sie damals nicht. Über diese sollte eigentlich das Amtsgericht entscheiden. Dort stellte man jedoch fest, es könnte sich bei diesem Fall sogar um einen versuchten Mord handeln. Solch ein Kapitaldelikt gehört vor eine Schwurgerichtskammer, und so findet der Prozess erst ein Jahr später vor dem Landgericht statt.

Dort erscheint eine rundliche Frau mit blondgesträhnten Haaren und randloser Brille, eine, die man sich in jedem Büro vorstellen kann. Doch die Achtundzwanzigjährige hat nach dem Hauptschulabschluss keinen Beruf erlernt, eine kaufmännische Lehre brach sie ab: »Ich hätte nicht bestanden.«

Vor drei Jahren nahm das Drama seinen Lauf: Jennifer J. war 25, arbeitslos und ohne festen Freund. »Wie das so ist in diesem Alter«, sagt ihre Cousine im Zeugenstand. »Die Männer kommen und gehen.« Da traf sie in einem Fitnessstudio auf einen hübschen, muskulösen Dunkelhaarigen. Benjamin B. war gerade solo und ließ sich auf das Werben der Gleichaltrigen ein. Zwei Monate später stellte er sie seinen Eltern vor. Er half ihr sogar beim Renovieren ihrer ersten eigenen Wohnung. Doch was sie als Signale für die Ernsthaftigkeit ihrer neuen Beziehung interpretierte, fand er wenig bedeutsam: »Isch hob se holt mitgenomm«, sagt er dem Gericht in Bezug auf seine Eltern, »isch wollt ihr helfen«, in Bezug auf die Wohnung, in die er niemals einzuziehen gedachte.

Jennifer J. aber muss aus allen Wolken gefallen sein, als ihr Schwarm nach wenigen Wochen »die Soche beendete«, wie er es bezeichnet. »Isch bin zu ihr noch Haus. Isch hob ihr jesocht, dass es für müsch nüscht bringt. Isch möcht zu meener Ex zurück.« Über die Trennung hätten sie »vanünftisch« gesprochen.

Einen Monat später erhielt er ein »Zettelchen«, das Ultraschallbild eines Ungeborenen. Alle vier Wochen folgte ein weiteres. Drei Monate lang habe er geglaubt, demnächst Vater zu werden. »Denn wor mir dis klar: Die Dinga worn billich jefälscht.« Auf den Bildern fehlte das Datum und die Kennung des Frauenarztes. Von seinen Zweifeln ließ sich Jennifer J. nicht beirren. »Je mehr er schrieb, ich sei nicht schwanger, umso mehr habe ich es geglaubt. Ich habe mich richtig reingesetzt in das Ganze.«

Allen erzählte sie von ihrer Schwangerschaft: ihren Eltern, ihren

Cousinen, ihren Freundinnen. Anfangs nahmen es ihr die meisten ab, mit fortschreitender Dauer der Inszenierung aber mehrten sich die Zweifler. »Man war hin- und hergerissen, ob man es glaubt oder nicht«, sagt eine Nachbarin. »Man hat immer gehofft, dass es doch so ist«, sagt ihre Cousine. Argwöhnisch betrachtete auch eine wohlmeinende Bekannte den Mutterpass, in dem keine Laborbefunde klebten und »viel mit Hand geschrieben« war. Sie traute sich offenbar als Einzige, ihre Skepsis offen auszusprechen, nicht ohne gleichzeitig ihre Hilfe anzubieten. »Jennifer sagte, ich solle nicht lügen.« Danach verebbte der Kontakt zwischen den beiden Frauen.

Um den vielen Zweiflern etwas entgegenzusetzen, kaufte die Hartz-IV-Empfängerin eine komplette Babyausstattung, belegte einen Geburtsvorbereitungskurs und futterte. »Ich habe gegessen und gegessen, vor allem Süßes.« Zehn Kilo habe die einstmals sehr dünne Frau zugenommen. Ihren dicken Bauch präsentierte sie im Internet auf »Mein VZ«. »Schnecke, da ist doch nichts drin«, kommentierte ein User. »Süßer Bauch«, ein anderer.

Das ganze 800-Einwohner-Dorf spekulierte über diese Schwangerschaft: »Eene Woche worse schwonger, eene Woche nich. Dos jing neun Monate so«, beschreibt ihr Ex-Freund diese nervenaufreibende Zeit. Jeden Tag sei er von Freunden und Bekannten danach gefragt worden. Benjamin B. habe sogar körperlich auf diese Ungewissheit reagiert, berichtet eine Zeugin. Er habe sich häufig erbrechen müssen. Sie habe ihm geraten, einen positiven Urintest von Jennifer J. zu verlangen. Die habe abgelehnt: »Ich bin niemandem Rechenschaft schuldig!«

Der behauptete Geburtstermin rückte näher und näher. »Süße, kann ich schon gratulieren?«, schrieb eine Freundin auf »Mein VZ«. Jennifer J. fuhr in die nächste größere Stadt. »Ich wollte, dass die sehen, dass ich weg bin.« Am Dienstag schrieb sie ihrer Cousine: »Max Luca ist auf der Welt« und quartierte sich in einer Pension ein, in der Nähe eines kleinen Krankenhauses mit Entbindungsstation.

Zwei Tage hockte sie dort, nur zum Essen verließ sie ihr Zimmer. Am Donnerstag packte sie ihre Sachen und besorgte sich in einer Drogerie Baby-Pflegeprodukte sowie das spätere Tatwerkzeug. »Ich dachte, irgendwie musst du es ja machen«, erklärt die Angeklagte. »Da kaufst du dir 'ne Schere, dass du irgendetwas hast. Ich wollte niemanden verletzen.« Immer wieder kreist das Gericht um diese eine Frage: »Was dachten Sie sich, als Sie die Schere kauften?« »Ich weiß es auch nicht mehr«, sagt Jennifer J. Ihrer Antwort fügt sie noch ein respektloses »mann« hinzu – mit kurzem »a« und langem »n«. Es klingt wie das Fauchen einer in die Enge getriebenen Katze.

Mit den Pflegeprodukten und der äußerst spitzen, etwa zwölf Zentimeter langen Schere begab sie sich um 14.30 Uhr auf die Entbindungsstation, pünktlich zum Beginn der Besuchszeit. Zufällig erschien dort eine Nachbarin von Jennifer J., um Tochter und Enkelkind zu besuchen. Die Nachbarin kannte die dörfliche Schwangerschaftsdebatte. Als sie nun die Pseudo-Wöchnerin in einer Sitzecke bemerkte, habe sie gedacht: »›Hat sie doch ein Kind bekommen!‹ Die war überglücklich, völlig euphorisch. Mit einem strahlenden Lächeln erklärte sie: ›Ich habe entbunden in der Nacht vom 8. zum 9., einen Jungen.‹ ›Wo ist dein Baby?‹«, erkundigte sich die Nachbarin und erfuhr: »Das ist zur Abschlussuntersuchung. Ich warte hier, meine Tante holt mich ab.«

Auch eine Hebamme bemerkte den stundenlangen Aufenthalt der Besucherin, die einen blauen Stoffbeutel mit der Aufschrift »Storchenpost« bei sich führte. »Merkwürdig«, will die Hebamme gedacht haben, »so allein?« Sie sprach die junge Frau an. Die erklärte ihr, auf eine Freundin zu warten. Gemeinsam wolle man eine Wöchnerin besuchen. Jennifer J. nannte noch einen Namen, der klang so ähnlich wie der ihrer Nachbarin.

Niemand bemerkte, wie die Besucherin von Zimmer zu Zimmer schlich, den Kopf hineinsteckte und sich auch einmal entschuldigte, sie sei hier falsch. Da hatte sie das rosafarbene Kärtchen am Kopfende des Babybetts erspäht und gewusst: Darin liegt ein Mädchen.

Dann aber sah sie die kräftige, hübsche Einundzwanzigjährige mit den dunklen Locken und den vollen Lippen, die gerade von ihrer Nichte besucht wurde. Die beiden liefen an der Deutschen vorbei, die Wöchnerin hielt ihr Baby auf dem Arm. »Junge oder Mädchen?«, erkundigte sich Jennifer J. Die Antwort gab ihr Hoffnung. Sie postierte sich vor diesem Zimmer und wartete darauf, dass sich die Nichte verabschieden würde. Kurz vor 19 Uhr war es endlich so weit.

Jennifer J. klopfte und überreichte ihre Geschenke. Diese sollten die junge Mutter ablenken, einen kurzen Moment lang jedenfalls, in dem sie das Baby ergreifen wollte. Als ihr das nicht gelang, stach sie zu. Aila A. kämpfte wie eine Löwin und schrie »Hawar, Hawar!« – so schrill, dass die zwei Zimmer weiter weg befindliche Hebamme glaubte: »O Gott, das Kind ist tot!«

Sie stürzte zum Tatort, währenddessen die Angegriffene beherzt nach der Hand mit der Schere griff und die etwa gleich starke Kontrahentin in Richtung Tür drängte, obwohl diese sie immer wieder stach, sie sogar gegen den Türrahmen schubste. Aila A. fiel und schlug mit dem Kopf auf den Boden, wo sie weitere Stiche kassierte. Mit letzter Kraft rappelte sie sich hoch und schob die Angreiferin aus der Tür.

Als die Hebamme auf die beiden Frauen traf, sah sie die Wöchnerin, die ihre Kontrahentin am Schlafittchen gepackt hatte und in gebrochenem Deutsch rief: »Ich habe sie.« Dann sagte sie »Baby, Baby« und deutete gestisch die Schere an, mit der sie gestochen worden war. Diese hielt Jennifer J. noch immer in ihrer Hand und übergab sie nun unaufgefordert der Klinikangestellten, wobei sie behauptete: »Die wollte mich umbringen! Ich wollte ihr doch nur die Geschenke hinstellen, dann ist die auf mich los!«

Die Hebamme schickte erst einmal Aila A. zurück in ihr Zimmer und bugsierte die Deutsche in ein Stillzimmer, wo diese sich auch widerstandslos auf einer Couch niederließ, enttäuscht und apathisch, ohne fliehen zu wollen. »Die stand fassungslos vor den Trümmern ihres Schicksals«, sagt die Hebamme vor Gericht. Sie habe zunächst nicht entscheiden können, wer hier Angreiferin und wer Angegriffene war. Doch als sie dann gemeinsam mit einem Pfleger die Wunden der völlig aufgelösten Wöchnerin versorgte, sei ihr rasch klargeworden: »Das durchtrennte Ohrläppchen, die vier Zentimeter lange Platzwunde am Hinterkopf – diese Frau hat solche Verletzungen, das kann nicht sein, dass sie angegriffen hat!« Auch die hängenden Schultern von Jennifer J. passten nicht zu einem knapp überlebten Mordanschlag.

Das ältere Paar, das dann pünktlich um 19 Uhr mit einem Baby-Autositz auf der Entbindungsstation erschien, brachte niemand mit der gescheiterten Kindesentführung in Verbindung. Von einer Mitarbeiterin erfuhren Jennifers Onkel und Tante lediglich: »Bei uns gibt es diese Patientin nicht. Sie müssen in einer anderen Klinik nachfragen.« Dennoch riefen die Verwandten an diesem Abend immer wieder in dem kleinen Krankenhaus an: Ob sie Jennifer J. jetzt abholen könnten oder ob sie bereits abgeholt worden sei?

Die Gesuchte wurde unterdessen von der Polizei vernommen, mit mageren Erkenntnissen. Weil eine Polizeiärztin eine Schwangerschaftsdepression vermutete, wurde die Täterin in der Psychiatrie untergebracht. Nun rätselten die Kriminalisten: War Frau J. schwanger gewesen? Hatte sie ihr Kind verloren? Wollte sie sich ein neues Kind besorgen? Und wo war ihr eigenes Kind? Lebte das noch oder lag das tot in irgendeinem Gebüsch? Bald jedoch stellte eine Gynäkologin fest, dass zumindest die Sorge um ein nicht auffindbares Baby unbegründet war.

Mühsam entwirrten die Beamten das Knäuel der Lügen, die Jennifer J. in die Welt gesetzt hatte. Vor Gericht wird klar, wie sehr sie damit nicht nur sich, sondern auch ihre Mitmenschen in die Bredouille gebracht hatte. Zum einen ihren Ex-Freund, der hin- und hergerissen war zwischen seinen Zweifeln und den beharrlichen Beteuerungen des »lieben, netten Mädchens«, als das er sie einst kennengelernt hatte.

»Isch hotte keene Lust merr, mir jeden Toch darüba den Kopf zu zabreschen«, sagt Benjamin B. Er mühte sich um des Rätsels Lösung – mit Beschwörungen und Beschimpfungen, die schon mal die Grenzen des Erlaubten überstiegen. Ob er seiner ehemaligen Freundin eine bedrohliche SMS mit den Worten »Ich erschieße dich!« geschickt habe, will die Vorsitzende Richterin von dem Zeugen wissen. »Muss isch daruff antworten?«, mault der junge Mann. Ja, er muss. »Eenmal wor isch wütend, rischtisch saua«, gibt der Zeuge zu. »Irgendwonn is ooch mal Schluss mit lustich. Da konn es sein, dass isch so was jeschrieben hob.«

Ebenso rücksichtslos trampelte Jennifer J. auf den Gefühlen seiner Eltern herum: Die freuten sich auf ihr Enkelkind und bemühten sich um den Kontakt zur zukünftigen Kindesmutter – bis Benjamin B. sich das verbat.

Auch Verwandte und Freundinnen spannte sie in ihre Show ein, log sie schamlos an. Noch immer sind die Betreffenden darüber erschüttert, die meisten können ihr nicht verzeihen. Weinend berichtet ihre einstmals beste Freundin von einer SMS, die sie nach der angeblichen Geburt von der Angeklagten bekam: Der Kleine trinke so viel, sie müsse ihn auch in der Nacht stillen.

Schlaflose Nächte verschaffte Jennifer J. sogar der Hebamme, die sie sechs Wochen lang auf die vermeintliche Geburt vorbereitete. Anfangs habe sie ihr geglaubt, sagt die Zeugin. Die junge

Frau habe ihren Entbindungstermin angegeben. Dabei habe sie einen Mutterpass in der Hand gehalten und den anderen Kursteilnehmerinnen ihre Ultraschallbilder gezeigt.

Allmählich aber zweifelte die Schwangerschaftsexpertin. »Der Bauch wuchs nicht.« Allerdings gäbe es viele werdende Mütter mit einem kleinen Bauch, versuchte sie sich zu beruhigen. Die Alarmglocken schrillten erst, als sie Jennifer J. zu Hause besuchte. Zwar lagen auf der Wohnzimmercouch Babysachen und -spielzeug, doch die Besuchte erklärte, der Mutterpass befände sich bei ihrem Vater. Sie versprach, das Dokument in Kopie nachzureichen. »Die Befunde waren unvollständig, die Daten fehlten und der Test auf Hepatitis B-Antikörper war angeblich gemacht worden, eine Untersuchung, die erst viel später dran ist«, erklärt die Zeugin. Sie habe daraufhin die Seite mit den Ultraschallbefunden angefordert, »die kann man nicht fälschen«. Die gewünschten Unterlagen habe sie nie erhalten.

Die Hebamme überlegte nun, ob sie ihre Patientin ansprechen, ihr auf den Kopf zusagen sollte, dass sie nicht schwanger sei. »Aber ich hatte Angst vor ihrer Reaktion, Angst auch um meinen Ruf als selbständige Hebamme, wenn ich ihr etwas unterstelle.« Sie wandte sich an »pro familia«. Gemeinsam mit einer Mitarbeiterin dieser Beratungsstelle wollte sie die angeblich Schwangere noch einmal besuchen, traf sie jedoch nicht an. Die beiden Frauen wandten sich sogar an die Polizei, so verstörend fanden sie die Nachricht, die sie auf »Mein VZ« gelesen hatten: »Der Termin ist bald! Vergiss nicht, dir ein Kind zu klauen!«, hatte eine Bekannte von Jennifer J. dort notiert. Die Beamten hätten ihnen gesagt, sie könnten nichts machen. »Ich hätte ihr das gern erspart«, sagt die Hebamme vor Gericht.

Doch die Patientin war in ihrer Persönlichkeitsstruktur gefangen, die der psychiatrische Gutachter als »histrionisch« bezeichnet: »Das sind Personen mit geringer Beziehungsfähigkeit, die in

ihren emotionalen Fähigkeiten zurückgeblieben sind, geltungsbe-
dürftige Persönlichkeiten, die mit schauspielerischen Mitteln eine
bestimmte Außenwirkung erzeugen wollen.«

Tatsächlich war die Schwangerschaft nicht die erste Inszenierung der berufslosen Frau. Jahre zuvor wollte sie Freunden und
Bekannten weismachen, sie würde in einem Hotel arbeiten. »Doss
sie ne Chefin hot, die Punk is, hot sie arzählt«, erinnert sich ihr
Ex-Freund. »Und in der Küche habe ein Topf gebrannt«, ergänzt
eine gute Bekannte von Jennifer J. »Sie hat viele Geschichten erzählt.« Eines Tages habe sie die angebliche Hotelangestellte zu
Hause angetroffen. »Du wolltest doch heute arbeiten?«, wunderte
sich die Bekannte. »Ja, ich war doch schon 'ne Stunde«, entgegnete die Lügnerin. Ein Anruf bei der Auskunft ergab, dass das an-
gegebene Hotel nicht existierte.

Als das behütet aufgewachsene Einzelkind, das wohl noch nie
in seinem Leben gefordert worden war, sich nun mit der Trennung von Benjamin B. konfrontiert sah, war sie schwer gekränkt.
Plötzlich drehte sich ihr Leben nur noch um diesen Verlust. Mit
ihrer Schwangerschafts-Show lebte sie ihren Kummer aus, ohne
Rücksicht auf die Gefühle ihrer Mitmenschen. »Ihr fehlt die Em-
pathie«, erklärt der vom Gericht beauftragte Psychiater. »Sie kann
sich schlecht in andere hineinversetzen, in den Freund, in ihr Opfer«, meint die Psychiaterin, die sie unmittelbar nach der Tat behandelte. »Um das zu begreifen, ist sie zu unreif, zu infantil.«

Damit spricht sie das extrem geringe Allgemeinwissen der Angeklagten an, das ihr einen Intelligenzquotienten von 65 einträgt.
Zwar verfüge sie über eine gute praktische Intelligenz, meint der
psychiatrische Gutachter. Diese nutzte sie für ihre langanhaltende
Inszenierung. »Ihre intellektuellen Fähigkeiten reichen aber nicht
aus, um die Folgen ihres Handelns abzuschätzen.« So habe sie
keinen Gedanken darauf verwendet, wie sie das Neugeborene er-
nähren oder ihre Mutterschaft beurkunden lassen könne. Eine

verminderte oder aufgehobene Schuldfähigkeit sieht der Gutachter nicht.

Die Juristen müssen diesen Fall in eine strafrechtliche Schublade sortieren. Das scheint keine leichte Aufgabe zu sein. In den Schlussvorträgen werden drei verschiedene Auffassungen vertreten. Für den Staatsanwalt bleibt es beim versuchten Mord inklusive versuchter Kindesentziehung und gefährlicher Körperverletzung, er fordert fünf Jahre und sechs Monate Haft.

Seiner Meinung nach handelte die Angeklagte äußerst zielstrebig. Während ihres Geburtsvorbereitungskurses hatte sie eine Entbindungsstation in einem großen Krankenhaus besucht und erfahren, dass die dort geborenen Kinder durch einen Alarm-Chip in der Kleidung gesichert werden. Wohl darum fiel ihre Wahl auf das kleinere Haus. Auch an ihren Fluchtweg habe sie gedacht: Als sie das Zimmer ihres Opfers betrat, habe sie die Tür offen gelassen, so sieht es der Ankläger.

Der Verteidiger streut Zweifel an dieser Version. »Warum kaufte sie kein Messer oder eine Scheinwaffe?« Eine Schere dagegen sei doch nur zum Drohen geeignet. »Welcher Mörder sticht mit einer Schere ins Ohr? Vielleicht hat sie die Schere nur gezeigt und Aila A. den Mund zugehalten, weil sie sich mit ihr nicht verständigen konnte? Und dann kam plötzlich Bewegung in die Sache?« Das ergäbe lediglich eine fahrlässige Körperverletzung mit versuchter Kindesentziehung, für die man es mit einem Jahr Haft zur Bewährung bewenden lassen könne, so der Anwalt.

Jennifer J. scheint erst jetzt wirklich zu begreifen, um was es bei diesem siebenwöchigen Prozess gegangen ist. Sie schluchzt, als ihr die Richterin das letzte Wort erteilt, und stammelt unter Tränen eine Entschuldigung an ihr Opfer: »Ich möchte mich … es tut mir so leid …« Die Richterin unterbricht die Sitzung. Beruhigend streicht die Mutter der Angeklagten, eine attraktive, gefasst wirkende Frau, ihrer Tochter über den Rücken.

Diese Tränen werden es nicht gewesen sein, die das Gericht davon überzeugten, hier keinen Mordversuch bestrafen zu müssen. Die fünf Richter kommen zu dem Schluss, dass Jennifer J. von dem geplanten Mord nebst Kindesentziehung noch vor dem Eintreffen der Hebamme zurückgetreten war, also gerade rechtzeitig, um diesen Rücktritt als »nicht fehlgeschlagen«, »unbeendet« und »freiwillig« einstufen zu können – nur in dieser Konstellation befreit er von einer Strafe. Übrig bleibt eine gefährliche Körperverletzung, die zwar glücklicherweise nur zu relativ geringen Verletzungen geführt hatte, dafür jedoch gleich drei von fünf möglichen Tatmerkmalen erfüllte, nämlich das »gefährliche Werkzeug«, den »hinterlistigen Überfall« und die »das Leben gefährdende Behandlung«. So bleibt das Gericht zwar im unteren Bereich der möglichen zehn Jahre Haft, spricht aber keine Bewährungsstrafe aus.

Drei Jahre soll Jennifer J. ins Gefängnis. Drei lange Jahre, in denen sie ihren kleinen Sohn, den sie ein Jahr nach ihrer Tat tatsächlich gebar, nicht sehen wird.

Und das Opfer? Aila A. bekundet, sie habe noch immer »tierische Angst«, sich in der Öffentlichkeit aufzuhalten. Nur zu Hause fühle sie sich sicher. Bei kälterem Wetter leide sie unter Kopfschmerzen. Die Richter sprachen ihr mindestens 2000 Euro Schmerzensgeld zu – fraglich ist, ob Jennifer J. diese Summe jemals zahlen kann. Die junge Kurdin ist mittlerweile erneut schwanger und noch unentschieden, ob sie ihr nächstes Kind wieder in dem kleinen Krankenhaus bekommen will. Sie weiß nur, dass es diesmal ein Mädchen wird.

Ein fast perfekter Mord

Dieser Prozess ist nichts für schwache Nerven. Während die Richterin das Urteil mit vielen bluttriefenden Worten wie »Hirnmasse«, »abgehackte Gliedmaßen« und »gehäuteter Rücken« begründet, verliert ein Zuhörer das Bewusstsein. Doch sind diese schaurigen Details nur ein Grund, warum der Prozess für Gesprächsstoff in der Großstadt sorgt. Der Täter war an einer Universität eingeschrieben, sein Opfer war ein Obdachloser. »Kein typischer Gesprächspartner für einen Studenten«, meint der Staatsanwalt. Er glaubt, Daniel D. habe einen perfekten Mord geplant.

Ein ehemaliger Schulfreund berichtete den Ermittlern von derartigen Gedankenspielen. Mehrmals hätten sich die beiden Männer über dieses Thema unterhalten, das erste Mal Jahre vor der Tat. Damals habe ihm Daniel D. erzählt, man müsse mal einen Menschen umbringen, um zu wissen, wie das ist. Außerdem habe ihm der Schulkamerad von morbiden Träumen berichtet. »Er sagte: ›Seltsam, in meinen Träumen bin ich der Mörder.‹ Er fand es amüsant. Er lächelte dabei«, so schildert es der Zeuge. Einige Monate vor der Tat soll der Angeklagte ihn schließlich gefragt haben, wie er sich den perfekten Mord vorstelle. Der Schulfreund habe von einem Obdachlosen phantasiert, dessen Finger und Kopf man entfernen müsse. Für den Fall der Enttarnung solle man bei der Tat Alkohol trinken, dann bekäme man Strafrabatt. Daniel D. will sich daran nicht erinnern. »Falls ähnliche Gespräche stattgefunden haben, dann sicher nicht im Ernst«, schrieb der Achtundzwanzigjährige in einem Brief.

Doch was soll man von dem Geschehenen halten? Am Bahnhof

traf der Student auf den Obdachlosen, einen ruhigen, liebenswürdigen Menschen, den seit Jahren nur noch ein Gedanke durchs Leben trieb: Wie komme ich an Alkohol? Er starb in den frühen Morgenstunden in D.'s Küche: Der Zweiundvierzigjährige hatte sich gerade bis auf die Unterhose entkleidet und zum Schlafen auf eine Klappcouch gelegt, als ihm sein Mörder mit einem altertümlichen Henkersbeil den Schädel spaltete. Noch einmal sauste die Waffe auf den malträtierten Kopf, dann nahm Daniel D. ein Messer und stach dem Toten kraftvoll in Leber, Lunge und Herz. Noch vor dem Einsetzen der Totenstarre zerteilte er die Leiche, schlug ihr den Kopf und die Füße ab, trennte Arme und Beine vom Torso und entfernte die Rückenhaut, auf der sich eine große Narbe von einem Rolltreppensturz befand.

»Das sieht nach mühseliger Arbeit aus«, befindet der Rechtsmediziner, während er am Richtertisch auf die fotografierten Leichenteile blickt. »Das dauert.«

Kopf und Torso steckte der Täter in Müllsäcke, die er mit dem Fahrrad auf ein verlassenes Bahngelände transportierte, wo er sie vergrub. Die Extremitäten hüllte er in Laken und legte sie in den Tiefkühlschrank, die Beine teilten sich ein Fach mit einer Bratwurst. Couchpolster und Bettzeug, beides blutdurchtränkt, brachte er in den Keller. Sorgfältig wischte er die Blutspritzer vom Fußboden, von den Wänden und der Jalousie. Zum Schluss strich er den Ort des Grauens mit weißer Farbe.

Der Mord wäre mit großer Wahrscheinlichkeit nie aufgeklärt worden. Selbst wenn man die Leichenteile gefunden hätte, wäre es schwierig gewesen, das zahnlose Opfer zu identifizieren. Falls es dennoch gelungen wäre, hätte man wohl kaum eine Verbindung zwischen Täter und Opfer herstellen können. Es wäre der perfekte Mord gewesen, hätte sich da nicht das schlechte Gewissen geregt: Daniel D. konnte nicht mehr schlafen.

Zwei Tage nach der Tat hatte er einen Termin bei seinem Bewährungshelfer. Der Student war nämlich wegen räuberischer Erpressung vorbestraft: Während er noch sein Abitur nachholte, hatte er erfahren, dass die nächste BAFÖG-Zahlung nicht wie erwartet am Jahresende, sondern erst einen Monat später erfolgen würde. In seinem Ärger griff er zum Alkohol. Als seine spärlichen Vorräte aufgebraucht waren, ging er los, um eine Flasche Wein zu besorgen. Auf dem Weg begegnete ihm ein Familienvater, der vor einer Kirche auf Frau und Tochter wartete. Kurzentschlossen zog Daniel D. seine Schreckschusspistole, lud diese vor den Augen seines Opfers durch und hielt sie ihm mit ausgestrecktem Arm an die Schläfe. Er forderte Geld und erhielt die gesamte Barschaft des Familienvaters, 15 Euro. Erneut drohte der Täter mit der ausgestreckten Waffe, sein Opfer stockte die Beute um eine Schachtel Zigarillos auf. Drei Jahre Haft bekam D. für diese Tat. Zwei Jahre verbüßte er im offenen Vollzug, dann wurde er auf Bewährung entlassen.

Als er nun bei seinem Bewährungshelfer erschien, bemerkte dieser die gedrückte Stimmung seines Klienten: »Er war sprachlos, blickte ins Leere. Er war weit weg.« Trauerte Daniel D. um seinen kürzlich verstorbenen Vater? Nach zwanzig Minuten brach der Bewährungshelfer das Gespräch ab und gab seinem Schützling seine Telefonnummer – für den Notfall. Tatsächlich meldete der sich bei ihm, da war es fast Mitternacht. »Ich brauche unbedingt eine Lösung«, soll er gesagt haben. Zum Krisengipfel brachte er seine Freundin mit. Zu dritt liefen sie die Straßen entlang, als es nach fünfzig Metern aus dem Studenten herausbrach: Er habe im Rausch jemanden erschlagen und sei neben dem Toten erwacht. »Er bekäme keinen Zugang zu dem, was er getan habe. Ich sollte ihm helfen«, erinnert sich der Bewährungshelfer. Der Mörder wollte sich der Polizei stellen. »Als man ihm Handschellen anlegte, wirkte er erleichtert, so als ob er das als erste Bestrafung anerkennt.«

Am nächsten Morgen wurde der Häftling vernommen. Er machte einen gequälten Eindruck, meint der Vernehmungsbeamte. Der viertägige Schlafmangel hatte seine Spuren hinterlassen. Einmal weinte Daniel D. und sagte den Beamten: »Sie werden auch verstehen, dass ich mich ganz doll schäme und dass in mir drin viele Dinge verzerrt sind.« Ausweichend habe er angegeben, sein Opfer im Alkoholrausch erschlagen zu haben. Dem sei ein Streit vorausgegangen, der sich am Wechselgeld entzündete, das ihm der Obdachlose vorenthalten hatte, so behauptete es der Angeklagte in einem Brief an seine Mutter – wissend um die Postkontrolle in der Untersuchungshaft. Vier Wochen vor dem Prozess schrieb er ihr: »Ich kam zunächst nicht an das Geschehene heran, die Erinnerung fiel mir sehr schwer, denn ich hatte und ich habe ein quälendes Gefühl von Scham und musste mich lange damit beschäftigen, um nach und nach die Erinnerung an das Geschehene wiederzuerlangen, welches ganz anders ist, als in der Anklage dargestellt. Als ich den Mann am Bahnhof kennengelernt habe, hätte ich niemals gedacht, wie furchtbar das alles ausgehen würde. Ich kam einfach betrunken mit ihm ins Gespräch, gab ein, zwei Bier aus, bis ich mich in Richtung Heimat in Bewegung setzen wollte und er mich bat, noch etwas mit ihm zu trinken. Ich war einverstanden. Ich sah nichts Falsches darin, dem Mann unterwegs noch etwas auszugeben und mich dann nach Hause zu begeben. Da wir keine billige Kneipe fanden, machten wir uns auf den Weg zu einer Tankstelle, wo wir mehrere Flaschen Bier holten und uns noch eine Weile niederließen. Bald fiel mir auf, dass ich einen Geldschein nicht mehr hatte, den ich meiner Meinung nach noch hätte haben sollen, worauf ich den Tankwart ansprach und sauer wurde, als dieser mich zurückwies.« Er habe jetzt nach Hause gehen wollen, aber der Trinkkumpan hätte ihn überredet, noch etwas Bier mitzunehmen. »Ich gab ihm mein gesamtes Kleingeld, mindestens zehn Euro, und ließ ihn Bier holen.« Das hätten sie in D.'s Küche getrunken, den Rest sogar auf Ex. »Dann wollte ich mein restliches Münzgeld haben, um noch mehr Alkohol in der benachbarten Bar zu holen. Er meinte, er hätte es mir bereits gegeben, doch da ich kein Geld bei mir fand, wurde ich sauer und wollte seine Taschen durchsuchen, was er abwehrte. Ich geriet außer mich vor Wut: Dieser Typ betrügt mich, nachdem ich ihn die ganze Zeit eingeladen hatte! Ich lief ins Wohnzimmer und holte das Beil, das dort lag, trat vor ihn und hielt es drohend. Ich verlangte das Wechselgeld, sonst würde etwas passieren. Er bekam es mit der Angst, stieß mich mit beiden Händen von sich und wollte offenbar abhauen. Ich hielt ihn auf, stieß ihn zurück auf die Liege und schlug wie von Sinnen zu. Ich muss auch ein Messer genommen haben.« Mit den Worten: »Ich bitte Gott und alle Leidtragenden um Vergebung« endet der Brief an seine Mutter. Oder war es ein Brief an seine Richter? Direkt mit denen will der Angeklagte nicht sprechen. »Ich möchte mich nicht äußern«, sagt er mit angenehm sonorer Stimme. Dann verschwindet jede Mimik aus seinem Gesicht. Keine Anspannung, keine Überheblichkeit, keine Langeweile ist in ihm zu erkennen. Den gesamten Prozess über trägt er dieses einzigartige Pokerface, das weicher wirkt als auf den Bildern, die vor seiner Verhaftung entstanden – wohl weil Daniel D. im Gefängnis zugenommen hat. Auch färbte der Gothic-Fan seine brav gescheitelten Haare nicht mehr schwarz. Statt dem langen, schwarzen Mantel, von dem er sich selbst im Hochsommer nicht trennen mochte, trägt er im Gerichtssaal ein weißes Hemd mit braunem Kordjackett.

Das Gericht ergründet, was der Student tat, bevor er mordete. Es hört den Arzt, dessen Rasen er am Nachmittag vor der Tat mähte. Sonst sei D. immer noch auf eine Zigarette geblieben, diesmal jedoch habe er sich eilig verabschiedet. Geladen ist auch der Betreiber des Internetcafés, in dem der Student die folgenden fünf Stunden verbrachte. Er telefonierte mit seiner Freundin, dann schrieb er einem früheren Schulfreund über die Plattform »StayFriends« eine lange E-Mail: »Fühl mich grad leicht abgewertet, weil du mich bei Schulkameraden hast. Immerhin waren wir Freunde. Blutsbrüder sogar. Mit der Astsäge deines alten Herrn eingeritzt, hehe. Spaß, jetzt wird es ernst. Krasse Sache, mein alter Herr ist vor einer Woche an Herzversagen gestorben. Er ist in Thailand gestorben, kaum, dass er zwei Monate dort war, um seinem Lebensende entgegenzusehen. Das lässt mich unter anderem über vergangene Zeiten nachdenken, Zeiten, in denen wir noch abends auf einen Baum gestiegen sind, um über alles zu quatschen, was uns bewegt. Ich habe so viele merkwürdige Dinge in der Zwischenzeit erlebt. Meine Gefangenschaft, mein Abitur, Fechten mit scharfen Klingen und mein neuer Studienbeginn, das Leben scheint nur eine Folge von beknackten Prüfungen zu sein … Und jede gibt neue Stärke und auch eine neue Schwächung.«

Kurz nach Mitternacht rief er »mit schwerer Zunge« einen Freund an, dem er mal das Boxen beibringen wollte. Er sprach ihm auf die Mailbox: »Alter, wir machen das, auf jeden Fall machen wir das.« Ein überflüssiger Anruf, fand der Freund. »Er hat getrunken und rumtelefoniert, den Eindruck hatte ich.« Dann muss Daniel D. in Richtung seiner Wohnung gefahren sein, doch bereits am Bahnhof stieg er aus. Warum? Bier bekommt man in einer Großstadt doch überall. War das der Auftakt für den perfekten Mord, zu dem ja auch der Alkoholkonsum für den späteren Strafrabatt gehören sollte? Kaufte Daniel D. deshalb das Bier für sich und seinen Trinkkumpan an einer videoüberwachten Tankstelle und brach mit dem Kassierer einen sinnlosen Streit vom Zaun? Häutete er darum den Rücken seines Opfers und schlug ihm die Fingerkuppen ab? Aber warum nur am Zeige-, Mittel- und Ringfinger der rechten Hand sowie am Ringfinger der linken Hand? »Die Finger waren im Weg«, erklärt der Rechtsmediziner

200

lapidar. Der Obdachlose habe den bevorstehenden Angriff wahrgenommen und schützend seine Hände vors Gesicht gehalten. Also doch eine Tat, die der leicht reizbare und durch den Tod seines Vaters offensichtlich aufgewühlte Mann im Rausch beging? Für diese Version feilscht sein Verteidiger um jedes alkoholische Getränk.

Das Gericht hört Freunde und Bekannte des Angeklagten, die ihn als hilfsbereit, unauffällig, ruhig und zuverlässig beschreiben, aber auch als verschlossen, arrogant und zynisch. Selten habe er jemanden in seine Ein-Zimmer-Wohnung gelassen, sagt eine befreundete Nachbarin. Mit ihr habe er sich über seine Sehnsucht nach einer normalen Beziehung unterhalten, seine seien immer »kaputt und verkorkst«, so die Zeugin. Unter Tränen berichtet sie, wie sicher sie sich in seiner Gegenwart wähnte, sie, die so ein Angsthase sei.

Er war nicht erreichbar, sagt seine langjährige Ex-Freundin, die Daniel D. in der Gothic-Szene kennengelernt hatte. Es habe lange gedauert, bis er sie »als Mensch« wahrgenommen hätte. Über Gefühle sprach er selten. »Er war kein Vertrauter, keine Person, mit der man irgendetwas teilt. Wir waren sehr an der Oberfläche.« Die attraktive Dreiundzwanzigjährige beschreibt die beiden Seiten ihres Ex-Freundes: So habe er ihr Schlafzimmer rosa gestrichen, ihr Geld und Essen vorbeigebracht. Er habe sie aber auch bespuckt, wenn ihm eine ihrer Äußerungen nicht gefiel, habe sie mit einem Messer durch die Wohnung gejagt und beim Sex versucht, sie mit einem Gürtel zu würgen. Merkwürdig fand sie auch seine morbiden Zeichnungen: »Frauen, denen alles Mögliche im Anus steckt, Oberkörper ohne Gliedmaßen, erhängte Menschen. Es waren für mich ganz krasse Bilder.« Nur die Katze behandelte er immer liebevoll. »Es gab Phasen, in denen ich dachte, die Katze ist beneidenswert«, gesteht die junge Frau. Ähnlich nahm auch ihre Nachfolgerin den Studenten wahr: Zwar demütigte er sie nicht, doch habe er sich in dem knappen Jahr, in dem sie zusammen waren, kaum geöffnet.

Selbst der psychiatrische Gutachter kapituliert vor diesem Angeklagten: Selten habe er einen so kontrollierten Probanden erlebt, der sogar seine Strafakte auswendig kannte. Zu dessen Wesen sei er nicht vorgedrungen. Sicher habe Daniel D. »eine Selbstwertproblematik.« Mit seinem begonnenen Studium sei der Sohn eines arbeitslosen, alkoholkranken Handwerkers und einer Bürokraft ein sozialer Aufsteiger gewesen. »Er hat nach seinem Platz in der Gesellschaft gesucht«. Dabei habe er insbesondere unter dem Einfluss von Alkohol aggressiv reagiert. Oft prügelte er sich mit seinen Geschlechtsgenossen, ohne Rücksicht auf die eigene Gesundheit. »Aus seinen Wochenenden kehrte er wie aus dem Krieg zurück«, berichtete eine Nachbarin den Ermittlern. Einige Wochen verbrachte D. in einer schlagenden Studentenverbindung, bis er diese verlassen musste: Er hatte ein anderes Mitglied beleidigt, Gegenstände geworfen, sich das Hemd über der Brust aufgerissen und dem Gegner Prügel angeboten, wieder einmal unter Alkoholeinfluss.

Die Tötung des Obdachlosen klassifiziert der Gutachter als Demonstration von Macht und Stärke: die Macht, andere in Angst und Schrecken zu versetzen, die Stärke, andere zu vernichten. Der Psychiater sieht eine Parallele zur ersten Straftat, bei der es Daniel D. nicht primär ums Geld gegangen sei. Er habe damals den Familienvater gelehrt, sein Leben mehr zu genießen, äußerte der Angeklagte einmal zu seiner Motivation. Diesmal nun nahm er ein Henkersbeil und inszenierte sich als »Herr über Leben und Tod«, so der Gutachter.

Die angeblich nur bruchstückhafte Erinnerung an das Tatgeschehen bezeichnet er als Volksaberglauben. »So etwas hört man nur vor Gericht. Wenn man jemanden umgebracht hat, hat man keine Chance, das zu vergessen. Bis ans Lebensende weiß man, wann man zugeschlagen hat.« Schlussendlich attestiert der Psychiater dem Angeklagten eine verminderte Schuldfähigkeit wegen einer »mittelgradigen Berauschung«.

Mit keinem Wort beleuchtet der Gutachter die Kindheit, die Daniel D. bei den »Zeugen Jehovas« verbracht hatte. Dabei könnte hierin das Motiv seiner Tat liegen: Experten meinen, dass die dort aufwachsenden Kinder auf die Ziele der Religionsgemeinschaft dressiert werden. Sie würden lernen, ihre Gefühle und Bedürfnisse zu unterdrücken. Nicht nur das Verbot, Geburtstage, Ostern oder Weihnachten zu feiern, mache sie zu Außenseitern, denen es an Selbstbewusstsein und psychischer Stabilität mangele.

Daniel D. verließ erst mit 14 Jahren den Einflussbereich der Religionsgemeinschaft. »Er wollte dort nicht mehr hingehen«, sagt der Psychiater. Ein Jahr später zog er ganz von der religiös eifernden Mutter und der sieben Jahre älteren Schwester weg, zu seinem Vater in die Großstadt. Plötzlich galten alle Beschränkungen nicht mehr, plötzlich war alles möglich, aber was ist das, dieses »Alles«? »Nur eine Folge von beknackten Prüfungen«? Und was für ein Mensch ist Daniel D. außerhalb der »Zeugen Jehovas«? Spät, möglicherweise zu spät, konnte er sich auf den Weg zu sich selbst begeben. Logischerweise ist er dabei unsicher. Seine Angst versteckte er hinter einer perfekten Fassade, das hat er in der Religionsgemeinschaft gelernt. Unter dem Einfluss von Alkohol prügelte er dagegen an, manchmal zeigte er seine Angst in düsteren Bildern und Phantasien, wahrscheinlich faszinierte ihn darum auch die Gothic-Szene. Immer wieder überschritt er die Grenzen seiner Mitmenschen, holte sich durch Provokationen Reaktionen, in denen er sich spiegeln konnte. Auch die sadistischen Anwandlungen gegenüber seiner Ex-Freundin entsprachen wohl weniger seinen sexuellen Vorlieben als einer nahezu kindlichen Neugier, wie weit man beim – von den »Zeugen Jehovas« verpönten – Sex denn gehen könnte. Sollte der Mord auch eine Grenzüberschreitung gewesen sein, um Zugang zu seinen eigenen Gefühlen zu bekommen? Um sich besser kennenzulernen, um sein eigenes Ich zu spüren? Falls dem so war, riss er das Tor zu seinen Gefühlen so stark auf, dass die Emotionen ihn förmlich hinwegspülten. Die Vorsitzende Richterin sagt dazu: »Ganz so gefühlskalt, wie er sich bei der Tat zeigte, ist der Angeklagte nicht.«

Am Ende entscheidet das Gericht nicht auf Totschlag, wie es sein Verteidiger gemäß der Version »das Opfer im Rausch erschlagen« vorschlägt, sondern auf heimtückischen Mord. 13 Jahre und zehn Monate muss Daniel D. in Haft. Hinzu kommt noch das eine Jahr aus seiner Vorstrafe. Ein Streit um Kleingeld sei sicher nicht das Mordmotiv gewesen, meint die Richterin. Sie glaubt an eine alkoholische Berauschung – die sei notwendig, um diese Tat überhaupt begehen zu können –, aber nicht an einen Vollrausch. Das gezeigte Leistungsvermögen beim Zerteilen der Leiche spräche dagegen. Ob ein perfekter Mord geplant war, habe das Gericht nicht zweifelsfrei feststellen können. Zu widersprüchlich geriet die Aussage des Kronzeugen im Vergleich zu dem, was er der Polizei erzählt hatte.

Sie hoffe, sagt die Vorsitzende zum Schluss, dass es Daniel D. einmal gelänge, über das zu sprechen, was für immer und mit jeder Einzelheit in seinem Gedächtnis eingebrannt sein muss.

Nach einer Reaktion in D.'s Gesicht sucht sie vergebens.

Das Geld der anderen

Im Wald spielten sie verstecken und suchten nach Eichhörnchen. Am See beobachteten sie Schwäne, warfen Steine und Stöckchen auf die Eisfläche, aßen Würstchen, Brot und Schokolade. Antonia erzählte von ihren Freundinnen. »Sie sang auch mal ein Lied«, sagt Frank F. Doch vor dem Landgericht geht es nicht um Erinnerungen an einen idyllischen Wintertag, sondern um die Entführung einer Vierjährigen.

Der Angeklagte gibt alles zu: »Es ist richtig, ich habe Antonia A. entführt.« Sein Bauch, sein Doppelkinn, sein kurzes, weichgelocktes Haar – alles an diesem großen Mann strahlt Gemütlichkeit aus, selbst wenn er angespannt vor seinen Richtern sitzt. Der Fünfundvierzigjährige kann gut reden, man merkt es nach wenigen Sätzen: »Ich möchte ausführen, in welcher Situation ich mich befand. Ich will meine Tat aber nicht verharmlosen.«

Für den Beginn seiner Erzählung dreht er die Zeit um fünf Jahre zurück, an einen Punkt, an dem sich sein Leben schon im Abwärtstaumel befand, an dem der einstmals in einer Villa lebende Golfclub-Manager aus Südeuropa wieder nach Deutschland zurückgekehrt war und mit zwei gescheiterten Geschäftsideen einen Großteil des Familienvermögens verbraucht hatte. Damals eröffnete der studierte Jurist einen Spielwarenladen. Obwohl dieser nicht gut lief, entschloss er sich zwei Jahre später, noch die benachbarte Meeresspezialitäten-Handlung zu übernehmen. Doch auch die warf keinen nennenswerten Gewinn ab, so sehr er auch schuftete. Tage und zuweilen auch Nächte verbrachte er in seinen Läden. Seine Frau fühlte sich mit den drei Kindern alleingelassen. Nach neunjähriger Ehe erklärte Felicitas F. diese für gescheitert. »Meine Frau war nicht glücklich mit unserer Situation«, sagt der Angeklagte. »Mir ist nichts eingefallen, was ich machen sollte.«

Er stritt nicht, er kämpfte nicht. Er arbeitete weiter und hoffte vor allem für den Spielwarenladen auf das Weihnachtsgeschäft. Doch nachdem er die Umsatzzahlen ausgewertet hatte, musste er sich eingestehen: »Ich habe keine Chance, aus den Schulden herauszukommen.« 36 000 Euro fehlten ihm – für seinen Vermieter, seine Lieferanten und seine Ex-Frau. Trotzdem machte er weiter, führte seine Läden und betreute regelmäßig seine Kinder. Ansonsten habe er »in den Tag hinein gelebt«. Er sei in eine Krise hereingerutscht. »Ich wusste mir nicht zu helfen. Leider habe ich mir auch keine Hilfe gesucht.« Nur eines stand fest: Am Freitag kommt der Gerichtsvollzieher.

Frank F. war zu diesem Zeitpunkt nicht nur mittellos. Nachdem er bei seiner letzten Freundin ausgezogen war, hatte er auch keine Wohnung mehr. Die Ex-Freundin ließ ihn in ihrer Gartenlaube schlafen. Die Nächte waren bitterkalt, der Obdachlose behalf sich mit einem Gasheizer. So campierte er, nur einen Kilometer entfernt von einer Siedlung mit großzügigen Häusern, die wohlhabende Familien erbaut hatten.

Da nistete sich ein Gedanke bei ihm ein. »Ein Gedanke, den ich Schritt für Schritt verfolgt habe«, sagt der Angeklagte. Er fuhr hochwertigen Fahrzeugen mit Kindersitzen hinterher. So entdeckte er die A.'s: eine Familie mit einem Haus, dessen Wert Frank F. auf 600 000 Euro schätzte, mit zwei Oberklasse-Autos und einem kleinen Kind, einem, das man nicht verletzen müsste, wenn man es entführt.

Er fand dann eine kleine Straße, über die eine Autobahnbrücke führt. Von dieser sollte das Geld auf die kleine Straße heruntergeworfen werden. Frank F. besorgte Essen für sich und seine zukünftige Geisel, außerdem noch Gartenhandschuhe und eine Sturmhaube. Die »Tatwaffe«, eine rostige Sichel, entdeckte er in der Laube. In seinem Spielwarenladen druckte er das Erpresserschreiben: »Keine Polizei, keine Presse, keine GPS-Sender!« Das Kind käme frei, nachdem »wir« das Geforderte erhalten hätten: 60 000 Euro, direkt aus einem Geldautomaten beschafft, sollten von zwei Plastiktüten umhüllt in eine Reisetasche gelegt werden. »Gegen 18.45 Uhr melden wir uns wieder«, versprach er und mahnte, die Eltern sollten »ans Kind denken«.

Dann mietete er ein Auto, dessen Kennzeichen er präparieren wollte. »Es sollte exotisch sein, eines, das man sich nicht sofort merken kann.« Er entschied sich für die Nummernschilder eines osteuropäischen Diplomatenfahrzeugs. Als er diese des Nächtens abschraubte, habe er Angst vor der eigenen Courage bekommen. »Ich hatte das erste Mal etwas Verbotenes getan.« »Ist Ihnen das nicht schon bei der Planung aufgefallen?«, erkundigt sich der Richter. Frank F. pariert den kaum verdeckten Vorwurf: »Hätte ich das geplant, wäre das Verbrechen unentdeckt geblieben.« Es klingt eine Spur großmäulig.

Am Donnerstag näherte er sich dann dem Haus der Familie A. 150 Meter davor stellte er seinen Wagen ab. Es war kurz vor acht Uhr, Annette A. wollte ihre Tochter in den Kindergarten bringen. Antonia stand vor dem Haus, ihre Mutter stellte einen Korb in den Kofferraum ihres Autos. In dieser Situation ergriff der bewaffnete Maskenmann das Mädchen, damals kaum über einen Meter groß. »Ich nehme jetzt Ihr Kind mit«, erklärte er der zierlichen, sportlichen Frau. »Ich dachte zunächst, das sei ein Scherz«, erinnert sich Annette A. Arglos habe sie ihr Gegenüber angelächelt – bis sie die Worte vernahm: »Ich meine es ernst! Ich entführe jetzt Ihre Tochter!«

Mit scharfer Stimme seien die Kommandos erfolgt. Der Täter habe befohlen: »Gehen Sie ins Haus! Legen Sie sich auf den Fußboden! Bleiben Sie jetzt zehn Minuten liegen! Alles Weitere hören

Sie dann!« »Tun Sie meinem Kind nichts«, habe sie ihn gebeten und zur Antwort bekommen: »Wenn Sie keine Polizei holen, passiert ihm nichts!«

Sie habe dann getan wie geheißen. »Als ich in meinem eigenen Haus auf dem Boden lag, hatte ich Angst um mein Leben. Ich habe ganz stark geatmet. Ich hatte nur Angst.« An ihre Schreie kann sie sich nicht mehr erinnern, auch nicht daran, wie ihr die Lösegeldforderung übergeben wurde, dafür aber an die letzten Worte ihrer Tochter. Auf dem Arm des Entführers sitzend, fragte die Vierjährige: »Sie bringen mich aber schon wieder zurück?!«

Eine Nachbarin beobachtete die Szene von ihrem Grundstück. Mutig drohte sie dem Maskierten, er solle das Kind laufenlassen, andernfalls rufe sie die Polizei. Der Täter habe entgegnet: »Reden Sie erst mit der Mutter darüber!« Die Nachbarin sah noch, wie er Antonia in sein zweitüriges Auto verfrachtete, sie kopfüber auf den Rücksitz kippte und davonfuhr.

Dann alarmierte sie die Polizei. Das Protokoll ihres Notrufes befindet sich in den Unterlagen, die der Vorsitzende Richter vor dem Prozess gelesen hat. Es ist ein peinliches Dokument, es lässt den Richter an der Professionalität der Polizeiarbeit zweifeln:

Nachbarin: »Hier wird gerade ein Kind entführt! Ein rotes Auto!«

Die Nachbarin nennt das Kennzeichen. »Jetzt fährt er in Richtung Wald-und-Wiesen-Damm!«

Polizei: »Ja, noch mal, ganz langsam.«

Die Nachbarin wiederholt das Kennzeichen. »Jetzt sind sie gerade weggefahren!«

Polizei: »Mhm.«

Nachbarin: »Sie sind gerade weg!«

Polizei: »Mhm.«

Nachbarin: »Der Mann hatte irgendwie eine Sense dabei, der hat die Mutti bedroht!«

Polizei: »Wald-und-Wiesen-Damm?«

Nachbarin: »Ja!«

Polizei: »Wald-und-Wiesen-Damm? Ick finde hier nur Wald-und-Wiesen-Weg, Wald-und-Wiesen-Straße …«

Nachbarin: »Wald-und-Wiesen-Damm! Jetzt fährt er in Richtung Schleuse!«

Polizei: »Richtung Schleuse, mhm. Dann sagense mal: Rotes Auto?«

Nachbarin: »Ja, rotes Auto!«

Polizei: »Jut, rotes Auto. Und? Und? Wat ist dann?«

Nachbarin: »Die Mama steht vor der Tür!«

Polizei: »Aha.«

Nachbarin: »Der hat das Kind mitgenommen!«

Polizei: »Wie sah der aus?«

Nachbarin: »So 'ne Skimütze, so ne blaue. Die hat er uffm Kopf gehabt.«

Polizei: »Wie heißt denn das Kind?«

Nachbarin: »Antonia A.«

Polizei: »Wie wird das geschrieben?«

Die Nachbarin buchstabiert. »Die Mutter heißt Annette und der Vater Alfons.

Polizei: »Und das war auch der Alfons, der da weggefahren ist?«

Das Gespräch dauerte eine Viertelstunde. Derweil fuhr Frank F. immer weiter, auf kleinen Straßen, immer Richtung Süden, weg von den großen Städten. Er sei gut mit Antonia zurechtgekommen. Nach der ersten Ampel habe er seine Sturmhaube abgelegt und versucht, das weinende Kind zu beruhigen. Er begann ein Gespräch und »lernte also ihre Freundinnen kennen«, wie es der Angeklagte formuliert. Er habe ihr seinen Computer gegeben, auf dem er Bücher und Spiele für seine eigenen Kinder gespeichert hatte. Er fuhr mit ihr an einen See, spielte und picknickte mit ihr.

»Wir hatten was zu tun.« Am Abend, das habe er ihr versprochen, werde sie wieder zu Hause sein.

Als Antonia ihren Mittagsschlaf hielt, bemerkte er einen tieffliegenden Hubschrauber. Ab diesem Zeitpunkt glaubte er, beobachtet zu werden. »Ich fühlte mich sehr unwohl.« Doch es war wie so oft in seinem Leben. Statt der Realität offen ins Auge zu blicken, machte er weiter wie gehabt und hoffte auf ein gutes Ende.

Darauf hofften auch Antonias Mutter und ihr Vater, der inzwischen von dem »Wahnsinn« erfahren hatte. Getrennt musste sich das Paar den Fragen der Polizei stellen: »Das war die schlimmste Zeit«, sagt Annette A. im Rückblick. Mit der Angst, ihr Kind nie wiederzusehen, saßen die Eltern in einem kleinen Raum und beantworteten Fragen über ihre Ehe. »Man hat sich teilweise selbst verdächtig gefühlt«, meint Alfons A.

Erst am Nachmittag kehrten sie nach Hause zurück. »Da war ich relativ klar im Kopf«, erinnert sich die Mutter. »Ich habe mich auf die Sache konzentriert. Ich hatte keine Angst mehr. Ich dachte, ich mache das, ich trete dem Täter gegenüber. Ich mache das auch allein. Ich habe mich da so stark gefühlt, wie selten zuvor in meinem Leben.« Immer wieder habe sie sich vorgestellt, »wie ich mein Kind in die Arme nehme«. Andere Gedanken habe sie nicht zugelassen. »Ich bin ein positiver Mensch, ich hatte immer Hoffnung. Ich habe ihr einen Schutzengel geschickt. Das hat mir geholfen, obwohl jeder weiß, dass es so oder so enden kann.«

Am frühen Abend meldete sich der Entführer. In der Vorbereitungsphase hatte er sich die Telefonnummer der A.'s aus dem Internet besorgt. Er hatte sie nicht überprüft, denn irrigerweise glaubte er, die Kleine kenne sie auswendig. Von einer Telefonzelle und einem Internetcafé dirigierte er Annette A. zur Lösegeld-Abwurfstelle. Deren Wunsch, mit ihrer Tochter zu sprechen, mochte er nicht erfüllen. »Ich wollte nicht mit Antonia auf dem Arm in die Telefonzelle gehen, wenn sie gerade am Computer etwas Sinnvol-

210

les macht«, erklärt er dem Richter. Der interveniert scharf: »Sie meinen doch nicht im Ernst, dass Antonia etwas ›Sinnvolles‹ tat? Sie wollten nicht, dass das Kind Kontakt zur Mutter bekommt und weint!« »Das kann man so zynisch ausdrücken«, bestätigt Frank F.

Kurz vor der Geldübergabe sei ihm dann aufgefallen, dass sich in unmittelbarer Nachbarschaft der favorisierten Autobahnbrücke noch eine weitere befand. Panisch pendelte er zwischen beiden Möglichkeiten hin und her, bis das Geld endlich auf der richtigen Straße lag. Ihm seien dann Autos aufgefallen, »die ich vorher schon gesehen hatte«, so der Angeklagte. Er habe an einen Peilsender geglaubt, aber keinen gefunden, als er das Geld durchwühlte.

Eigentlich wollte er das Mädchen nun auf einer Bank neben der Telefonzelle absetzen, wie er ihrem Vater mitgeteilt hatte. »Aber es erschien mir zu klein, zu müde.« Er überlegte es sich anders. Er weckte Antonia und bat sie, ihm die Häuser ihrer Nachbarn zu beschreiben. Ob er sie 50 Meter vor ihrem Haus absetzen könne? »Na, klar schaffe ich das«, habe ihm Antonia versichert. Unterdessen wartete ihre verzweifelte Mutter an dem ursprünglich angegebenen Ort, eine nervenzerreißende halbe Stunde lang, bis sie von ihrem Mann per Handy erfuhr, dass die Entführung nach über 13 Stunden glimpflich geendet hatte.

»Ich habe sie in Empfang genommen«, sagt Alfons A. dem Gericht. Lange hatte er geschwankt, ob er aussagen solle, ob er dieser psychischen Belastung gewachsen sei. »Sie war ziemlich verstört. Sie hatte ihren Rucksack in der Hand und irgendwelche Blümchen in der anderen. Wir sind hochgegangen, ich habe ihr die Jacke ausgezogen und Sachen zum Spielen geholt. Dann hat sie nichts erzählt. Ich habe sie gefragt: ›Was hast du gegessen? Was hast du getrunken? Was habt ihr gemacht?‹ Sie sagte: ›Wir waren spazieren, haben Stöckchen geworfen und ›Ich sehe was, was du nicht siehst‹ gespielt. ›ER‹ – so nennt sie den Entführer immer – hat vorgelesen.‹ ›Und als du pullern musstest?‹«, wollte der be-

211

sorgte Vater wissen. »›ER‹ hat mich gehalten«, antwortete seine Tochter. Mehr nicht.

»Sie hat nie wieder darüber gesprochen«, sagt ihre Mutter. »Aber wenn uns ein fremder Mann entgegenkommt, klammert sie sich an mich. Es ist zu merken, dass da etwas in ihr arbeitet.« Ein Zeichen dafür seien auch die Hautausschläge, die damals gerade verschwunden waren und unter denen das Kind jetzt wieder leide. Ihr Vater beschreibt Ähnliches: »Nach der Entführung war sie sehr aggressiv, sie hat geschlagen, auch meine Frau. Manchmal gibt es Situationen, in denen sie sehr heftig reagiert.« So sei er einmal aus dem Auto gestiegen, um das Tor zu schließen. »Antonia schrie, sie dachte, ich komme nie wieder.«

Zusätzlich belastete die Familie auch der Umgang der Presse mit ihrem Schicksal, vor allem die vielen, überwiegend männlichen Reporter und Kameraleute, die sich unmittelbar nach der Entführung vor ihrem Haus postierten.

»Die ersten Wochen waren sehr schwer«, sagt Annette A. Jeden Morgen kontrollierte sie ihre Umgebung auf mögliche Gefahren, bevor sie ihr Haus verließ. Sie konsultierte eine Psychotherapeutin, das habe ihr geholfen. Ihre Tochter stellte sie ebenfalls einem Psychologen vor. Der riet abzuwarten. Trotz allem glaubt die Zeugin: »Das normale Leben kommt schon irgendwie wieder.« So kann sie sogar die Entschuldigung des Angeklagten annehmen – mit einem zarten Nicken.

Alfons A. meint dagegen: »Dafür kann es keine Entschuldigung geben.« Zu schwer wögen die Folgen dieser Tat, so dilettantisch sie auch durchgeführt wurde. Als Frank F. nur wenige Minuten nach dem Absetzen des Mädchens vor seinem Laubenunterschlupf verhaftet wurde, unternahm er keinen Versuch, etwas zu leugnen. Er war sehr einsichtig, bescheinigt ihm eine Polizeibeamtin. Eine andere empfand ihn als ruhig und sachlich. »Es war eine angenehme Vernehmung.« Befragt nach seinem Bildungsab-

212

schluss, habe der Beschuldigte gesagt: »Jetzt wird es peinlich: Ich bin Jurist.«

Genau das kann der Richter nicht verstehen: »Wegen 36 000 Euro Schulden haben Sie das Ganze gemacht? Da gibt es das Insolvenzrecht!« Der Angeklagte versucht sich an einer Erklärung: Er habe auf das »schnelle Geld« gesetzt, er wollte es an diesem Tag bekommen, um es anderntags dem Gerichtsvollzieher zu geben.

»Aber warum ausgerechnet eine Kindesentführung?«, hält ihm eine Schöffin vor. »Sie hätten ja eine Bank oder ein Spielcasino überfallen können! Warum der eklatanteste Fall?« »Das sind alles Taten, bei denen ich eine Waffe hätte einsetzen müssen«, antwortet der Angeklagte. Er habe niemanden verletzen wollen. Es ist eine Betrachtungsweise, die sich auf die äußerlichen Tatfolgen beschränkt.

Den Richter überzeugen diese Erklärungen nicht. »Haben Sie sich mal reinversetzt, wie sich so ein kleines Kind in so einer Situation fühlt? Entführt von einem fremden Mann mit Sturmmaske und Sichel! Sie haben doch selbst drei Kinder!« Frank F. schüttelt den Kopf, als könne er dieser unangenehmen Frage so die Schärfe nehmen. Er sei sich nicht sicher gewesen, aber er habe gehofft, »dass ich mit einem Kind gut umgehen, dass ich Antonia beruhigen kann. Dass es für sie kein Schock ist, dass sie sich möglichst wenig an die Entführung erinnert, dass ich sie ruhig über den Tag schaukeln kann.« »Und was hätten Sie getan, wenn Sie kein Geld bekommen hätten? Gab es da irgendwelche Vorbereitungen? Oder wenn das Kind ständig geschrien hätte?« Nein, einen Plan B hatte Frank F. nicht. Wie auch. Er hatte ja noch nicht mal einen richtigen Plan A.

Es lief wie wohl immer im Leben dieses Gemütsmenschen: Nachdem er sich eine grobe Richtung überlegt hatte, investierte er nicht in die Perfektion, sondern ließ die Dinge auf sich zukommen. Als »Schluffi« charakterisierte ihn ein Bekannter gegenüber einer Zeitung«. Betrachtet man seinen Lebenslauf, wird schnell klar, was damit gemeint ist: Frank F. wurde in Afrika als einziges Kind zweier Deutscher geboren. Das Verhältnis zu seinen Eltern muss sehr kühl sein, meint der Gerichtspsychiater. Als der Angeklagte über sie berichtete, habe er keinerlei Emotionen gezeigt. Felicitas F. bestätigt dies zaghaft im Zeugenstand, als sie über ihre Ex-Schwiegereltern sagt: »Ich habe zu meinen Eltern ein anderes Verhältnis. Es waren nicht die Leute, die ich um Unterstützung gebeten hätte.«

In Afrika besuchte Frank F. eine englischsprachige Schule. Er zeigte so gute Leistungen, dass er die zweite Klasse übersprang. Als er elf Jahre alt war, zog die Familie nach Deutschland. »Meine Eltern wollten, dass ich hier mein Abitur mache.« Nach seinem Einser-Abschluss wusste er nicht, was er studieren sollte: Er entschied sich für Jura. Er entwickelte keine Leidenschaft für dieses Fach, lieber spielte er Golf. »Ich habe Jura weiterstudiert, weil es mir nicht schwergefallen ist. Und ich habe Jura beendet, weil ich meinem Vater nicht zumuten wollte, dass ich nach fünfzehn Jahren Unterstützung mit nichts aus dem Studium rausgehe.« Ohne großen Aufwand und getreu seinem Motto »Mir flogen die Dinge im Leben immer zu« legte er sein erstes Staatsexamen ab. Er schaffte immerhin die Note »befriedigend«.

Im Golfsport war er etwas erfolgreicher: Er wurde Meister in seinem Bundesland und Deutscher Meister mit der Clubmannschaft. Doch auch als Sportler hätte er mehr erreichen können, glauben seine Kameraden. Hätte er härter trainiert, wäre er vielleicht ein erfolgreicher Profi geworden.

Nach seinem Studium wurde er Manager in einem norddeutschen Golfclub. Er sei dort jedoch mit der Struktur und dem korrupten Chef unzufrieden gewesen, sagt der Angeklagte. Bereits zwei Jahre später zog er mit Frau und Kind nach Südeuropa in eine Villa, wo er einen Golfclub aufbauen sollte. Nach zwei weiteren

Jahren kehrte er mit seiner fünfköpfigen Familie und 30 000 Euro Abfindung nach Deutschland zurück. Er sei für einen normalen Golfclub zu teuer geworden, meint Frank F. Er sagt auch: »Ich wäre gern wieder ins Ausland gegangen. Meine Frau wollte das aber nicht mit drei Kindern.« Der psychiatrische Gutachter vermutet: »Vielleicht war er überfordert.« In diesem Fall könnte sich seine mangelnde Eignung in der Szene herumgesprochen haben. Jedenfalls fand er im Golfsport keine neue Anstellung. Er machte sich selbständig. Erfolglos versuchte er sich an einer Gutscheinkarte für Golftouristen. Danach verzockte er einen Großteil des Familienvermögens an der Börse. Der letzte Versuch, sich beruflich zu etablieren, waren die beiden Läden für Spielwaren und Meeresspezialitäten – zwei Unternehmen, die kaum weniger zueinander passen könnten. Anfangs half ihm noch Felicitas F. Doch seine besonnene Frau erkannte bald die Lage und suchte sich einen Job. »Ich habe ihn schnell im Stich gelassen. Es war mir wichtig, dass wenigstens einer festes Geld verdient.«

Trotzdem ging es nahezu ungebremst bergab. Die Wohnungen der Familie F. wurden stetig kleiner, das Wort »Scheitern« aber kam Frank F. nicht über die Lippen. »Wir haben zu wenig über Dinge gesprochen, die uns betrübten«, sagt seine Ex-Frau. Sie gibt zu, ihn immer wieder unter Druck gesetzt zu haben, ihn vorwurfsvoll gefragt zu haben, warum er die Dinge so und nicht anders angehe. Heute wisse sie: »Druck ist ganz schlecht.« Dem war ihr Ex-Mann stets ausgewichen, wodurch sich die wirtschaftliche Situation der Familie kontinuierlich verschlechterte.

Immer weiter drifteten Anspruch und Realität auseinander. Weder konnte der Angeklagte darüber reden, noch es sich eingestehen, geschweige denn, Verantwortung dafür übernehmen. So verfiel er auch nicht in Depressionen, sondern in »einen hochtourigen Aktionismus«, erklärt der psychiatrische Gutachter. »Er war in seinem Hamsterrad unterwegs und glaubte, die Probleme seien dann weg.« Dies sei seine Art, die Seele zu stabilisieren. Ein typischer Fall von nicht krankhafter, aber narzisstischer Selbstüberschätzung. »Kein so seltener Täter-Typ.«

Sein Aktionismus habe Frank F. daran gehindert, Mitleid mit seinen Opfern zu empfinden. Er war emotional nicht mehr erreichbar, schwelgte stattdessen in Allmachtsphantasien. In der Nacht vor seiner Tat, darüber staunte auch der Gutachter, habe Frank F. gut schlafen können. Er musste sich sogar einen Wecker stellen, um pünktlich aufzustehen.

Fünf bis fünfzehn Jahre Haft stehen auf diese Tat, die in die strafrechtlichen Kategorien »räuberische Erpressung« und »erpresserischer Menschenraub« fallen. Doch welche Folgen gehören untrennbar zum Tatbestand, sind quasi von der hohen Mindeststrafe bereits gedeckt? Was muss man dem Angeklagten besonders ankreiden, was kann man ihm zugutehalten? Dass er Antonia nicht verletzte, sie gut betreute? Dass er sie nicht über mehrere Tage in seiner Gewalt behielt? Dass er das müde Kind nach Hause brachte und nicht in der Kälte auf eine Bank setzte? Dass er geständig ist? Dass er keine Millionen gefordert hat? Dass seine Opfer ihr Geld zurückbekamen?

Sicher sind das positive Aspekte. Doch da ist auch der feige Täter, der sich mit hoher krimineller Energie an einem Kind vergriff, und da sind die psychischen Folgen für seine drei Opfer. »Mein Mandant weiß sehr wohl, dass er nicht viel Verständnis für seine Tat erwarten kann«, sagt der Verteidiger. Damit hat er recht. Auf neun Jahre Haft plädiert der Staatsanwalt, das Gericht folgt diesem Vorschlag. »Wir haben uns schwergetan, den Ankläger nicht zu überbieten«, erklärt der Vorsitzende Richter. Während er ein letztes Mal die »Odyssee für ein vierjähriges Mädchen« schildert, schaut ihn Frank F. konzentriert an, die gespreizten Hände gegeneinandergelegt, die Daumen auf der Brust, die Zeigefinger auf dem Mund ruhend. »Sie sind kein Schwerkrimineller, der im Um-

216

gang mit Verbrechen geübt ist«, sagt der Richter. Dennoch habe Frank F. großes Leid über eine Familie gebracht, die das ein Leben lang nicht vergessen werde. »Die Mutter hatte Todesängste!« Und alles für so überschaubare finanzielle Nöte! »Was sind 36 000 Euro für einen Akademiker? Sie sind ein intelligenter Mann. Es hätte für Sie andere Möglichkeiten gegeben, sich das nötige Geld zu beschaffen!«

Frank F. könnte eigentlich mit dem Urteil zufrieden sein. Er rechne mit zehn Jahren Haft, das hatte er den Polizeibeamten nach seiner Verhaftung gesagt. Doch er sieht so aus, als begreife er erst jetzt, was er sich, den A.'s und seiner eigenen Familie angetan hat – seinen Kindern, in deren Namen er um ein mildes Urteil bat, und seiner Ex-Frau, deren Stimme zitterte, als sie sich im Zeugenstand an den schrecklichen Moment erinnerte, als sie von der Tat erfuhr. Als sie realisierte, dass sie ihre sechs, sieben und neun Jahre alten Kinder allein großziehen muss. Lange werden sie ihren Vater nicht sehen können, denn Felicitas F. möchte nicht, dass sie ihn im Gefängnis besuchen.

Nur einen positiven Effekt hat das Vorgefallene: Nachdem sich sein wirtschaftliches Scheitern endgültig nicht mehr leugnen ließ, beantragte Frank F. endlich Privatinsolvenz.

Liebestransfer per Kuscheltier

Wo war der Engel? Die Freunde beteuerten, sie hätten ihn drei Tage nach der Beerdigung aufgestellt. Doch als Alexanders Eltern das Grab besuchten, konnten sie ihn nicht finden. Er musste gestohlen worden sein, wie so viele andere Dinge, die sie ihrem toten Sohn vorbeibrachten. Immer wochentags verschwanden die Mitbringsel und immer war der Boden vor dem geplünderten Grab geharkt. »Man hat sich gar nicht mehr getraut, etwas hinzustellen«, sagt die Mutter des verunglückten Zwanzigjährigen auf dem Flur des Amtsgerichts. »Man fragte sich: Hat jemand was gegen uns, hat jemand was gegen unseren Sohn?«

Ein quälendes Jahr später löste sich das Rätsel. Der Vater der nur siebzehn Jahre alt gewordenen Kim machte die entscheidende Beobachtung: Er sah, wie eine Friedhofsmitarbeiterin eine Figur vom Grab seiner Tochter nahm und in ihrem Arbeitswagen versteckte. Es war genau jene Mitarbeiterin, mit der sich die Eltern der verunglückten Gymnasiastin oft unterhalten hatten, die sich so sehr für ihr Leid interessierte. Kims Eltern hatten sie gebeten, ein Auge auf das Grab ihrer Tochter zu werfen, von dem seit zwei Jahren Teddys, Engel und Herzen verschwanden. All jene fand die Polizei später in der vermüllten Wohnung von Ulrike U. wieder.

Das Leben meinte es nicht gut mit der Dreiundfünfzigjährigen, das sieht man der zu ihrem Verteidiger huschenden Frau an. Sie ist klein und untersetzt, ihre langen, schwarzen Haare sind strähnig, ihr Mund schief und schmal, ihre Stimme rau von Alkohol und Nikotin. Sechsmal saß sie schon auf der Anklagebank, immer wegen Diebstählen. Als sie auf dem Friedhof klaute, stand sie unter Bewährung.

Dreizehn Taten werden nun vor dem Amtsgericht verhandelt, vier Gräber sind betroffen. Zehn der Taten lässt die Angeklagte über ihren Verteidiger »einräumen«, aber ein weißes und ein schwarzes Stoffschaf sowie einen auf einem roten Herz sitzenden Engel will sie »anderweitig erworben« haben. Juristensprache kann herzlos sein. Ohne Diskussion streicht die Richterin die bestrittenen Taten von der Liste. Die als Zeugen geladenen Eltern werden entlassen, man benötigt ihre Aussage nicht. Das Gericht erfährt nichts von den Gefühlen der Menschen, auf denen die Angeklagte ausgerechnet in einer Zeit herumtrampelte, als diese großes Leid erfuhren.

Den Schlüssel zum Verständnis ihres Verhaltens soll ein psychiatrischer Gutachter liefern. Der berichtet von einem problematischen Elternhaus, »einem Milieu aus Feindseligkeit, Gewalt und Abwertung«. Genauer will der Psychiater aus Rücksicht auf Ulrike U. nicht werden. Es muss eine schlimme Kindheit gewesen sein. Die Bewährungshelferin sagt: »Es ist ein Wunder, dass sie sich überhaupt entwickeln konnte.«

Ihre Wut über das, was man ihr angetan hatte, könne die Angeklagte kaum herauslassen, erklärt der Gutachter. Seit siebzehn Jahren benötige sie regelmäßig die Hilfe seiner Kollegen, sie leide unter neurotischen Depressionen. Vor neun Jahren ließ sie sich vom Vater ihres jüngsten Sohnes scheiden. Nun stand sie allein da, ohne Mann, ohne Job, mit einem extrem zappligen Kind. In dieser Zeit habe sie das Stehlen als Selbstbelohnung entdeckt. »Sie wollte auch mal hübsch aussehen und stahl einen String-Tanga«, berichtet der Psychiater. Jahrelang habe Ulrike U. mit der Ablösung von ihrem Ex-Mann und dem Alkoholismus gekämpft. Auf dem Höhepunkt ihrer Verzweiflung hätte sie begonnen, auf dem Friedhof zu stehlen, möglicherweise in einem Zustand der verminderten Schuldfähigkeit.

Die gestohlenen Engel und Kuscheltiere hätten für den Gutachter einen »Symptomtouch«: Sie symbolisieren die Liebe der Hinterbliebenen für ihre bedauernswerten Kinder. Die Angeklagte sehe sich ebenfalls als bedauernswerten Menschen, deren Seele im Kindesalter getötet wurde. Also stahl sie die mit Liebe aufgeladenen Grabbeigaben, um dieses entbehrte Gefühl in ihr Heim zu tragen.

Die Bestohlenen haben wenig Verständnis für die Motive von Ulrike U. Sie sind wütend und können nicht verstehen, dass ihnen dieser Prozess keinen Raum bietet, ihre verletzten Gefühle zu äußern. Genau deshalb bietet die Strafprozessordnung Opfern von Straftaten die Möglichkeit der Nebenklage. Dies ist aber nur bei Delikten wie Beleidigung, sexueller Missbrauch, Körperverletzung, Totschlag oder Mord möglich, nicht aber bei Diebstahl.

»Wozu gibt es einen Staatsanwalt?«, fragt Alexanders Vater in einer Verhandlungspause. Der sollte die Diebin nach ihren Motiven fragen. Doch dem Ankläger reicht das, was er vom Verteidiger und vom Gutachter erfuhr. »Sie schämt sich«, versichert die Bewährungshelferin gegenüber der Mutter einer verstorbenen Achtjährigen. Deren Grab wurde fünf Tage nach der Beisetzung geplündert. Man habe die Freunde gebeten, nichts mehr mitzubringen. Nur Pflanzen seien nie weggekommen, erzählt diese Mutter. Alexanders Eltern begannen, ihre Gaben anzuschrauben und anzuketten, Kims Eltern kennzeichneten und fotografierten ihre Sachen. »Man wird schizophren, man fragt sich, habe ich das nun hingestellt oder nicht?«, sagt Alexanders Mutter. Dabei sei ihnen das Pflegen und Schmücken des Grabes so wichtig, ist es doch das Einzige, was sie für ihr totes Kind noch tun können.

Der notorischen Diebin droht das Gefängnis. Nur bedingt vermag ihr der Psychiater eine positive Prognose zu geben: Sie sei imstande, soziale Beziehungen aufzubauen und sich Hilfe zu organisieren. Derzeit arbeitet sie als Minijobberin in einem Café. Dort schätze man ihre Schnelligkeit und Freundlichkeit, diese Anerkennung sei ihr wichtig. Sie müsse sich aber einer langfristigen Therapie unterziehen, empfiehlt der Gutachter. Das ist auch der Wunsch der Angeklagten, die sich kurz vor dem Urteil eine Entschuldigung abringt: »Es tut mir für die Angehörigen sehr leid.«

Achtzehn Monate Haft auf Bewährung entscheidet die Richterin, wie es Staatsanwalt und Verteidiger forderten. »Juristisch ist der Fall einfach«, sagt die Vorsitzende. Man habe ein Geständnis und die verminderte Schuldfähigkeit festgestellt. Moralisch seien die Taten verwerflich, Ulrike U. habe eben nicht nur Kaffee gestohlen. »Man sieht es an den Gesichtern«, sagt die Richterin zu den Hinterbliebenen. In diesem Moment verlässt Alexanders Vater den Saal. Er hat kein Verständnis für diese täterorientierte Betrachtung, in der sein Leid niemanden zu interessieren scheint.

Auf die Frage, warum man den Eltern nicht die Chance gab, trotz Geständnis im Prozess aufzutreten, meint der Staatsanwalt, achtzehn Monate Haft seien eine harte Strafe für den Diebstahl von »Pille Palle«. Die Richterin gesteht, ihr seien beim Lesen der Akte Schauer über den Rücken gelaufen – wegen dem Schicksal der Angeklagten und dem Leid der Bestohlenen. Nur sei das Gericht eben kein Ort für Therapie.

Die Schläge der Väter

Durs D. holte den Staubsauger aus der Küche, stellte ihn an und wieder aus. Unentschlossen lief er im Flur auf und ab, er hatte Herzklopfen, in seinem Blut pulsierte Alkohol. Dann gab er sich einen Ruck. Erneut drückte er die »Start«-Taste des Staubsaugers. Er griff zum Hammer und schlich sich hinter den Jungen, der am Computer spielte. Kraftvoll schlug er ihm auf den Kopf. Jerome sackte in sich zusammen. Er sank vom Stuhl in die Arme seines Mörders, der ihn auf den Boden gleiten ließ und eine Decke über ihn warf. Als der Junge sich aufzurichten versuchte, schlug Durs D. nochmals zu. Nun war er tot – Jerome, sein zwölfjähriger Sohn.

Janine hatte davon nichts mitbekommen. Die Zehnjährige saß hinter der geschlossenen Wohnzimmertür und schaute einen Film, während im Flur der Staubsauger brummte. Sie beargwöhnte den Vater nicht, der hereinkam, um sich Laken und Bettdecken zu holen. Mit dem Laken wischte Durs D. das Blut auf. Die Bettdecken wickelte er um die Leiche und trug sie vom fünften Stock in den Keller. Auf einem Zettel notierte er: »Nicht rein! Polizei rufen!« und hängte diesen an die Tür zum Kellerverschlag. Seiner Tochter erklärte er, Jerome hätte die Computer-Mouse kaputtgemacht und besorge nun eine neue. Als Judith J. abends anrief und fragte, wann die Kinder zu ihr zurückkämen, berichtete er dasselbe.

»Bist du blöd?«, fuhr sie ihn an. »Du kannst doch das Kind nicht einfach losschicken! Der kennt sich doch bei dir nicht aus!« Ihr Ex-Freund entgegnete: »Meinst du, ich hätte ihn verloren? Er ist kein Baby mehr! Du musst ihm auch mal was zutrauen!«

Die Eltern verständigten sich, dass Jerome und Janine erst am nächsten Tag heimkehren sollten. Kurz nach dem Telefonat schaute Durs D. mit seiner Tochter fern, dann legten sie sich auf ihre Matratzen. Ihr Vater sei schnell eingeschlafen, berichtete Janine später einer Kriminalbeamtin. Sie aber war sehr aufgeregt. Immer wieder habe sie am Fenster gestanden und nach ihrem Bruder Ausschau gehalten. Am nächsten Morgen brachte sie der Vater fast bis nach Hause, das letzte Stück musste sie allein laufen. Bei ihrer Mutter angekommen, hörte sie als Erstes die Frage: »Wo ist Jerome?« Janine hielt den Rucksack ihres Bruders in die geöffnete Wohnungstür und entgegnete: »Papa hat gesagt, der ist schon zu Hause.« Ihre Worte versetzten Judith J. in höchste Aufregung. Sofort zog sie sich an und fuhr zur Anschrift ihres ehemaligen Freundes. Nie zuvor war sie dort gewesen – Janine hatte ihr den Weg beschreiben müssen. Durs' Lebensgefährte ließ sie in die Wohnung. »Ich habe das Chaos gesehen und gerochen«, erklärt sie dem Gericht. Sie habe beschlossen: »Hier kommen meine Kinder nicht noch mal her!«

Nachdem sie ihren Sohn auch im Zimmer seines Vaters nicht finden konnte, wandte sie sich an die Polizei. Es verstrich eine weitere Nacht bis drei Kriminalbeamtinnen vor ihrer Tür standen und sie zur Vernehmung baten.

»Haben Sie meinen Jerome gefunden?«, fragte die Mutter.

»Ja, wir haben ihn gefunden.«

»Na, Gott sei Dank!«

Vermummt betritt Durs D. den Gerichtssaal. Als er die Maskerade fallen lassen muss, kommt ein Mann mit traurigen Augen zum Vorschein. Ihm gegenüber hat eine kleine, rundliche Frau Platz genommen. Judith J. erblickt den Angeklagten das erste Mal nach dem Tod ihres Sohnes. Ein, zwei Sekunden schauen sich die beiden, die einst ein Paar waren, stumm an. Dann wendet sich der Fünfunddreißigjährige ab.

Was dachte er sich, als er mit dem Hammer ausholte? Wieso erschlug er Jerome, den einzigen Menschen, den er liebte – abgesehen von seiner Tochter? Am ersten Verhandlungstag schafft es der Angeklagte nicht, sich zu erklären: »Ich kann nicht, das Auditorium ist mir zu groß.« So berichten zunächst die Polizisten von ihrer Suche nach dem vermissten Kind. Sie begaben sich an jenem Tag zu der Wohnung, in welcher Durs D. mit einem homosexuellen Mann lebte. Burkhard B. beteuerte damals, selbst gern wissen zu wollen, wo sein Lebensgefährte steckte. Der habe nämlich eine EC-Karte mitgenommen, die er für eine alte Dame aufbewahrt hatte. Die Beamten schauten sich in der Wohnung um. »Vermüllt« und »verdreckt« sei diese gewesen. »Es roch nach vergammeltem Essen, in der Badewanne lag Schmutzwäsche«, erinnert sich ein Polizist. Auf einer Kommode entdeckte er den warnenden Zettel, den Burkhard B. am Verschlag gefunden und in die Wohnung gebracht hatte. Im Keller wühlten sich die Beamten durch Schrankteile, Decken, Tüten und Lappen. Unter einem Stapel mit Brettern entdeckten sie das tote Kind.

Bundesweit wurde nun nach Durs D. gefahndet. Vier Tage später stöberte man ihn auf – fast 600 Kilometer vom Tatort entfernt. Eine Anwohnerin hatte ihn bemerkt, als er gerade in einem Hochhaus urinierte. Bei seiner Vernehmung gab er sofort zu: »Ich habe meinen Sohn erschlagen.«

Es ist eine sinnlose Tat, so sinnlos, wie das bisherige Leben desjenigen, der sie beging. Durs D. war das zweite von vier Geschwistern. »Er war leider das Zwischenkind«, sagt seine jüngere Schwester Daniela vor Gericht. Sie spricht langsam und überlegt – in ähnlicher Weise soll ihr Bruder bei der Kriminalpolizei sein Geständnis abgelegt haben. Sie seien als Kinder oft von ihrem Vater geschlagen worden, berichtet die Zeugin. Die meiste Prügel hätten sie und Durs abbekommen. »Mein Vater war sehr ambivalent. Er hat in der gleichen Situation verschieden reagiert, das konnte man

225

nicht absehen.« Ihr Bruder wurde geschlagen, weil er immer geschwiegen habe. »Das hat Vater sehr wütend gemacht. Damit konnte er nicht umgehen. Wir haben immer gehofft: ›Durs, sag doch was, bitte sag was, damit Vater nicht ausflippt!‹ Aber Durs hat geweint. Er war stocksteif vor Angst und hat geweint. Hinterher schickte Vater unsere Mutter vor: ›Kannst du sagen, dass es mir leid tut?‹ Vater hat sich entschuldigt und geweint, weil er das nicht gewollt hat.« Sie könne sich an kein normales Gespräch zwischen Durs und ihrem Vater erinnern, »nur an Rumschreien.« Ihr Bruder habe sich dann in seinem Zimmer verkrochen, überhaupt sei er ein ziemlicher Stubenhocker gewesen, der kaum Freundschaften gepflegt hat. Lieber las er und saß am Computer.

Ihr Vater, ein ausgebildeter Pädagoge, interessierte sich für Psychologie. »Das war sein Steckenpferd, mit dem er sich tagein, tagaus beschäftigte – um sich selbst zu helfen und uns auf den rechten Weg zu bringen.« So habe der Vater mal an seinen Kindern Wahrheitstests durchgeführt.

»Ich glaube, das war bei meiner Schwester, so eine Art Lügendetektor«, sagt Daniela D. »Wir wussten nicht, ob er es lustig meinte oder uns unter Druck setzen wollte. Es hat schon was bewirkt – man hat nicht viele Unwahrheiten gesagt.« Ob die Mutter nicht eingegriffen habe, will der Staatsanwalt wissen. »Später«, meint die Zeugin, es klingt wie: »zu spät.« Daniela D. spricht nicht davon, dass auch ihre Mutter von ihrem Vater geschlagen und gedemütigt wurde, ein Umstand, den der Verteidiger am Ende des Prozesses in seinem Plädoyer erwähnt. Sie spricht davon, wie sich die Geschwister gegenseitig trösteten. »Wenn wir uns nicht gehabt hätten, wären wir wohl nicht mehr da. Es war sehr anstrengend.«

Erst als Durs D. siebzehn Jahre alt war, habe sich ihr Vater »zum Positiven verändert. Er hat begriffen und verstanden, hat versucht, einen anderen Weg einzuschlagen. Er wurde nicht mehr wütend, er ist einfach aus der Situation gegangen. Jetzt ist mein Vater der Vater, den wir uns gewünscht haben.« Möglich war dies, weil er nach mehreren erfolglosen Therapien endlich einen Psychologen gefunden hatte, mit dessen Hilfe er seine traumatischen Kindheitserlebnisse verarbeiten konnte, etwa jenes, als er einmal vom eigenen Vater – von Durs' Großvater – fast totgeprügelt worden wäre. Auch Durs D. ging zu diesem Therapeuten. Der Vater schickte ihn - »weil er Schuldgefühle hatte«, erklärt der Psychologe dem Gericht. Er beschreibt den damals Achtzehnjährigen als wortkarg, gehemmt, resigniert und depressiv, als einen, der unschöne Erinnerungen abspaltet und verdrängt.

»Er war ohne inneren Antrieb. Weil die Realität nicht sehr erfreulich war, flüchtete er sich in eine Traumwelt.« Eine Welt, die er in Science-Fiction-Romanen und -filmen fand. Zu seinem Therapeuten ging Durs D. nur wenige Wochen, dann verließ er sein Zuhause und begann gemeinsam mit seinen Schwestern ein Pädagogikstudium.

»Wir waren alle drei in einer Klasse, drei Monate lang«, berichtet Daniela D. »Irgendwann ging es nicht mehr. Er brach das Studium ab – es war ihm zu viel Nähe.«

In dieser Zeit lernte er auch die Mutter seiner beiden älteren Kinder kennen.

»Judith war sehr verliebt gewesen«, berichtet seine Schwester. Doch nach der Geburt von Janine zerbrach die Beziehung. »Durs war aufgrund seiner Schwierigkeiten nicht sehr zuverlässig. Manchmal war er wie vom Erdboden verschluckt, tauchte nicht auf. Er hat Dinge gemacht, die man in einer Beziehung nicht tut, hat sich Geld genommen, ohne zu fragen. Sie hat es nicht mehr ausgehalten, er hat ihr emotional geschadet. Die Trennung hat er so hingenommen, wie immer alles. Dabei war ihm Judith sehr wichtig gewesen.«

Er kam im Betreuten Wohnen unter, deren Mitarbeiter halfen

ihm bei der Suche nach einer neuen Bleibe. Nachdem dieses Problem gelöst war, endete die Unterstützung. Eine Sozialarbeiterin begründet das vor Gericht.

»Er hat es nicht geschafft, sich beim neuen Sozialamt zu melden.« Stattdessen hockte er im Internet-Café und spielte »Tetris«. Dabei lernte Durs D. seine neue Freundin kennen. Sie wurde bald schwanger. Die dicke Frau mit dem Rapunzelhaar schätzte seine ruhige Art, obwohl sie ihn auch wütend erlebte. Gewalttätig sei er nie geworden, eher habe er mit Türen geknallt oder mit Gegenständen geworfen. Befremdlich fand sie die häufigen Selbstmorddrohungen ihres Geliebten.

»Alle zwei Tage wollte er sich umbringen. Wenn er schlechte Laune hatte, wenn ihm was nicht gepasst hat. Selbst wenn er beim Spiel verloren hatte. Er wusste genau, dass er mir damit weh tat.«

»Haben Sie ihn mal fröhlich erlebt?«, erkundigt sich der Verteidiger.

»Ja, wenn er einen Kinofilm angeschaut hatte, wenn er ein neues Buch oder Geld hatte.«

Nach der Geburt einer Tochter begann auch diese Beziehung zu kriseln. Der nunmehr dreifache Vater bemühte sich nicht um Arbeit.

»Es war ihm unangenehm, auf dem Amt zu sitzen«, erinnert sich die Zeugin. Wenn er doch mal staatliche Leistungen erhielt, wurden diese schnell gekürzt und schließlich ganz gestrichen, weil er keine Absprachen einhielt. Stattdessen lebte er vom Geld seiner Freundin, die selbst mit Sozialhilfe auskommen musste, oder er beging kleinere Gaunereien, mit denen er regelmäßig die Justiz beschäftigte. So betrog er eine Buchhandelskette, indem er Bücher aus deren Auslagen entnahm, dieselben Titel, die er dort zuvor erworben hatte. An der Kasse zeigte er die Quittung, gab die Bücher scheinbar wieder zurück und kassierte Geld. Die später anberaumte Verhandlung vor dem Amtsgericht schwänzte er.

Gewöhnlich lag er bis mittags im Bett, berichtet seine Ex-Freundin. Dann verließ er das Haus, lief herum oder flirtete mit anderen Frauen im Internet. Zu Hause habe er sich Pornos angeschaut und dabei onaniert – ohne Rücksicht auf sein kleines Kind und deren Mutter. Wenn sie sich das verbat, gelobte er Besserung, um das Kritisierte dann heimlich fortzusetzen.

»Er konnte nicht anders«, sagt die Zeugin. Als er ihr eines Tages das letzte Geld aus dem Portemonnaie stahl, schmiss sie ihn raus. Durs D. wehrte sich nicht. Er packte seine Sachen und ging. Zunächst trieb er sich in der Stricher-Szene herum. Damals habe er Alkohol getrunken, »weil ich diese Pein sonst nicht ertragen hätte«, so steht es in der Erklärung, die sein Verteidiger für ihn verliest. Später kam er wieder beim Betreuten Wohnen unter. Nach einem Jahr erkannten die Sozialarbeiter, wie wenig ihre Hilfsangebote bei diesem Klienten fruchteten: Eine Verhaltenstherapie hatte Durs D. kurz nach deren Beginn abgebrochen, auch die mit der Staatsanwaltschaft ausgehandelten Raten zur Rückzahlung seiner Geldstrafen nicht überwiesen. Auf einer Konferenz beschlossen die Sozialarbeiter, den Druck zu erhöhen, berichtet einer von ihnen dem Gericht. Als der Klient das merkte, sei er verschwunden. »Über Nacht hat er die Einrichtung verlassen, ohne eine Nachricht zu hinterlassen. Er ist dem Druck ausgewichen und einfach untergetaucht.«

In einem großen Park, einem Schwulentreffpunkt, hatte er Burkhard B. kennengelernt. Für den gutmütigen, hilfsbereiten Mann war Durs D. »die große Liebe«. Der gerade obdachlos Gewordene zog zu dem dreizehn Jahre Älteren, der ihn in den folgenden drei Jahren durchfütterte. Im Gegenzug sollte sich der Jüngere um den Haushalt kümmern. Dazu meint der Ex-Freund von Burkhard B., der ein Jahr lang mit den beiden in der selben Wohnung gelebt hatte: »Das war aber nicht unbedingt sein Ding.« Genauso verhielt es sich mit der sexuellen Beziehung zu seinem neuen Freund, die Durs D. nach wenigen Monaten beendete – ohne deswegen ausziehen zu wollen. »Die Trennung ist von Herrn B. nie akzeptiert worden«, lässt der Angeklagte von seinem Verteidiger erklären. »Es verging kaum ein Tag, an dem er mich nicht bedrängt hat. Er fasste mir mit der Hand an Gesäß und Genital. In alltäglichen Situationen hat er mich gegen meinen Willen berührt. Immer wieder hat er um mich geworben. Das war so unerträglich, dass ich in meinem Leben keinen Ausweg gesehen habe. Ich konnte bei Herrn B. auch nicht ausziehen, ich hatte Angst vor der drohenden Obdachlosigkeit. Es gab keinen, der mir helfen konnte, ich war vielleicht auch schon in der Situation, dass ich mir nicht mehr helfen ließ. Meine Gedanken wurden immer wirrer. Die einzigen Menschen, die mir etwas bedeutet haben, waren meine beiden geliebten Kinder. Ich wurde immer trauriger bei dem unerträglichen Gedanken, dass die beiden in dieser schrecklichen, gefühllosen Welt vielleicht einmal auf den gleichen hoffnungslosen Weg geraten würden wie ich.«

Eigentlich hatte sich Durs D. in den ersten Jahren nach der Trennung von Judith J. gar nicht um seinen Sohn und seine Tochter bemüht. Jerome war es, der den Kontakt per Internet hielt. Er traf die Verabredungen mit seinem Vater, der diese Termine aber allzu oft platzen ließ. Er werde Jerome und Janine verlieren, wenn er sich nicht um sie kümmere, mahnte ihn der neue Mann von Judith J. Der fast zwanzig Jahre Ältere, ebenfalls geschiedener Vater, war der Meinung, »ein Vater soll seine Kinder öfter sehen dürfen. Da stand ich leider auf seiner Seite«.

Nach diesem Gespräch wurde der Kontakt tatsächlich stabiler. Durs D. wollte seinen Kindern etwas bieten, er ging mit ihnen ins Museum, ins Aquarium, fuhr mit ihnen nach Polen oder an einen Spielplatz am Wasser. Die beiden seien von seinem Lebensgefährten sehr verwöhnt worden, sagt Burkhard B. Er habe dies kritisiert und sei darum »der böse Onkel« gewesen. Daniela D. meint, ihrem Bruder habe die Anwesenheit von Jerome und Janine gutgetan. »Er war etwas froher. Vor ihnen brauchte er keine Angst zu haben.« Liebevoll sei das Verhältnis zu seinen Kindern gewesen. Die beiden hingen an ihrem Vater, da sind sich alle Zeugen einig. Sie ahnten nicht, dass Durs D. auch in dieser Beziehung längst an seine Grenzen gestoßen war.

Zunächst waren Jerome und Janine neugierig auf ihren leiblichen Vater, der für sie sogar den Spaßmacher mimte. Doch mit der Zeit verhielten sich die beiden wie zwei normale Geschwister, die sich in Gegenwart eines Vertrauten stritten und beschimpften. Wie er das empfand, schildert Durs D. am Ende des Prozesses sogar selbst. Sein Verteidiger hat ihm dazu geraten, er möchte dem Gericht die schwache Persönlichkeit seines Mandanten näher bringen. Das ist eine mühselige Prozedur: Mit gesenktem Kopf, nur für Sekundenbruchteile mühsam Blickkontakt aufnehmend, sitzt der Angeklagte vor dem Richtertisch. Unendlich langsam beantwortet er die Fragen, die ihm das Gericht stellt.

»Wie kamen Sie darauf, dass Ihr Sohn und Ihre Tochter leiden?«, will der Vorsitzende Richter wissen.

»Ich habe an meinen Kindern gesehen, dass die es nicht so gut haben.«

»Wie ist das zu verstehen?«

»Sie haben nicht zugehört, waren unzufrieden und aggressiv.«

Jerome und Janine hätten sich einer »Fäkalsprache« bedient und immer weniger gelacht. Er habe auch Angst gehabt, dass sein Sohn schwul werde – »weil er mich umarmt hat und küssen wollte.«

»Ist das nicht ein normales Verhalten eines Sohnes gegenüber seinem Vater?«

»Für mich war das nicht normal.« Wie auch, im »Haus des Horrors«, wie der Verteidiger das Elternhaus seines Mandanten bezeichnet, gab es keine Zärtlichkeiten zwischen Vater und Sohn.

Durs D. verstand seine Kinder immer weniger und brachte nicht mehr die Kraft auf, sie zu erheitern, es wurde stiller. Die Geschwister begannen, sich in Gegenwart ihres Vaters zu langweilen, er spürte, dass er sie bald verlieren würde.

Da habe er den Entschluss gefasst, zunächst Jerome zu töten, dann Janine und zuletzt sich selbst. Doch nach der Ermordung seines Sohnes habe er seine Tochter nicht mehr umbringen können, gestand er der Kriminalbeamtin, die ihn vernommen hatte. Er habe Angst vor dem Sterben bekommen, das Ganze sei »zu schrecklich« gewesen.

Aber wollte sich Durs D. ernsthaft das Leben nehmen? Wollte er seine Kinder im Rahmen eines »erweiterten Suizids« töten? Nicht nur seine Vernehmerin bezweifelt das: Sie zeichnet den Angeklagten als einen selbstmitleidigen Menschen, als einen, der die Schuld immer bei anderen suche, insbesondere bei seinem Vater. Sie habe keinen Anhaltspunkt für eine Selbsttötungsabsicht gefunden. Das bestätigt auch die Mutter seiner Tochter, sie konnte seine Selbstmord-Drohungen irgendwann nicht mehr ernstnehmen: »Es war zu oft.« Daniela D. hingegen berichtet von ihrem letzten Besuch bei ihrem Bruder, zu dem auch ihre Mutter erschien.

»Wenn wir nicht aufgekreuzt wären – er hatte schon Vorkehrungen getroffen, um aus dem Leben zu scheiden. Mit Händen und Füßen haben wir versucht, ihn zu einer Therapie zu bewegen. Ich habe ihm vorgeschlagen, in eine Klinik zu gehen. Das schien ihm schon eine vernünftige Idee zu sein. Aber die Angst war größer als der Mut.«

»Meine Schwester versteht mich«, lässt Durs D. seinen Verteidiger sagen. »Sie hat die Therapie gemacht, die ich auch hätte machen sollen. Dann wäre es nie zu dieser Tragödie gekommen. Es fällt mir schwer zu glauben, dass ich das getan habe. Ich schäme mich unendlich für den größten Fehler meines Lebens, den ich nicht mehr korrigieren kann. Durch die Aussage von meiner Schwester ist mir klargeworden, wie das passieren konnte. Viele Erinnerungen aus der Kindheit habe ich verdrängt, weil sie so schrecklich waren. Ich bin kein schlechter Mensch, ich war immer sehr friedlich, zurückhaltend und schüchtern. Aber ich bin das geworden, was meine Eltern aus mir gemacht haben: ein lebensunfähiger, unselbständiger, hoffnungsloser Mensch. Ein Mensch, der nicht weiß, was richtig und was falsch ist.« Der psychiatrische Gutachter hält ihn für schuldfähig – trotz einer kombinierten Persönlichkeitsstörung mit ängstlichen, selbstunsicheren, antisozialen und aggressiven Zügen. In seiner seelischen Entwicklung sei er »unreif« – wie ein Kind, das noch nicht gelernt ist, andere Blickwinkel einzunehmen. »Nur er selbst ist das Zentrum des Geschehens«, die Bedürfnisse anderer Menschen würden für ihn eine sehr untergeordnete Rolle spielen. Diese »narzisstische Hülle« im Gemisch mit reichlich genossenem Kirschwein und Pfefferminzlikör ergab ein undurchdringliches Gefühlschaos, aus dem heraus jene grauenvolle Tat geboren wurde, die Durs D. »so unendlich leid« tut.

Mord oder Totschlag, darauf läuft der Prozess hinaus. Ein Mord muss sogenannte Mordmerkmale haben, wie etwa die Heimtücke, mit der Jerome ums Leben gebracht wurde. Diese darf aber nur als Mordmerkmal gewertet werden, wenn die Tötung in »feindlicher Willensrichtung« erfolgte und nicht, wie Durs D. beteuert, weil er seinen Kindern etwas Gutes tun wollte, damit sie niemals im Leben so hätten leiden müssen wie er. Letztlich sind die Richter von dieser Version nicht überzeugt. Mit zitterndem Haupt, eine Hand stützend an der Wand, die andere ein Taschentuch knetend, erfährt Durs D., dass er eine lebenslange Freiheitsstrafe verbüßen muss. Schnörkellos gerät dem Vorsitzenden Richter die entsprechende Begründung: »Wir haben gehört, was der Angeklagte gemacht hat, vielmehr auch, was er nicht gemacht hat.« Damit spielt der Vorsitzende geradezu vorwurfsvoll auch auf die leeren Selbstmorddrohungen an. »Er hat es nie ernsthaft probiert, nicht vor der Tat, nicht nach der Tat, nicht im Gefängnis, obwohl er genügend Gelegenheiten hatte. Was hat ihn denn gehindert, sich selbst umzubringen? Hätte Durs D. sich selbst getötet, hätten seine Kinder - vermutlich glücklich - weitergelebt.«

Mindestens fünfzehn Jahre Haft liegen nun vor dem Verurteilten, eine lange Zeit ohne Existenzängste, mit Arbeit und einem geregelten Tagesablauf, möglicherweise mit einer Berufsausbildung und einer erfolgreichen Therapie. Vielleicht gibt es noch Hoffnung für diesen hoffnungslosen Menschen.

Tödliches Stelldichein

Es war keine Liebe auf den ersten Blick. Wochenlang warb er um die Gunst der fülligen Frau. Die belustigte sich zunächst darüber, doch bald fühlte sie sich von der Beharrlichkeit des stämmigen, schnauzbärtigen Kurden geschmeichelt. Sie genoss seine Besuche in dem Laden, in dem sie arbeitete und den Aram A. ihretwegen täglich ansteuerte. Der Siebenundfünfzigjährige schenkte ihr sogar Rosen – das hatte schon lange kein Mann mehr für die unglücklich Verheiratete getan. Sie gewährte ihrem Verehrer ein Stelldichein. Nach sechs Jahren hatte sie das erste Mal wieder Sex – in seinem Lieferwagen hinter einem kleinstädtischen Bahnhof. Einen Orgasmus erlebte die Dreiundfünfzigjährige dabei nicht. Eine Woche später besuchte Christel C. erneut ihren Liebhaber. Dieses Treffen sollte sie das Leben und ihn die Freiheit kosten.

Vor Gericht schildert Aram A. die Tragödie genauso wie bei der Polizei: »Ich habe sie angerufen. Sie hat gesagt, ich besuche dich nach Feierabend. Sie kam in Freundschaft, alles war normal. Es war eine liebevolle Atmosphäre. Wir saßen auf der Couch und sind uns nähergekommen. Wir haben uns gestreichelt und geküsst. Wir haben Liebe gemacht. Sie war jemand, der schwer zu befriedigen war. Sie wollte immer mehr Sex. Wir haben dann eine halbe Stunde Pause gemacht. Sie hat mich am Penis angefasst und ihn in den Mund genommen. Dann hatten wir ein zweites Mal Geschlechtsverkehr. Sie sagte, so werde sie nicht befriedigt. Sie möchte auf allen Vieren sein. Als wir dabei waren und es ihr gefallen hat, sagte sie immer: ›schneller, schneller‹; und ich musste machen, um sie zu befriedigen. Nach ungefähr fünf Minuten, als es dann wie verrückt

zur Sache ging, schrie sie ›Aua!‹: Ich habe das als lustvollen Auf-
schrei empfunden und weitergemacht. Als ich eine Feuchtigkeit
gefühlt habe, habe ich mich zurückgezogen und Blut gesehen. Ich
habe sie so liegen lassen und bin ins Bad. Ich habe nur die Hände
und das Geschlechtsteil gewaschen und bin dann ins Wohnzimmer gegangen. Sie lag an derselben Stelle. Ich rief sie, sie gab keine
Antwort. Als ich sie umgedreht habe, sah ich, dass sie ganz große
Augen hat. Sie hatte auch ein dunkles Gesicht, es war schwarz-lila.
Ich habe am Hals und an der Hand versucht, den Puls zu fühlen.
Ich öffnete ihren Mund und sah, dass die Zunge ganz hinten war.
Ich habe die Zunge nach vorn gezogen. Sie hat dann ein-, zweimal
geatmet, danach nicht mehr. Sie hat auch nicht auf Rufen reagiert.
Ich habe nochmals den Puls gesucht. Dann war ich verzweifelt.«

Er glaubte, wegen des immensen Blutverlustes seiner Partnerin
keine Hilfe holen zu können: »Es sah aus, als hätte ich Frau C.
abgestochen.« Außerdem habe er an seine in der Heimat geblie-
bene Frau und die Schande des Fremdgehens gedacht sowie an die
Familie der Toten, die mit einem schwerkranken Mann verheiratet gewesen war. Stundenlang habe er rauchend und weinend neben ihr am Boden gesessen. Dann habe er den 70 Kilogramm
schweren Leichnam gewaschen, ihn angekleidet und in eine Decke plus Laken gehüllt. In der Nacht habe er das Bündel auf einen
Tisch gehievt und über seine Schulter geworfen. Mühsam transportierte er seine Last drei Stockwerke hinunter, bis zum Auto von
Christel C., und bugsierte sie auf den Rücksitz. Damit fuhr er zu
einem Parkplatz zwischen seinem und ihrem Wohnort, etwa vier
Kilometer weit. Unterwegs hatte er den Leichnam aus seiner Ver-
packung geholt und wieder auf die Rückbank gesetzt. Decke und
Laken entsorgte er in einem Graben. Auf dem Parkplatz angekommen, habe er der Toten zum Abschied die Füße geküsst. Dann legte
er ihre Autoschlüssel auf den Beifahrersitz und lief zurück nach
Hause.

Inzwischen wurde Christel C. von ihren Angehörigen vermisst. Denen hatte sie erzählt, dass sie nach der Arbeit noch zu einer Frauentagsfeier gehe und um 18 Uhr zu Hause sei. Als sie dort auch am nächsten Tag nicht erschien, begaben sich ihre Schwester und ihre Tochter auf die Suche und entdeckten das gut sichtbare Auto mit der Leiche. Auf der Arbeitsstelle der Verstorbenen erfuhr die Kriminalpolizei dann von der Verbindung zu Aram A. Der bestritt zunächst, Christel C. näher gekannt zu haben. Seine Energie galt dem Vertuschen: Nachdem er die blutverschmierte Auslegware entsorgt hatte, verlegte er eine neue. Außerdem ließ er Handy und Handtasche der Toten verschwinden, nicht ohne vorher das Geld aus ihrem Portemonnaie genommen zu haben: »Davon hat sie nun auch nichts mehr gehabt«, begründete er später sein Verhalten bei der Polizei.

Zwei Tage nach dem Tod von Christel C. begab sich der Kurde, der vierzehn Jahre zuvor mit dreien seiner Söhne nach Deutschland gekommen war, zu dem einzigen Menschen, der seiner Meinung nach das deutsche Recht kennt, zu einer Anwältin, die seine Familie bislang in Zivilprozessen vertreten hatte. Die riet ihm, sich der Polizei zu stellen. Er wurde die ganze Nacht lang von einer Beamtin verhört. Am nächsten Tag sollte er in Gegenwart von einem halben Dutzend Ermittlerinnen und anhand einer Puppe zeigen, was geschehen war. Vor lauter Scham gab er nur das Nötigste preis.

Als man ihn mit den Ergebnissen des Rechtsmediziners konfrontierte, der an dem Leichnam einen Riss in der Haut des Scheideneingangs und einen weiteren in der Scheidenwand gefunden hatte, ging er mit einem der wenigen männlichen Beamten in die Toilette und zeigte diesem seinen Penis: Der sei nicht so groß, dass man damit jemanden töten könne! Aram A. glaubte, für die Verletzungen eine Erklärung anbieten zu müssen, und behauptete, Christel C. habe vor dem zweiten Geschlechtsverkehr geduscht.

Sie habe den Duschkopf abgeschraubt und den Schlauch in ihre Scheide eingeführt. Vielleicht könnte das diese Verletzungen hervorgerufen haben? Später gab er an, den Leichnam in die Dusche gehoben und gereinigt zu haben, auch in der Scheide – »um die Sünde abzuwaschen«. Im Prozess schließlich ergänzt er folgendes Detail: Beim Duschen sei die Tote plötzlich »nach unten gerutscht«, so dass der Schlauch ziemlich tief in sie eingedrungen sein muss. Doch all diese Erklärungen decken sich nicht mit den Ermittlungsergebnissen. Weder ließ sich entsprechendes Zellmaterial am oder im Duschschlauch noch Blut in der Wanne nachweisen. Stattdessen fanden die Gutachter Sperma in der Scheide, die also nicht gereinigt worden sein konnte.

Der Staatsanwalt verliest eine Anklage wegen heimtückischen Mordes gegen Aram A., den dieser aus niederen Beweggründen und zur Verdeckung einer anderen Straftat, nämlich einer gefährlichen Körperverletzung, begangen habe. Die Argumente des Anklägers stützen sich vor allem auf die Ergebnisse des rechtsmedizinischen Gutachtens. Dort wurde als Todesursache »Verbluten in Kombination mit Ersticken« angegeben. Der Staatsanwalt strickte daraus folgenden Tathergang: Aram A. habe seine Geliebte sexuell nicht befriedigen können. Als sie ihn daraufhin einen »Waschlappen« nannte, stieß er ihr heimtückisch einen leider nicht mehr auffindbaren, kantigen Gegenstand in die Scheide. Um zu verhindern, dass Christel C. ihn wegen der gefährlichen Körperverletzung anzeigt und um ihre »massiven Schmerzäußerungen zu unterbinden«, habe er ihr Gesicht heimtückisch auf eine Decke gedrückt, so dass sie erstickte.

Am ersten Prozesstag äußern sich die Angehörigen der Toten. Ihre Tochter sagt, die Ehe der Mutter sei nicht glücklich gewesen. Nur aus Pflichtbewusstsein sei sie bei ihrem krebskranken, mittlerweile verstorbenen Mann geblieben. Überhaupt habe Christel C. wenig Glück mit ihren Männern gehabt, die oftmals – wie sie selbst zeitweise auch – sehr viel Alkohol tranken.

Die ganze Familie wusste von dem Verehrer. Dessen Werben hätte der Verstorbenen gutgetan. »Sie hat abgenommen, ihre Frisur verändert und sich besser gekleidet«, sagt ihre Schwester. »Erst habe ich das ihrer neuen Arbeit zugeschrieben.« Nach langer Arbeitslosigkeit hatte Christel C. den Job in einem Laden gefunden – direkt gegenüber dem Wohnhaus von Aram A.

Der beteuert konstant seine Unschuld. Er habe seiner Partnerin keinen Gegenstand beim Sex eingeführt und sie auch nicht auf eine Decke gedrückt. Sein Anwalt glaubt ihm – mehr als den Unterstellungen der Anklage. Doch wie starb Christel C. dann? Als der Verteidiger von dem Rechtsmediziner hört, dass bei der an Bluthochdruck leidenden Verstorbenen eine toxische Konzentration des Beta-Blockers »Metoprolol« gefunden worden sei, meint er, auf der richtigen Spur zu sein, umso mehr, als er noch erfährt, dass man dieses Medikament der Allergikerin und Asthmatikerin gar nicht hätte verschreiben dürfen. Vielleicht kam es während des Geschlechtsverkehrs zu akuter Atemnot und zum Kreislaufkollaps, überlegt der Anwalt und beantragt, dazu einen Pharmakologen zu hören. Der bestätigt zwar nicht die Medikamentenüberdosis-Theorie, bezweifelt aber die Ergebnisse des vom Gericht beauftragten Rechtsmediziners. Dies gibt dem Misstrauen des Verteidigers gegen den möglicherweise schlampig und voreingenommen arbeitenden Gutachter neue Nahrung. Er sucht nach geeigneten Gegengutachtern und stößt in Westfalen auf einen Experten für Erstickungstode. Nach dem Studium der 1200-Seiten-Akte kann der emeritierte Professor über die Arbeit seines Kollegen nur den Kopf schütteln. Dieser habe kein histologisches Gutachten erstellt, habe es also versäumt, mikrometerdünne, gefärbte Schnitte aus dem Rücken-, Scheiden-, Lungen-, Leber- und Herzgewebe herzustellen und mikroskopisch zu beurteilen. Das sei eine bei Obduzenten nicht sonderlich beliebte Fummelarbeit, auf die man bei der Diagnose »Ersticken« aber nicht verzichten könne. Allerdings gäbe es für diese überhaupt keine Anhaltspunkte: keine Spuren am Hals der Toten, keine eingeatmeten Fasern, nicht einmal Abwehr- oder Kampfspuren – weder an der Toten noch am vermeintlichen Täter.

Der westfälische Professor hält eine Luftembolie für wahrscheinlicher: Durch den heftigen Geschlechtsverkehr zerriss das Scheidengewebe und der Penis pumpte Luft in die beschädigten Blutgefäße. Nach der Formel 0,4 Milliliter Gas pro Kilogramm Körpergewicht pro Minute betrage die tödliche Menge für die 70 Kilogramm schwere Frau etwa 28 Milliliter Luft. Das verstopfte die Lungenarterien, Christel C. erstickte »innerlich«. Mit einer einfachen Routine-Untersuchung hätte der vom Gericht beauftragte Rechtsmediziner dies feststellen können: Er hätte den Herzbeutel mit Wasser füllen, ihn sodann einstechen, das entweichende Gas auffangen und abmessen müssen. Das sei nun aber nicht mehr möglich.

Trotz mehrfacher Anträge auf Anhörung des westfälischen Professors weigert sich das Gericht, diesen zu hören. Man habe keinen Zweifel an dessen Sachkunde: »Aber er verfügt über keine überlegenen Forschungsmittel. Ein internationaler Ruf gilt nach dem Gesetz nicht als solches«, erklärt der Vorsitzende Richter. Überdies habe der kompetent und auch nicht voreingenommen prüfende Gerichtsgutachter doch bereits das Gegenteil der westfälischen Thesen bewiesen. Der Richter will aber gern anordnen, dass der von ihm favorisierte Rechtsmediziner ein histologisches Gutachten nachreicht. Als dieses in Westfalen eintrifft, ist die Verwirrung komplett: Die Befunde passen überhaupt nicht zusammen, die nun untersuchte Lunge sei keine »Erstickungslunge«, als die sie im Obduktionsbericht noch zweifelsfrei beschrieben wurde. Der Professor kann nur noch freundlich eine versehentliche Verwechslung der Lungen unterstellen. Dass dies dem vom

Gericht beauftragten Kollegen nicht auffiel, »ist aus meiner Sicht ein Hinweis darauf, dass es dem Obduzenten an der genaueren Fachkenntnis fehlt«, so der Westfale.

Während die Juristen fast ein halbes Jahr über die Wahrheit und den geeigneten Weg dorthin debattieren, kämpft Aram A. mit seiner Scham. Reglos vor sich hin starrend sitzt er neben seinem Verteidiger, die Hände hat er vor sich auf den Tisch gelegt. Zuweilen scheint ihn die Hoffnungslosigkeit zu packen, dann sackt er in sich zusammen.

Am Ende des Prozesses rückt der Staatsanwalt zwar von seinem ursprünglichen Vorwurf ab – die Tat sei nicht heimtückisch, sondern spontan und auch nicht in Verdeckungsabsicht begangen worden. Schließlich spräche nichts dagegen, dass Christel C. mit der Verwendung des unbekannt gebliebenen Gegenstandes einverstanden gewesen war. Auch stünde das Motiv, die Verletzte am Schreien hindern zu wollen, nach allgemeiner sittlicher Anschauung nicht auf tiefster Stufe, darum seien keine niederen Beweggründe zu erkennen. Der Angeklagte habe mit seiner Tat den missglückten Geschlechtsverkehr »irgendwie aus der Welt schaffen« wollen, fabuliert der Ankläger. Für ihn liegt zumindest ein Totschlag vor, Aram A. soll für neun Jahre und sechs Monate ins Gefängnis. Dem Verteidiger bleibt nichts anderes übrig, als gebetsmühlenartig auf die massiven Ungereimtheiten dieses Falles hinzuweisen und mit wenig Hoffnung den Freispruch für seinen Mandanten zu fordern.

Vor der Urteilsverkündung erklärt der Angeklagte: »Wir konnten nicht wissen, dass der Todesengel Azrael neben uns stand. Es hätte doch auch mich treffen können. Ich kann nichts dafür. Ich habe das nicht gemacht.« Der während der Haft ergraute und abgemagerte Mann klingt resigniert. Das Gericht kann er nicht umstimmen. Neun Jahre Haft wegen Totschlags, verkündet der Vorsitzende Richter und erklärt, wieso er an einen solchen glaubt.

Die Verletzung sei nicht durch den Penis entstanden, selbst wenn dies nicht nur der vom Gericht abgelehnte westfälische Rechtsmediziner, sondern auch ein vom Gericht beauftragter gynäkologischer Gutachter für möglich hielt. Der Richter weiß es besser: »Vielleicht haben dessen Patientinnen nur aus Scham den Geschlechtsverkehr behauptet und nicht zugeben wollen, einen Gegenstand benutzt zu haben.«

Er meint vielmehr, dass der an Diabetes leidende Angeklagte zu einem zweiten Akt nicht mehr fähig gewesen sei. Darum habe er sich mit Christel C. geeinigt, einen Gegenstand zu benutzen. Durch diesen wurde sie verletzt und geschwächt, aber nicht getötet, wie der vom Gericht beauftragte Rechtsmediziner zunächst »nach dem Aussehen der inneren Organe im Vergleich zu Verkehrsunfallopfern« geschätzt hatte. Er hatte dieses Urteil korrigieren müssen, nachdem ihm der gynäkologische Gutachter erklärte, dass keine große Ader verletzt worden sei, der Blutverlust zu Lebzeiten also nicht so immens gewesen sein könne.

Jedenfalls, so der Vorsitzende weiter, hätte die Frau vor Schmerzen geschrien. Das aber habe Aram A. in dem hellhörigen Neubau unterbinden wollen. Er habe sich deshalb mit seinem damals noch neunzig Kilogramm wiegenden Körper auf seine Partnerin geworfen und ihren Kopf in die auf dem Boden liegende Decke gedrückt, bis die vom Blutverlust Geschwächte schließlich erstickte. »Es kam ihm darauf an, Ruhe zu haben und bei den Nachbarn keine Aufmerksamkeit zu erregen.«

Das Verhalten nach der Tat spräche ebenfalls gegen den Angeklagten. »Die Beseitigung der Spuren und die Tatsache, dass er ohne Skrupel das Bargeld des Opfers an sich genommen hat, bringt eine hohe kriminelle Energie zum Ausdruck und macht sein Bedauern über den Tod der Frau C., mit dem er nichts zu tun haben will, unglaubhaft«, heißt es im Urteil.

Dieses wird umgehend angefochten, nicht nur vom Verteidiger, auch eine Staatsanwältin der Generalbundesanwaltschaft sieht einen Rechtsfehler: Die Richter schrieben, dass Aram A. seine Geliebte über »einen längeren Zeitraum« in die Decke gedrückt haben soll. Aber solche unpräzisen Angaben genügen Juristen in der Regel nicht. »Es ist allgemein bekannt, dass ein Verschließen der Atemwege grundsätzlich zum Tode führen kann«, argumentiert die Staatsanwältin der Generalbundesanwaltschaft. »Allerdings ist hierbei die Erheblichkeit des Zeitmoments ebenso im allgemeinen Bewusstsein verankert.« Nur spräche das Motiv »Ruhe zu haben und bei den Nachbarn kein Aufsehen zu erregen« nicht gerade für einen Tötungsvorsatz. Handelte Aram A. möglicherweise fahrlässig? Das vorliegende Urteil lasse befürchten, »dass die gerichtliche Überzeugungsbildung auf einer unklaren Tatsachengrundlage beruht.«

Der Bundesgerichtshof teilt diese Einschätzung und hebt das Urteil gegen Aram A. auf. Über den Todesfall »Christel C.« soll neu verhandelt werden – mit neuen Gutachtern, auch das empfiehlt der Bundesgerichtshof. Aram A. wird aus dem Gefängnis entlassen, nach siebzehn Monaten.

Bis zum nächsten Prozess weilt er in seinem Heimatland, einem Land, das seine Staatsangehörigen nicht an die deutsche Justiz ausliefert. Sollte er tatsächlich zur Verhandlung erscheinen, wäre allein dieser Umstand ein starkes Indiz für seine Unschuld.

Schlagende Pädagogik

Morgens, wenn sie sich auf den Weg zur Schule machen mussten, weinten die Kinder der Klasse 1b. Sie erbrachen sich und bekamen vor dem Schulgebäude Schreikrämpfe. Sie rissen sich die Haare aus, räusperten sich ständig und rollten mit den Augen. Nachts wurden sie von Albträumen gequält, sie flüchteten sich zu ihren Eltern ins Bett und nässten ein. Sie hatten Kopf- und Bauchschmerzen und meinten: »Die Schule ist blöd, ich bin blöd, das Leben ist blöd.«

Die Eltern waren ratlos. Erst vor einem halben Jahr waren ihre Kinder eingeschult worden. Wie alle Erstklässler hatten sie sich auf den Schulstart gefreut. Doch jetzt gingen sie nur noch ungern in den weißen Neubau in jenem gutbürgerlichen Wohnort kurz hinter der Stadtgrenze. Sie erzählten wenig von ihren Tageserlebnissen und mochten auch keine Mitschüler zu sich nach Hause einladen. Vielleicht, so überlegten ihre Eltern, könnte ein Frühlingsfest sie aufheitern?

Sie verabredeten sich in einem Restaurant, um gemeinsam das Fest vorzubereiten. Wenige Stunden vorher zeigte Henri zu Hause sein Rechenheft. Die Aufgabenblöcke darin waren durchgestrichen. Darunter hatte seine Klassenlehrerin Waltraud W. notiert: »Abschreiben war nur mit Hilfe möglich.« »Mama, schimpfst du?«, fragte der Sechsjährige seine Mutter. Die blieb ruhig. Wohl deshalb rang er sich noch zu dem Satz durch: »Frau W. hat mich gehauen, und alle haben es gesehen!«

Henri war es nicht allein so ergangen: Sieben Vorwürfe der Körperverletzung im Amt listet die Anklage gegen Waltraud W. auf, bis zu fünf Jahre Haft stehen im Raum. Nichtig waren die Anlässe für die Züchtigungen: Henri scheiterte an einer Rechenaufgabe, Leon kam nach der Pause zu spät in den Unterricht, Louis war undiszipliniert, Klara trödelte beim Auspacken von Pinsel und Abakus. Als sie einmal ihr Essen wegschüttete, soll die Lehrerin sie geschlagen und gespottet haben: »Jetzt weiß ich, warum du so schlapp bist!«

Ein Jahr nach Henris Offenbarung beginnt die Aufarbeitung des pädagogischen Super-GAUs, zunächst vor dem Amtsgericht. Waltraud W. lacht nervös, während sie im Kreise der ihr Wohlgesonnenen vor der Saaltür wartet. Dort haben sich zwei, drei Dutzend Menschen versammelt. Eine schlagende Lehrerin gehört nicht zum Justizalltag, der Prozess gegen die Siebenundfünfzigjährige mit dem schmalen, strengen Mund und der steilen Zornesfalte über der Augenbraue stößt auf großes Interesse.

Mit mädchenhafter Stimme, in der ein leichter, sächsischer Dialekt durchklingt, verliest die Angeklagte eine Erklärung. Diese beginnt mit »Hohes Gericht« und endet mit dem Satz »Die mir zur Last gelegten Dinge entbehren jeder Grundlage«. Seit 37 Jahren übe sie ihren »Beruf beanstandungsfrei aus. Ich bin gern Lehrerin und es erfüllt mich mit Stolz, wenn ehemalige Schüler mich ansprechen.« Waltraud W. hat Fotos und Dankschreiben aus vergangenen Zeiten mitgebracht. Sie erklärt: »Es ist schwer, eine 1. Klasse zu führen. Man muss schnellstens auf die Probleme der Schüler reagieren.« Beispielhaft zählt sie auf: Einer muss auf die Toilette. Ein weiterer wurde geschubst. Beim nächsten läuft die Nase. Andere finden ihr Heft nicht oder bekommen den Stift nicht aus der Federtasche. Ihre eigenen Probleme, die Trennung von ihrem Mann, erwähnt sie nur als Fakt.

Das Gericht vernimmt die Kinder. Tapfer betreten diese den Verhandlungssaal, aus dem zuvor die Öffentlichkeit hinauskomplimentiert wurde, nicht aber die Angeklagte. Sechs Schüler bestätigten die Taten, sagt der Anwalt dreier Elternpaare, die als Nebenkläger auftreten. Sie erzählten dem Gericht nicht nur, was ihnen angetan wurde, sondern erinnerten sich auch an Schläge, die ihre Kameraden bekamen.

An dieser Stelle könnte die Beweisaufnahme enden, die Angeklagte verurteilt werden. Doch die Verteidigung kämpft um einen Freispruch: Der junge, forsche Anwalt vermutet, die Kinder hätten sich über eigene Unzulänglichkeiten geärgert oder Aufmerksamkeit gesucht – darum würden sie seine Mandantin beschuldigen. Der Verteidiger hält es sogar für möglich, dass sich die Kinder miteinander absprachen, den Eltern ginge es schließlich um »die maximale Bloßstellung der Mandantin«. Mit solchen Äußerungen schürt er die Aufregung im Gerichtssaal, in dem die Lehrerin um Ruf und Beruf bangt, die Betroffenen aber auf Gerechtigkeit hoffen und auf das Ende eines Verfahrens, das alle Familien stark belastet.

Geduldig lässt die junge Richterin alle Beteiligten zu Wort kommen, nicht nur die Kinder und deren Eltern, sondern auch Kollegen und Vorgesetzte von Waltraud W., die Schulpsychologin, ja sogar eine behandelnde Kinderärztin. Als Erste berichtet die Mutter von Henri, wie sie damals im Restaurant eintraf, wo gerade das Frühlingsfest vorbereitet werden sollte. Zuvor hatten sich die Anwesenden offenbar über das unerklärliche Verhalten ihrer Kinder ausgetauscht. »Ich kam eine Stunde später dazu und traf eine große Schar Eltern mit besorgten Gesichtern«, erinnert sich Henris Mutter. Mit Schrecken seien die Worte ihres Sohnes aufgenommen worden. Verursachte etwa die Klassenlehrerin diese vielfältigen Probleme?

An Schlaf konnten die Eltern in dieser Nacht nicht mehr denken. Was tun? Sie beschlossen, das Ausmaß der Katastrophe mit Fragebögen zu erfassen. Zwei Wochen später kamen diese zurück. »Mit teilweise schockierenden Inhalten«, sagt eine Mutter im Zeugenstand. Die Eltern der 1b erfuhren nicht nur von Schlägen. Regelmäßig seien die Kinder angeschrien und vor der ganzen

Klasse gedemütigt worden. Außerdem pflegte die Pädagogin die Kinder in »gut«, »mittel« und »schlecht« einzuteilen. Damit setzte sie die Erstklässler unter enormen Leistungsdruck.

Henris Mutter konfrontierte Waltraud W. am nächsten Tag mit den Worten ihres Sohnes. Sie stieß auf Unverständnis, Henri habe doch gerade eben noch geäußert: »Schade, dass der Unterricht schon zu Ende ist!« Zu Hause erklärte der Erstklässler, er habe das aus Angst vor der Lehrerin gesagt – »damit die nicht noch mehr böse auf ihn ist«, berichtet seine Mutter.

Im Folgenden überschlugen sich dann die Ereignisse: »Die Tage waren sehr heiß«, erinnert sich die Schulleiterin. Sie erhielt damals Besuch von zwei Elternsprecherinnen, die ihr die ausgefüllten Fragebögen überbrachten. Daraufhin habe sich eine Diskussion über die Definition einer »Kopfnuss« entsponnen, wie einige Kinder die Schläge genannt hatten. Ob damit das gemeint sei, fragte die Schulleiterin, während sie einer der beiden Mütter demonstrativ gegen den Hinterkopf geschlagen habe. »Ja, das ist mir von Frau W. bekannt«, seien die anschließenden Worte der Schulleiterin gewesen, das bezeugen beide Elternsprecherinnen vor Gericht. Dennoch habe es die Vorgesetzte abgelehnt, die Lehrerin sofort aus der Klasse zu nehmen. Frau W. habe nur noch drei Jahre bis zur Rente, außerdem würden sonst alle Eltern um einen Lehrerwechsel bitten.

Vor Gericht bestreitet die Schulleiterin, eine füllige Frau mit knallrotem Gürtel und ebensolcher Brille, diese Äußerungen. Man habe sich tatsächlich über das Thema »Kopfnuss« ausgetauscht: Ob damit das Zurechtdrehen eines Kopfes gemeint sei, will sie die beiden Mütter gefragt und ihnen erklärt haben, dass es »ohne Berührung in der Grundschule nicht geht«. Außerdem hätte sie die Lehrerin gar nicht aus der Klasse nehmen können, die »Personalhoheit« läge beim Schulamt. Sie habe sich aber durchaus mit den Betroffenen unterhalten wollen, allerdings nur einzeln. Dies sei

248

abgelehnt worden. Letzteres bestätigen die Eltern, sie hätten befürchtet, von der Schulleiterin lediglich beschwichtigt und gegeneinander ausgespielt zu werden. Eine nachvollziehbare Sorge, wenn man beobachtet, wie sich die resolute Frau auf die bohrenden Fragen des Gerichts durch die Antworten windet und sich am Ende beklagt: »Ich habe nicht nur das Gefühl, dass Frau W. auf der Anklagebank sitzt, sondern auch ich.«

Die Eltern gewannen den Eindruck, dass es der Schulleiterin nur um ihre Ruhe und den Ruf ihrer Schule ging. Sie wandten sich an das Schulamt. Doch nachdem die Lehrerin die Vorwürfe vehement bestritten hatte, wollte man dort nichts überstürzen und erst einmal den Bericht der Schulpsychologin abwarten. Die hatte man in die Klasse geschickt, um zu erfahren, »ob Handlungsbedarf« bestehe, ob »man sich Sorgen machen müsse«, so beschreibt sie ihren Arbeitsauftrag im Zeugenstand. Die Behörde mühte sich vor allem, korrekt mit ihrer Angestellten umzugehen. Für die Aufklärung der Vorwürfe sei die Justiz zuständig. »Das Gefühl, dass es gar nicht um die Kinder ging, machte mich hilflos«, sagt eine Elternsprecherin vor Gericht.

Henris Mutter verlor die Geduld, als sie vom Verhalten der Lehrerin im Morgenkreis erfuhr. Die habe jedes Kind einzeln befragt: »Sag mal, hast du zu Hause erzählt, Frau W. würde euch hauen?« Henri habe »Nein« sagen müssen, er habe lügen müssen, denn ein anderer Junge, der diese Frage bejaht hatte, durfte nicht im Hof spielen und sollte stattdessen überlegen, wie er das wiedergutmachen könne. »Das war Nötigung«, sagt Henris Mutter. »Da war mir egal, was passiert. Nur heraus aus dieser Schule!« Sie meldete ihren Sohn ab und schickte ihn übergangsweise wieder in den Kindergarten. Obendrein wandte sie sich an die Polizei, wie es zuvor bereits die Eltern von Louis getan hatten.

Nun kam Bewegung in die Sache: Es wurde eine Elternversammlung einberufen, an der auch Frau W. und der Leiter des

Schulamtes teilnahmen. Erregt wurde diskutiert. Es prallten nicht nur die Meinungen der Elternschaft und der Schule aufeinander, selbst untereinander waren sich die Eltern nicht einig. Einige Eltern hatten sich sogar schriftlich von den Vorwürfen gegen die Lehrerin distanziert. Im Prozess wird deutlich, dass dies vor allem Eltern waren, »die härtere Erziehungsmethoden für durchaus sinnvoll halten«, wie es Klaras Vater formuliert.

Dennoch erkannte der Schulamtsleiter den raschen Handlungsbedarf – ganz ohne schulpsychologischen Abschlussbericht. Am nächsten Morgen begrüßte eine neue Lehrerin die Klasse 1b, allmählich verschwanden die Verhaltensauffälligkeiten der Kinder. »Das war eine ganz fidele Truppe, die waren quietschvergnügt«, staunte die Schulpsychologin drei Monate später anlässlich einer Hospitation.

Klaras Eltern erlebten erst jetzt eine traurige Überraschung. Es war ihre Tochter, die sie ihnen bereitete. Sie fragte, ob Frau W. nicht mehr in die Schule komme, ob sie wirklich nie wiederkomme? Die Schulleiterin hatte den Kindern nichts zum Lehrerwechsel gesagt, das Schulamt wollte damit warten, bis die Sache vom Gericht geklärt ist. An die Erstklässler, von denen sich einige schuldig am Verschwinden von Frau W. fühlten, dachte keiner der leitenden Pädagogen.

Als Klara nun von ihren Eltern hörte, die Lehrerin werde sie nie wieder unterrichten, erklärte sie: »Ich wurde auch gehauen.« »Das war für uns ein sehr schwerer Moment«, sagt ihr Vater. Der ruhige, unauffällige Mann muss tief durchatmen, wenn er sich an diese Situation erinnert.

Waltraud W. war damals nicht suspendiert, sondern an eine andere Schule versetzt worden. »Eine Suspendierung ist keine Strafmaßnahme gegen die Lehrkraft«, meint der Schulamtsleiter. »Die Lehrerin muss nicht arbeiten, bekommt weiter ihr Geld, und bei uns fällt der Unterricht aus.«

Noch während das Amtsgericht die Beweise für und gegen die Lehrerin erhebt, wendet sich erneut eine Mutter an das Schulamt. Ihre zehnjährige Tochter besucht die Grundschule, an welcher Waltraud W. nun unterrichtet. Die Mutter schreibt, Frau W. habe ihre Tochter geschubst und derb angefasst. Zeugen für diesen Vorfall gibt es nicht.

Zehn Wochen dauert der Prozess vor dem Amtsgericht. Noch kurz vor der Urteilsverkündung beteuert die Angeklagte ihre Unschuld: »Bestimmte Eltern sind gezielt gegen mich vorgegangen. Die haben mich durch die Presse gezogen und keine Mühe gescheut, meinen Ruf zu schädigen.« Der Satz »Ich habe die Taten nicht begangen« bleibt ihr Mantra.

Die junge Richterin sieht das anders: Sie glaubt Louis, der »schmerzhafte Schläge« kassierte, weil er im Unterricht unruhig war. Sie glaubt Henri, der von einem »mitteldollen« Schlag berichtete. Sie glaubt Klara, die Frau W. zweimal zum Opfer fiel und vor Gericht sagte: »Das tat ein bisschen weh.« Sie glaubt auch Leon, der – obwohl sein Kopf dabei nach vorn geflogen sein soll – den Schlag als »nicht sehr doll« beschrieb. »Das Verhalten der Kinder in der Hauptverhandlung war aufschlussreich«, sagt die Vorsitzende. »Sie warfen ängstliche und verunsicherte Blicke in Richtung der Angeklagten.« Dennoch äußerten sie über ihre ehemalige Lehrerin: »Frau W. konnte auch lieb sein.«

Mit ihrer Urteilsbegründung folgt die Richterin der Schulpsychologin, die vor Gericht aussagte: »Den Kindern ging es nicht gut.« Auch die Kinderärztin habe eine kompetente Einschätzung abgegeben, als sie bekundete: »Ich habe nicht eine Minute gezweifelt, dass Henri das erlebt hat. Bei Siebenjährigen ist es erkennbar, wenn sie erdachte Geschichten erzählen.« Die Aussage der Schulleiterin dagegen sei von »fraglicher Qualität«, so die Vorsitzende: »Die Zeugin war nicht gerade glaubwürdig, um es einmal vorsichtig auszudrücken.« Nur knapp schrammt die

Kritisierte an einer Anzeige wegen uneidlicher Falschaussage vorbei.

Die Richterin meint: »Waltraud W. ist nicht die freundliche Person, für die sie sich hier ausgibt.« Fünf Fälle der Körperverletzung im Amt seien erwiesen. »Bei den Taten handelte es sich um keinen Ausrutscher, keinen einzelnen Schlag, sondern um Methode.« Es wären darum auch keine minderschweren Fälle, so die Juristin. Zu gravierend seien die psychischen Folgen für die Kinder, zu wenig Einsicht habe die Angeklagte gezeigt, stattdessen die Hilflosigkeit ihrer Opfer ausgenutzt. Sechs Monate Haft drohen Waltraud W., außerdem soll sie 1500 Euro Geldbuße an ein Kinderdorf zahlen.

Nach dem Urteil sind die Eltern der Klasse 1b sehr still. Triumph fühlen sie nicht. »Wir sind erleichtert, dass es jetzt vorbei ist«, sagt der Vater von Klara. »Das Strafmaß war völlig nebensächlich. Aber endlich hat eine unabhängige Institution festgestellt, dass die Kinder die Wahrheit gesagt haben.«

Doch nichts ist zu Ende, die Lehrerin geht in Berufung. Bis dahin werden die Eltern der betroffenen Kinder mit hanebüchenen Ansichten konfrontiert. Leser einer Lokalzeitung werfen ihnen vor, sich die Anschuldigungen ausgedacht zu haben. Sie würden Kuschelpädagogik für ihre Kinder fordern und hätten sie nicht richtig auf den schulischen Ernstfall vorbereitet: »Bis zum Schuleintritt durften die kleinen Prinzen und Prinzessinnen fast alles tun, was sie wollten«, schreibt eine Leserin. Wenn es in der Schule dann nicht klappt, sei natürlich der Lehrer schuld. »Dann werden Elternstammtische organisiert und überlegt, wie man ihn am besten loswird.«

Sechs weitere Briefe klingen ähnlich. Der Prozess gegen eine schlagende Lehrerin wird in diesem Vorort benutzt für einen Kampf zwischen Alt und Jung, aber auch zwischen den alteingesessenen ehemaligen DDR-Bürgern und den zugezogenen jungen

West-Familien. Die Leserbriefschreiber wissen nicht, dass die Eltern von Henri, Louis und Klara in der DDR geboren wurden.

Ein halbes Jahr später startet dann der Prozess vor dem Landgericht. Erneut müssen die Kinder aussagen. Waltraud W. ist mittlerweile gekündigt worden, sie klagt dagegen vor dem Arbeitsgericht. Kurz nach Beginn des zweiten Strafprozesses geht es ihr so schlecht, dass sie sich in eine psychiatrische Klinik flüchtet. Ein Gutachter untersucht die Angeklagte auf ihre Verhandlungsfähigkeit und kommt zu dem Schluss, sie könne sich in den Räumen der Klinik für maximal eine Stunde dem Prozess stellen. Kurzentschlossen reist das Gericht dorthin, wo man der ungewöhnlichen Versammlung sogar einen Raum zur Verfügung stellt. Während darin mehr als ein Dutzend Menschen auf das Erscheinen von Waltraud W. warten, weigert sich diese, ihr Krankenzimmer zu verlassen. Daraufhin verkündet die Richterin, fortan ohne die Angeklagte zu verhandeln, und verliest das psychiatrische Gutachten.

So wird bekannt, dass sich die Lehrerin bereits fünf Jahre bevor sie die Erstklässler schlug, in psychiatrischer Behandlung befunden hatte. Seit der Trennung von ihrem Mann kämpfte sie mit Depressionen und Selbstmordgedanken und litt unter psychosomatischen Beschwerden. Als sie die Klasse 1b übernahm, befand sie sich erneut in Behandlung, um die Folgen eines Autounfalls zu verarbeiten. War das ihrem Arbeitgeber nicht bekannt? Warum beorderte man sie gegen ihren erklärten Wunsch als Klassenlehrerin in eine erste Klasse?

In dem Gutachten ist auch die Rede von dem hohen Ich-Ideal der Angeklagten: Deren Selbstbild von der guten Lehrerin sei durch die Prozesse erschüttert worden. Sie klammere sich nun an die paranoide Wahnvorstellung, das Opfer einer Intrige zu sein. Hinter dieser würden einflussreiche Elternhäuser stehen, die möglicherweise mit den von ihrem Ex-Mann erbrachten Bauleistungen unzufrieden seien.

Das Landgericht trägt dem zerstörten Selbstbild, den Anfeindungen, der Kündigung und den Presseberichten Rechnung, beurteilt die fünf Taten als minderschwere Fälle der Körperverletzung im Amt und verhängt eine Geldstrafe von 4500 Euro (150 Tagessätze). Man müsse das Alter von Waltraud W. berücksichtigen, so die erfahrene Richterin. Sie sei mit den Unruhe und Hektik verbreitenden ABC-Schützen überfordert gewesen.

Dennoch kämpft Waltraud W. weiter und zieht vor das Oberlandesgericht. Mit ihrem Arbeitgeber hat sie sich zwischenzeitlich auf einen Vergleich geeinigt: Die Kündigung wurde zurückgenommen, stattdessen befindet sie sich nun in der »Freistellungsphase der Altersteilzeit«. Unterrichten wird sie jedenfalls nicht mehr.

Die höchste Instanz bestätigt dann das Urteil für vier Fälle der Körperverletzung im Amt. Am fünften Tatvorwurf bekundet das Oberlandesgericht Zweifel: In den vorangegangenen Urteilen sei der angebliche Schlag gegen den undisziplinierten Louis zeitlich nicht klar genug abgegrenzt worden. So wird die Strafe ein wenig billiger, die Prozesskosten aber mehren sich. Sie dürften mittlerweile 30 000 bis 40 000 Euro betragen, allein die Anwaltskosten der Eltern ergeben eine fünfstellige Summe. Bis Waltraud W. diese begleicht, bedarf es juristischen Drucks. Sie überweist erst, nachdem man ihr gedroht hatte, andernfalls ihr Haus und ihr Grundstück zu versteigern.

Mehr als drei Jahre dauerte das Tauziehen. »Endlich können wir den Kindern sagen, dass sie recht bekommen haben und dass es richtig war, uns alles zu erzählen«, sagt Klaras Vater. An einer zivilrechtlichen Auseinandersetzung um Schmerzensgeld sind die Betroffenen nicht interessiert. Ihnen hätte mehr an einer Entschuldigung und Auswertung des Falles in der Schule und beim Bildungsministerium gelegen. Beides ist bislang ausgeblieben.

Der Schierlingsbecher

Der Chefarzt der Intensivstation formulierte es sachlich: »Frau J., in Ihrem Körper befinden sich Stoffe, die da nicht hineingehören.« Die Rede war von Phenprocoumon und das auch in Rattengift enthaltene Difenacoum. Doch wie waren diese beiden Gerinnungshemmer in das Blut der Patientin geraten?

Schon bald nimmt die Justiz deren Ex-Mann ins Visier, zitiert ihn aber nur wegen gefährlicher Körperverletzung vor das Amtsgericht: Das Vorgefallene sei zwar ein versuchter Mord – Jutta J. sollte vergiftet werden, weil sie 125 000 Euro von einer entfernten Tante geerbt hatte – allerdings sei Jörg J. von diesem Mordversuch strafbefreiend zurückgetreten, weil er seine Frau noch rechtzeitig ins Krankenhaus gebracht hat. Doch dann schauen sich die Amtsrichter den Fall genauer an und übergeben ihn schließlich ihren Kollegen vom Landgericht. Die stecken den Angeklagten sofort in Untersuchungshaft – mehr als drei Jahre sind seit der Mitteilung des Chefarztes vergangen.

Jörg J. ist ein kleiner, untersetzter Mann mit rundem Gesicht. Ein Grauschimmer liegt auf dem dunklen Haar des Siebenundvierzigjährigen. Es ist im Achtzigerjahre-Stil geschnitten – vorne kurz, hinten lang. Mit gesenktem Blick und scheuem Augenaufschlag geht er an seinen Platz. Doch der erste Eindruck täuscht. Der Angeklagte ist nicht schüchtern. Er redet gern, kann Menschen motivieren und wohl auch manipulieren.

Drei Stunden lang erzählt er den Richtern über sich und seine Ehe. Immer wieder weint und schluchzt er: »Ich habe keine Ahnung, wie das Zeug in ihren Körper gekommen ist. Ich habe meiner Frau das nicht angetan!« Er gibt lediglich zu, sie in einer Silvesternacht mit einem Elektroschocker angegriffen zu haben.

Dafür entschuldige er sich. Er schäme sich, aber seine Frau habe damals seinen ältesten Sohn so übel beschimpft, da habe er einfach die Nerven verloren: »Ich Idiot habe mich so schrecklich gehen lassen.« Er habe die Waffe aber lediglich an ihren Oberschenkel gehalten und nicht an ihr Herz, wie der Staatsanwalt behauptet.

Jörg J. bestreitet auch das intime Verhältnis zu einer siebzehn Jahre jüngeren Frau, der er Hunderte Liebesschwüre per SMS schickte. Er wisse, dass er mit »Gute Nacht, mein Schatz. Du weißt doch, dass ich in Gedanken bei dir bin, ob du wachst oder schläfst. Ich liebe dich!« ein bisschen zu weit gegangen sei. Jemandem aber »Ich hab dich lieb« zu schreiben, sei doch normal.

Nebenbei streut er geschickt Andeutungen und Gerüchte über Jutta J. Er zeichnet das Bild einer Frau, die ihre Kinder zugunsten ihrer Tiere vernachlässigte, die nicht arbeiten und sich mehrfach das Leben nehmen wollte. »Sie muss sich das Gift selbst verabreicht haben«, sagt der Angeklagte. Möglicherweise provozierte sie die Durchfälle, um abzunehmen. »Meine Frau war immer sehr stolz darauf, ihr Gewicht zu halten.« Vielleicht habe sie sich an ihm rächen wollen. Er jedenfalls würde seinen »Kindern niemals die Mutter nehmen«.

In den achtziger Jahren begann die Geschichte jener Ehe, die beinahe vom Tod geschieden worden wäre. Eine Brieffreundschaft brachte den damals Wehrdienstleistenden mit der vier Jahre jüngeren Abiturientin zusammen. »Ich habe diese Frau so geliebt«, sagt der Angeklagte. Das Paar lebte in Ostdeutschland, zunächst in einer Hochburg der chemischen Industrie. Dort gehörte Jörg J. zum Leitungskader einer SED-nahen Organisation. Es hielt sie in dieser Stadt nicht lange. Sie zogen aufs Land, wo er in einer Produktionsgenossenschaft arbeitete.

Die J.'s wünschten sich Nachwuchs. Der wollte sich trotz etlicher Behandlungen zunächst nicht einstellen. Ihr Adoptionsantrag wurde ebenfalls abgelehnt. Gerade hatte sich die junge Frau an den Gedanken gewöhnt, statt Kindern Hunde aufzuziehen, als sie von ihrer ersten Schwangerschaft erfuhr. »Ich hatte Probleme, mich darauf einzustellen«, sagt sie dem Gericht. Ihr Ex-Mann berichtet unter Tränen: »Ich war so glücklich! Doch sie wollte nicht, das Kind passe nicht in unsere Lebenspläne.«

Als der kleine Jacques gerade ein Vierteljahr alt war, stürzte seine Mutter vom Fahrrad. Drei Monate lag sie mit einer komplizierten Kniefraktur im Krankenhaus und konnte sich nicht um ihr Baby kümmern. »Ich war ihm fremd. Der Anfang ist total dumm gelaufen«, sagt Jutta J. Auch später habe sie zu ihrem ältesten Sohn nie das Verhältnis aufbauen können wie zu seinen drei jüngeren Geschwistern. Mit elf Jahren weilte Jacques das erste Mal in der Kinderpsychiatrie, mit dreizehn Jahren lief er von zu Hause weg und kam für ein Jahr in eine Pflegefamilie.

Sein Vater verdiente mit den unterschiedlichsten Tätigkeiten das Geld für die Familie. Als nach der Wende die Landwirtschaftliche Produktionsgenossenschaft aufgelöst wurde, heuerte er im Garten- und Landschaftsbau an, später war er als Vertreter unterwegs, er arbeitete auch bei einer Wach- und Schließgesellschaft. Anschließend wurde er Kurierfahrer – für sechs, sieben Jahre eine sehr lukrative Tätigkeit. Dann aber gingen die Aufträge zurück. Jörg J. gab sein Gewerbe mit Schulden auf. Erfolglos versuchte er sich noch als Service-Mitarbeiter sowie als Außendienstler. Das Minus wuchs auf 40 000 Euro, er musste einen Offenbarungseid ablegen. Die Familie lebte jetzt von Sozialhilfe.

In dieser Zeit kehrte der vierzehnjährige Jacques, unterstützt von einer Familienhelferin, wieder zu seinen Eltern und Geschwistern zurück. Sein Vater soll ihn damals in seine Pläne eingeweiht haben, die Mutter umbringen zu wollen. Das berichtet

Sabine S., die erste große Liebe von Jacques. Das hübsche, mollige Mädchen durfte eine Woche, nachdem die Vergiftung publik geworden war, zum ersten Mal bei ihrem Freund übernachten. Ihr war damals nicht entgangen, wie bedrückt der mittlerweile Fünfzehnjährige war. »Ich wollte eigentlich schlafen«, erinnert sich die Zeugin vor Gericht. »Aber Jacques ließ mich nicht.« Er wollte das schreckliche Geheimnis nicht allein mit sich herumschleppen. In jener Nacht beichtete er seiner einzigen Vertrauten stundenlang den Mordkomplott, an dem er sich auf Druck seines Vaters beteiligen musste. Mit diesem Wissen wird Sabine S. zur wichtigsten Zeugin dieses Prozesses, nachdem der Sohn des Angeklagten mit versteinerter Miene den Gerichtssaal betreten, seinen Vater keines Blickes gewürdigt und sich auf sein Schweigerecht berufen hatte. Jacques J. selbst muss sich nicht vor einem Gericht verantworten: Das gegen ihn eingeleitete Strafverfahren wurde wegen »mangelnder Verantwortungsreife« eingestellt.

Detailreich schildert Sabine S. dem Gericht die Ungeheuerlichkeiten, die sie von ihrem Freund erfahren hatte. Der Vater habe ihm gesagt, er wolle sich an der Mutter rächen, weil diese ihn vernachlässigt und in eine Pflegefamilie gegeben hatte. Er beschwor und bedrohte den labilen, selbstunsicheren Jungen. Der erste Plan sah vor, die Mutter mit einem Elektroschocker zu betäuben. Anschließend wollten die beiden sie zu einem Wasserloch auf der elterlichen Pferdekoppel schleppen. Dort sollte sie ertrinken. Ihr Tod sollte wie ein Unfall aussehen. Doch das Opfer war nicht bewusstlos geworden.

Auch Jutta J. erinnert sich an jene Silvesternacht auf der Pferdekoppel. Zu dritt hätten sie im Auto gesessen, als ihr Mann plötzlich die Türen zusperrte, einen Elektroschocker aus dem Handschuhfach holte und ihn minutenlang mit den Worten »Das muss sein! Ich halte dich nicht mehr aus!« an ihre Herzgegend drückte. Ihr Sohn habe gewimmert: »Hör auf, Papa!« Sie selbst habe die

258

Aktion als Denkzettel aufgefasst. Noch Tage später habe sie Herzschmerzen gespürt. »Ich hatte unwahrscheinliche Todesangst. Er hat sich entschuldigt und den Schocker aus dem Fenster geworfen. Damals habe ich nicht darüber nachgedacht, ihn anzuzeigen.« Auch wähnte sie die Waffe außer Haus.

Nachdem dieser Versuch gescheitert war, habe sich Jörg J. auf Gifte verlegt, berichtet Sabine S. Der Angeklagte habe seinen Sohn mit einem Pilzbuch in den Wald geschickt, er sollte Grüne Knollenblätterpilze sammeln. Jacques kam stattdessen mit dem Gelben Knollenblätterpilz zurück, weil dieser weniger giftig sei. »Sogar dazu bist du zu blöd!«, habe ihn der Vater angefahren. Aus dem Garten habe der Angeklagte Fingerhut-Blätter und Maiglöckchen besorgt. Außerdem verwendete er Samen von Rhizinus und Tollkirsche, berichtet die junge Frau. Den Gerinnungshemmer »Marcumar« erhielt Jörg J. von den Angehörigen einer Verstorbenen – er sollte ihn entsorgen lassen.

In einer Frühlingsnacht – die Mutter war gerade mit den kleineren Kindern verreist – fuhren Vater und Sohn zu einem Botanischen Garten, um dort die Knollen der Weißen Germer-Pflanze auszubuddeln. Diese Giftpflanze wurde in der Antike oft zum Morden verwendet, erklärt der Rechtsmediziner. Eine Angestellte des Botanischen Gartens bestätigt die Angaben von Sabine S.: »Ich gucke öfter nach der Pflanze, weil ich sie hübsch finde«, sagt die Gärtnerin. Ihr sei damals die frische Erde aufgefallen. »Es fehlten eine Handvoll Knollen.«

Die todbringenden Substanzen, so Jacques' Jugendliebe, verabreichte Jörg J. seiner Frau in Soßen, Salaten, Tees, Säften und Cocktails. Er kochte für die Familie und achtete streng darauf, dass die Kinder die Speisen und Getränke der Mutter nicht anrührten. Der fiel zwar der Bittergeschmack in den Tees »oder komischen Apfelsäften« auf, doch hätte ihr Mann das immer erklären können. Arglos aß sie die Speisen, in die er etwa Fliegen- und

Knollenblätterpilze sowie Rhizinus-Öl gegeben hatte. Letzteres hatte er aus den Samen der Pflanze gewonnen. Kaltgepresstes Öl von zwei bis vier dieser Samen wirke tödlich, erklärt der Rechtsmediziner. »Der Tod tritt durch Lähmung des Rückenmarks ein.«

Sabine S. erinnert noch mehr: »Im Garten wuchs ein Oleander. Diese Blätter legte der Vater in reinen Alkohol ein und tat ihn der Mutter in den Saft, in Soßen und Salate.« Über die Getränke habe er ihr auch Rattengift verabreicht. Die Kapseln von Vitamintabletten präparierte er mit Rohrreiniger, mit dem Quecksilber aus alten Fieberthermometern und mit den Knollen der Germer-Pflanze. Letztere mischte er in Säfte und unter Meerrettich, den er seiner Frau mit Lachs servierte. »Das hätte beinahe geklappt.«

Jacques habe den Vater nicht nur beim Besorgen der Gifte unterstützen müssen. Während der Vater einmal verreist war, sollte er ihn vertreten und der Mutter die tödlichen Substanzen verabreichen. Das aber habe er nicht fertiggebracht, berichtet seine Jugendliebe.

Die einst kerngesunde Jutta J. reagierte mit Kreislaufproblemen, Durchfall und Brechreiz-Attacken, die immer schlimmer wurden. Länger als ein Jahr kam regelmäßig der Notarzt ins Haus, nahezu monatlich weilte die Frau für mehrere Tage im Krankenhaus. Sie absolvierte Magen- und Darmspiegelungen, doch außer Magengeschwüren konnten die Ärzte nichts finden. Sie tippten auf eine chronische Entzündung des Magen-Darm-Trakts namens Morbus Crohn oder eine psychosomatische Ursache. An eine Vergiftung dachte niemand, darum wurde ihr Blut nicht daraufhin untersucht.

Während eines dieser Krankenhausaufenthalte legte Jörg J. seiner Frau ein Testament vor. Der Erbschafts-Anwalt habe dies empfohlen, erklärte er ihr. Die Kranke, die über sich sagt: »Ich war kein mündiger Mensch in dieser Zeit«, unterschrieb und erklärte so ihren Mann zum alleinigen Erben ihres Vermögens.

In ihrer Not wandte sich Jutta J. auch an eine Heilpraktikerin, die sich mühte, die entkräftete und abgemagerte Frau wieder aufzupäppeln. Merkwürdig fand die erfahrene Therapeutin die abrupten Wechsel im Befinden ihrer Patientin: »Das kenne ich sonst nicht«, sagt die Zeugin. Zudem habe das heftige Erbrechen nicht zur Diagnose Morbus Crohn gepasst. Sie schildert dem Gericht jenen Frühlingstag, an dem die J.'s in ihrer Praxis weilten. Es war kurz vor Aufdeckung der Mordanschläge und ihre Patientin war so schwach, dass sie nicht allein zum Auto gehen konnte – ihr Mann musste sie aus dem Haus tragen. Sie zitterte und sprach undeutlich: »Jörg, Jörg …« »Schatz ich bin hier, wir fahren«, habe er geantwortet. »Ich war außer mir, ich hatte so etwas noch nie erlebt«, so die Heilpraktikerin. Sie wollte den Notarzt rufen, doch der Mann meinte, er würde seine Frau selbst ins Krankenhaus bringen.

Die Therapeutin war misstrauisch. Sie telefoniere Patienten sonst nie hinterher. Diesmal tat sie es. »Wart ihr in der Klinik?«, fragte sie Jörg J. am gleichen Abend. »Nein«, antwortete der. Seine Frau habe das nicht gewollt und schon in der nächsten Ortschaft wieder mit den Kindern geschimpft. »Das bezweifelte ich«, sagt die Heilpraktikerin. »Von so einem Zustand kann man sich nicht so schnell erholen.« Wütend sei sie damals gewesen und habe bedauert, nicht selbst einen Arzt gerufen zu haben. »Warum haben Sie ihm nicht geglaubt?«, fragt der Richter. »Weil ich nicht mit seiner Frau sprechen konnte«, antwortet die Zeugin.

Wie recht sie mit ihrem Verdacht hatte, bestätigt Jutta J.: »Ich wachte nachts auf, konnte mich nicht mehr bewegen und nicht mehr sprechen. Ich hatte unter mich gemacht.« Sie hätte Angst vor einem Schlaganfall gehabt und nach einem Notarzt verlangt. Ihr Mann habe erklärt, das Schwitzen sei normal und sei aus dem Zimmer gegangen. Glücklicherweise ging es ihr am nächsten Morgen besser.

Drei Tage später jedoch bekam sie heftige Blutungen. Es war kurz nach zehn Uhr, sie befand sich gerade auf der eineinhalb Kilometer vom Haus entfernten Pferdekoppel. Telefonisch bat sie ihren Mann, er möge ihr frische Sachen und Hygieneartikel bringen, sie wolle sofort ins Krankenhaus. Doch es sei wie immer gewesen: »Wenn ich sagte, ich möchte einen Arzt, hat er erst Stunden später reagiert«, sagt die Zeugin. Sie habe nicht die Kraft gehabt, sich mit ihm auseinanderzusetzen. In einer Blutlache stehend, wartete sie auf seine Hilfe.

Diesmal hätte der Angeklagte seine Frau auf der Koppel liegen und sterben lassen wollen, berichtet Sabine S. aus dem Gespräch mit Jacques. Der habe seinen Vater angefleht, die Mutter zu einem Arzt zu bringen. Das geschah erst am Nachmittag. Trotz ambulanter Behandlung besserte sich ihr Zustand nicht. Dennoch dauerte es noch einen weiteren Tag, bis ihr Mann sie endlich ins Krankenhaus fuhr. Mittlerweile blutete Jutta J. überall – aus dem Mund, unter den Fingernägeln und in den Augen. Die Ärzte diagnostizierten den Gerinnungsfaktor »Null«. Sie reagierten mit einer Bluttransfusion und entsprechenden Gegenmitteln. Ohne diese Behandlung wäre die Patientin verblutet, sagt der Rechtsmediziner.

Einmal noch besuchte Jörg J. seine Frau im Krankenhaus – gemeinsam mit der Freundin seines Ältesten. Jacques passte derweil auf seine jüngeren Geschwister auf. »Es war eine sehr angespannte Situation zwischen den Eheleuten«, meint Sabine S. Im Zimmer fragte die Kranke ihren Mann nach den Gerinnungshemmern, ob er solche Tabletten besäße? Er habe dies verneint. »Wie soll es weitergehen?«, wollte Jutta J. nun von ihm wissen. Ihm sei alles egal, hörte sie von ihrem Mann und entgegnete: »Wenn dir alles egal ist, dann kann ich ja auch aus dem Fenster springen.«

Auf dem Rückweg vom Krankenhaus sei Jörg J. rechts an ein Waldstück gefahren. »Er machte die Autotür zu, hat mir seine

Zunge in den Mund geschoben, seine Hand in meinen Schlüpfer gesteckt und mir an die Brust gefasst«, sagt Sabine S. unter Tränen. Er solle sie in Ruhe lassen, bat sie. Irgendwann hörte er tatsächlich auf. »Er drohte: ›Wenn du irgendetwas erzählst, sorge ich dafür, dass du Jacques nicht mehr wiedersiehst!‹«

Zu den Fragen seiner Frau hatte sich Jörg J. ebenfalls etwas überlegt: Er rief in der Klinik an und erklärte, die Patientin wolle aus dem Fenster springen. Man verlegte sie ins Erdgeschoss. Damit verfolgte er eine bislang höchst erfolgreiche Strategie: Er stellt Behauptungen in den Raum und überlässt seinen Mitmenschen, die sich aufdrängenden Schlüsse zu ziehen. In diesem Fall sollte sein Opfer als suizidgefährdet, er dagegen als treusorgender Ehemann gelten. Ob sie sich jemals das Leben habe nehmen wollen, will der Richter von Jutta J. wissen. Sie gibt zu, sie habe mal in einem heftigen Ehestreit gedroht, sie wolle sich betrinken und mit dem Auto gegen einen Baum fahren. Dies habe sie gesagt, »um ihn zu kitzeln«. Es sei jedoch nicht ernst gemeint gewesen. »Dafür hänge ich zu sehr an meinen Kindern.«

Jutta J. befand sich bereits seit einigen Tagen im Krankenhaus, als der Chefarzt endlich ihre Laborwerte erfuhr. Er war sich jetzt sicher, dass seine Patientin mit Gerinnungshemmern vergiftet wurde, und teilte Jörg J. mit, er werde die Polizei einschalten. Der Ehemann erklärte daraufhin seinem Sohn und der verdutzten Sabine S., er müsse das Rattengift verschwinden lassen: »Er kam mit einer Tüte aus dem Keller – vom Umriss sah es aus, als ob er eine Büchse da drin hätte – und fuhr mit dem Auto weg«, berichtet die junge Frau. Kurz darauf habe das Haus tatsächlich von Polizisten gewimmelt. Jörg J. wurde für einen Tag festgenommen. Möglicherweise konnte er sich wieder einmal gut herausreden – jedenfalls ließ man ihn »mangels Tatverdacht« auf freien Fuß. Als seine Frau aus dem Krankenhaus entlassen wurde, musste er schließlich das gemeinsame Haus verlassen. Darin fanden Jutta J. und ihre

Kinder noch Wochen später merkwürdige Dinge: leere Spritzen, Tabletten, Pilze, einen medizinischen Mörser und in Jacques' Zimmer hinter Büchern versteckt auch den Elektroschocker. Die gruseligste Entdeckung aber machten die Kinder im Wohnzimmer: Über dem Krankenbett der Mutter, einer Klappcouch, lasen sie: »Stirb Jutta«. Diese Worte waren in eine Styropor-Deckenplatte geritzt worden. Jutta J. fiel ein, dass ihr Mann die Platten erst vor kurzem abgesaugt und sie anschließend gefragt hatte, ob sie jetzt besser aussehen würden.

Obwohl ihr Mann alles bestreitet, glaubt Jutta J. fest an seine Täterschaft. Er hatte das Essen für die Familie gekocht, ihr die häufig bitter schmeckenden Getränke und »zur Kräftigung« regelmäßig einen »Absacker« gereicht – ein Gemisch aus Wermut, Rum, Zitrone und Orangensaft mit Zuckerrand, versetzt mit toxischen Stoffen. Sie wisse, dass er sich intensiv mit Giftpflanzen beschäftigt hatte. »Wir haben uns darüber unterhalten, und wegen der Ponys hat es mich auch interessiert«, sagt die Zeugin. Als sie einmal zufällig Tollkirschen-Samen in den Schränken fand, erklärte ihr Mann, er wolle diese im Vorgarten aussäen, das solle sehr schön aussehen. Ähnliches äußerte er auch über den Fingerhut, der im Garten wuchs.

Ihre Ehe war schon lange von Streit geprägt. »Ich habe ihm nie etwas recht gemacht. Er war der große Superheld.« Er sei fremdgegangen, habe seine Liebesbriefe offen herumliegen lassen und sie mit falschem Namen angeredet. Sie sei nicht glücklich gewesen, aber auch nicht richtig unglücklich: »Viele Leute führen so eine Ehe.« Nur wenn er wieder fremdging, hätte sie über eine Scheidung nachgedacht. Das habe ihr Mann aber nicht gewollt – wegen der Kinder. Jörg J. bestätigt das. Er sei selbst ein Scheidungskind gewesen. Als er sieben Jahre alt war, zog der Vater mit ihm in eine andere Stadt, seine älteren Geschwister blieben bei der Mutter. »Ich weiß, wie das ist, wenn man seine Geschwister nicht sieht. Die Vertraulichkeit ist weg. Das wollte ich meinen Kindern ersparen.«

Frisch genesen, befasste sich Jutta J. nicht lange mit der Vergangenheit, sondern schmiedete Zukunftspläne. Sie müsse sich um ihre Kinder kümmern, erklärte sie ihrer Heilpraktikerin. Schon drei Monate später lernte sie per Kontaktanzeige einen anderen Mann kennen. Mit ihm und ihren Kindern lebt sie jetzt in einer Kleinstadt. Der Prozess habe alle Beteiligten emotional aufgewühlt, die Kinder würden in dieser Zeit von einem Psychologen betreut, »damit sie darüber mit jemand anderem als der Mutter reden können«. Der Kontakt zu ihrem ältesten Sohn sei abgebrochen. »Ich mache ihm aber keine Vorwürfe«, sagt die Zeugin. Sie weiß von den Schuldgefühlen, die Jacques ihr gegenüber empfinde. Er brauche sicher längere Zeit, um das Geschehene zu verarbeiten.

Bis zur Urteilsverkündung beteuert Jörg J.: »Ich kann keine Tat gestehen, die ich nicht begangen habe.« Doch weder davon noch von seinen Tränen lassen sich die Richter beeindrucken: Sie schicken ihn für elf Jahre ins Gefängnis. »Sie haben Ihrer Frau die Stoffe einverleibt«, sagt der Vorsitzende Richter. »Ihre Frau lag da rum, Sie hatten die Möglichkeit, ihr die Stoffe unterzumischen. Wir wissen, dass Sie sich intensiv mit Giftpflanzen beschäftigt haben und dass Sie in den Besitz von »Marcumar« gelangt sind. Vor allem hatten Sie ein sehr gutes Motiv. Die Erbschaft eröffnete Ihnen eine völlig neue Perspektive. Sie hatten das Geld sogar schon ihren Gläubigern versprochen.«

Jörg J. schüttelt demonstrativ seinen Kopf. Er bleibt seiner Rolle als Unschuldiger treu.

Danksagung

Ich bedanke mich bei all denjenigen, die mich bei diesem Buch unterstützt haben.

Tobias Kurfer
Horrorjobs
Wie ich mich probehalber ausbeuten ließ
Band 19109

Sargträger, Geisterbahnerschrecker, Sexshop-Aushilfe, Kinderanimateur oder Fußballmaskottchen – Tobias Kurfer hat schon fast jeden mies bezahlten Job gemacht. Die Arbeit war stressig, eklig, todlangweilig oder einfach nur peinlich. Jetzt berichtet er vom Scheitern, Schämen und Durchhalten.

Ein irrwitziger Trip durch eine oft fremde und skurrile Berufswelt und ein unbezahlbarer Blick hinter die Kulissen der undankbarsten und nervtötendsten Jobs.

Fischer Taschenbuch Verlag

Marco Kratzenberg
Schicht im Schacht
Die dämlichsten Todesfälle
Band 19137

Verlierer im Roulette des Lebens

Es ist kaum zu glauben, was manche Menschen für tödliche
Dummheit anstellen und sich dadurch mehr oder minder
freiwillig aus dem Genpool der menschlichen Gemeinschaft
eliminieren. Marco Kratzenberg hat sich – inspiriert von den
amerikanischen Darwin Awards, die jährlich für die spekta-
kulärsten unfreiwilligen Todesfälle verliehen werden – auf
die Suche nach unseren Landsleuten gemacht, die der Lehre
der natürlichen Auslese folgend mit einem unglaublichen
Abgang von uns geschieden sind.

Nichtschwimmer ertrinkt beim Angeln
Verteilerkastendieb erliegt Stromschlag
Bauer zieht Weidezaun in Hochspannungsleitung

Die besten Fälle von darwinpreis.de

Fischer Taschenbuch Verlag